효성그룹

인적성검사

SD에듀
(주)시대고시기획

2024 최신판 효성그룹 인적성검사
최신기출유형 + 모의고사 3회

Always **with you**

사람의 인연은 길에서 우연하게 만나거나 함께 살아가는 것만을 의미하지는 않습니다.

책을 펴내는 출판사와 그 책을 읽는 독자의 만남도 소중한 인연입니다.

SD에듀는 항상 독자의 마음을 헤아리기 위해 노력하고 있습니다. 늘 독자와 함께하겠습니다.

머리말

효성은 1966년 창립 이래 세계 시장 개척을 통해 대한민국 경제 발전에 이바지한다는 사명감으로 끊임없이 노력해왔다. 그 결과 섬유, 화학, 산업자재, 중공업, 건설, 무역, 정보통신 등에서 세계적인 기업으로 확고한 입지를 구축하며 미래의 비전을 열어가고 있다.

이처럼 효성은 다양한 산업 분야에서 '기술력이 곧 경쟁력'이라는 믿음으로 독자적인 기술 개발과 품질 혁신에 박차를 가하고 있다. 이를 바탕으로 대한민국뿐만 아니라 인류의 삶을 보다 편리하고 윤택하게 만드는 기업이 되고자 오늘도 세계를 무대로 전 임직원이 땀 흘리고 있다.

효성그룹은 채용절차에서 취업 준비생들이 업무에 필요한 역량을 갖추고 있는지를 평가하기 위해 인적성검사를 실시하여 맞춤인재를 선발하고 있다. 효성그룹 인적성검사는 적성검사와 인성검사로 구성되어 있으며, 미리 문제 유형을 익혀 대비하지 않으면 시간이 부족해 문제를 다 풀지도 못하는 경우가 많다.

이에 SD에듀에서는 효성그룹에 입사하길 원하는 훌륭한 인재들을 위해 책 한 권으로 모든 입사 준비를 해결할 수 있도록 본서를 출간하게 되었다.

도서의 특징

❶ 2023~2019년 5개년 효성그룹 적성검사의 기출복원문제를 수록하여 최신 출제 경향을 파악할 수 있도록 하였다.

❷ 영역별 출제유형분석과 실전예제를 수록하여 단계별로 학습이 가능하도록 하였다.

❸ 실제 효성그룹 적성검사와 유사하게 구성한 최종점검 모의고사를 수록하여 실전과 같은 연습이 가능하도록 하였다.

❹ 효성그룹 인재상과의 적합 여부를 판별할 수 있는 인성검사 모의테스트와 면접 기출 질문을 수록하여 한 권으로 효성그룹 채용에 대비할 수 있도록 하였다.

끝으로 본서를 통해 효성그룹 채용을 준비하는 여러분 모두가 합격의 기쁨을 누리기를 진심으로 기원한다.

SDC(Sidae Data Center) 씀

○ 효성소개

> ### 고객과 함께, 세계와 함께 여러분 곁의 든든한 동반자 효성
>
> 효성은 섬유, 첨단소재, 화학, 중공업, 건설, 무역, 정보통신 등 다양한 사업분야에서 뛰어난 기술력과 서비스를 바탕으로 글로벌 일류기업으로 발돋움하고 있다.
>
> 효성은 'Global Excellence'를 바탕으로 전 세계 고객들의 삶에 더 나은 가치를 제공하고자 노력하고 있으며, 끊임없는 도전과 혁신을 통해 글로벌 시장을 선도하는 믿음직한 기업으로 발전해 나갈 것이다.

○ Hyosung Way

최고 혁신 책임 신뢰

- Hyosung Way는 전 세계 모든 효성인의 힘과 의지를 하나로 모아 꿈을 현실로 만들어나가기 위해 만들어진 가치체계이다.

- Hyosung Way의 실천을 통해 효성은 글로벌 일류기업으로 도약하고 고객의 삶의 질 향상에 기여하는 기업이 될 것이다.

○ 인재상

> ### GLOBAL LEADER

최고
Global
Excellence

▶ **글로벌 경쟁력과 최고의 역량을 갖춘 인재**
치열한 글로벌 시장에서 승리할 수 있는 전문성을 갖추기 위해 끊임없이 학습하는 인재

혁신
Innovation

▶ **새로운 가능성에 도전하는 인재**
항상 새로운 시각으로 업무를 바라보며 효율적인 해결을 위해 노력하며, 어려운 일도 긍정적인 마인드를 가지고 도전할 수 있는 인재

책임
Accountability

▶ **주인의식을 가지고 일하는 인재**
주어진 업무가 완수될 때까지 끝까지 책임감을 가지고 일하며, 고객에게 차별화된 VIU(Value-In-Use)를 제공하기 위해 몇 번이든 도전하여 악착같이 달성하는 인재

신뢰
Integrity

▶ **동료와 업무에 있어 신뢰를 구축해 나가는 인재**
사실과 원칙에 입각하여 공정하게 일하며, 고객을 존중하고 동료들과 협력하여 행복한 일터를 만들기 위해 노력하는 인재

2023년 기출분석 ANALYSIS

총평

2023년 효성그룹 인적성검사는 이전과 동일한 영역 및 유형으로 출제되었다. 전반적인 시험의 난도는 높지 않았지만, 영역별 주어진 시간에 비해 많은 문항 수의 문제를 풀어야 했으므로 빠르고 정확하게 푸는 것이 중요했다. 특히 창의력 영역은 어떤 가상의 상황이 주어지고 이에 대한 본인의 생각 40가지를 짧은 시간 내에 작성해야 했는데 이는 정해진 답이 없는 문제이므로 당황하지 않고 답변을 작성했다면 충분할 것이다.

효성그룹 인적성검사 핵심 전략

효성그룹 인적성검사는 난도가 높지 않으므로 짧은 시간 내에 정확하게 많은 문제를 푸는 것이 중요하다. 상대적으로 많은 영역과 문항 수, 짧은 제한시간으로 심리적 압박감을 느낄 수 있지만 역대 기출문제를 바탕으로 출제되는 유형에 대한 학습을 잘 했다면 당황하지 않고 시험에 응할 수 있을 것이다. 또한, 찍으면 감점이 있으므로 모르는 문제는 마킹하지 않고 넘어가는 것이 좋으며 주어진 시간이 짧으므로 본인이 자신 있는 유형을 먼저 풀어가는 것도 좋은 전략이 될 것이다. 다만, 시험장에서 컴퓨터사인펜과 수정테이프를 제외한 다른 필기구는 사용할 수 없으므로 평소 컴퓨터사인펜을 이용하여 문제를 푸는 연습을 한다면 실전에 도움이 될 것이다.

효성그룹의 적성검사는 시험장에서 실시하지만 인성검사는 적성검사를 치기 전 주어진 기한 내에 온라인으로 응시해야 한다. 350문항을 30~40분 내에 답변해야 하고 솔직하게 응답하는 것이 중요하다.

시험 진행

영역	문항 수	제한시간
지각정확력	30문항	6분
언어유추력	20문항	5분
언어추리력	20문항	5분
공간지각력	20문항	8분
판단력	20문항	12분
응용계산력	20문항	12분
수추리력	20문항	10분
창의력	1문항	6분

필수 준비물

❶ 신분증 : 주민등록증, 외국인등록증, 여권, 운전면허증 중 하나

❷ 필기도구 : 컴퓨터용 사인펜, 수정테이프

유의사항

❶ 찍어서 틀리면 불이익이 있으므로 모르는 문제는 찍지 말고 놔두는 것이 좋다.

❷ 영역별로 시험이 진행되므로 한 과목이라도 과락이 생기지 않도록 한다.

❸ 해당 영역이 끝날 경우 그 영역의 문제는 풀 수 없고 다음 영역으로 넘어가야 한다.

알아두면 좋은 Tip

❶ 각 교실의 시험 감독관이나 방송으로 안내되는 지시 사항을 잘 준수한다.

❷ 수험장에 도착해서는 화장실에 사람이 몰릴 수 있으므로 미리미리 간다.

❸ 만일을 대비하여 여분의 필기구를 준비한다.

❹ 정답을 시험지에 표시하고 답안지에 옮겨 적을 만큼 충분한 시간을 주는 시험이 아니므로 답안지에 바로바로 마킹한다.

❺ 길게 진행되는 시험이 아니더라도 시험에 집중하는 만큼 빨리 피로해지므로, 초콜릿 등의 간단한 간식을 챙긴다.

❻ 적성검사 전에 온라인으로 시행되는 효성그룹 인성검사를 위해 평소 효성의 인재상에 대해 숙지해 둔다.

신입사원 채용 안내 INFORMATION

↻ 채용시기

신입사원 모집은 하반기(9~11월)에 전 사업부 공동으로 진행

※ 수시채용 제도는 그룹 내 사업부별 필요한 신입사원을 수시로 채용하는 방식

↻ 지원자격

❶ 기졸업자 또는 졸업예정자

❷ 군필자 또는 군 면제자, 해외여행에 결격사유가 없는 자

❸ 성별 및 연령 제한 없음

↻ 채용전형 절차

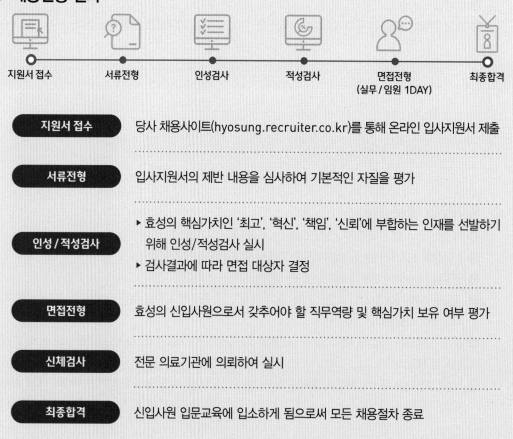

| 지원서 접수 | 서류전형 | 인성검사 | 적성검사 | 면접전형 (실무/임원 1DAY) | 최종합격 |

지원서 접수	당사 채용사이트(hyosung.recruiter.co.kr)를 통해 온라인 입사지원서 제출
서류전형	입사지원서의 제반 내용을 심사하여 기본적인 자질을 평가
인성 / 적성검사	▶ 효성의 핵심가치인 '최고', '혁신', '책임', '신뢰'에 부합하는 인재를 선발하기 위해 인성/적성검사 실시 ▶ 검사결과에 따라 면접 대상자 결정
면접전형	효성의 신입사원으로서 갖추어야 할 직무역량 및 핵심가치 보유 여부 평가
신체검사	전문 의료기관에 의뢰하여 실시
최종합격	신입사원 입문교육에 입소하게 됨으로써 모든 채용절차 종료

❖ 자세한 채용절차는 직무별 채용 방침에 따라 변경될 수 있으니 반드시 채용 공고를 확인하기 바랍니다.

효성그룹 인적성검사 합격기

"효성그룹 채용의 모든 과정을 한권에!"

취업을 준비하면서 인적성검사 수험서를 많이 찾아봤는데 효성그룹은 시중에 나온 것이 많지 않더라고요. 후기도 별로 없어서 막막하던 중에 SD에듀 수험서가 괜찮다는 말을 듣고 효성그룹 인적성검사 도서를 구매했습니다.

일단 기출복원문제가 있다는 게 가장 만족스러운 부분이었고 이론점검과 해설이 상세하고 친절하게 설명되어 있어 혼자서도 체계적인 학습이 가능해 짧은 시간 안에 시험을 준비하기에 딱 좋았습니다. 책에 수록된 최종점검 모의고사뿐만 아니라 온라인 모의고사까지 제공해주기 때문에 이 책으로만 공부해도 다양한 문제를 접해볼 수 있어 실제 시험장에서도 당황하지 않고 빠르게 풀 수 있었습니다.

창의력 문제는 연습이 필요 없을 거라고 생각할 수도 있는데 미리 연습을 하고 가니 답을 떠올리기 훨씬 더 쉬웠습니다. 이렇게 필요한 부분들을 다 담아놓은 수험서이기 때문에 정말 도움을 많이 받았습니다. 효성그룹에 입사하고자 준비하고 있다면 이 도서를 추천하고 싶습니다!

주요 대기업 적중 문제 TEST CHECK

수리 ▶ 자료해석

06 다음은 지역별 내·외국인 거주자 현황을 나타내는 자료이다. 이에 대한 설명으로 옳은 것은?

〈지역별 내·외국인 거주자 현황〉

지역	2020년		2021년		2022년	
	거주자 (만 명)	외국인 비율 (%)	거주자 (만 명)	외국인 비율 (%)	거주자 (만 명)	외국인 비율 (%)
서울	1,822	8.2	2,102	9.2	1,928	9.4
인천	1,350	12.2	1,552	15.9	1,448	16.1
경기	990	14.6	1,122	14.4	1,190	15.7
강원	280	1.8	221	1.2	255	1
대전	135	4.5	102	3.1	142	3.5
세종	28	5.2	24	5.3	27	5.7
충청	688	1.2	559	0.5	602	0.7
경상	820	2.8	884	2.1	880	6
전라	741	2.1	668	1.9	708	1.7

추리 ▶ 명제

※ 제시된 명제가 참일 때, 빈칸에 들어갈 명제로 가장 적절한 것을 고르시오. [1~3]

01

전제1. 포유류는 새끼를 낳아 키운다.
전제2. 고양이는 포유류이다.
결론. _____

① 포유류는 고양이이다.
② 고양이는 새끼를 낳아 키운다.
③ 새끼를 낳아 키우는 것은 고양이이다.

추리 ▶ 진실게임

Hard

05 하경이는 생일을 맞이하여 같은 반 친구들인 민지, 슬기, 경서, 성준, 민준을 생일 파티에 초대하였다. 하경이와 친구들이 함께 축하 파티를 하기 위해 간격이 일정한 원형 테이블에 다음 〈조건〉과 같이 앉았을 때, 항상 참이 되는 것은?

조건
• 하경이의 바로 옆 자리에는 성준이나 민준이가 앉지 않았다.
• 슬기는 성준이 또는 경서의 바로 옆 자리에 앉았다.
• 민지의 바로 왼쪽 자리에는 경서가 앉았다.
• 슬기와 민준이 사이에 한 명이 앉아 있다.

① 하경이는 민준이와 서로 마주보고 앉아 있다.
② 민지는 민준이 바로 옆 자리에 앉아 있다.
③ 경서는 하경이 바로 옆 자리에 앉아 있다.

SK

언어이해 ▶ 비판 / 반박

Hard

15 다음 글의 주장에 대한 반박으로 가장 적절한 것은?

> 인간은 사회 속에서만 자신을 더 나은 존재로 느낄 수 있기 때문에 자신을 사회화하고자 한다. 인간은 사회 속에서만 자신의 자연적 소질을 실현할 수 있는 것이다. 그러나 인간은 자신을 개별화하거나 고립시키려는 성향도 강하다. 이는 자신의 의도에 따라서만 행위하려는 반사회적인 특성을 의미한다. 그리고 저항하려는 성향이 자신뿐만 아니라 다른 사람에게도 있다는 사실을 알기 때문에, 그 자신도 곳곳에서 저항에 부딪히게 되리라 예상한다.
>
> 이러한 저항을 통하여 인간은 모든 능력을 일깨우고, 나태해지려는 성향을 극복하며, 명예욕이나 지배욕, 소유욕 등에 따라 행동하게 된다. 그리하여 동시대인들 가운데에서 자신의 위치를 확보하게 된다. 이렇게 하여 인간은 야만의 상태에서 벗어나 문화를 이룩하기 위한 진정한 진보의 첫걸음을 내딛게 된다. 이때부터 모든 능력이 점차 계발되고 아름다움을 판정하는 능력도 형성된다. 나아가 자연적 소질에 의해 도덕성을 어렴풋하게 느끼기만 하던상 태에서 벗어나, 지속적인 계몽을 통하여 구체적인 실천 원리를 명료하게 인식할 수 있는 성숙한 단계로 접어든다. 그 결과 자연적인 감정을 기반으로 결합된 사회를 도덕적인 전체로 바꿀 수 있는 사유 방식이 확립된다.
>
> 인간에게 이러한 반사회성이 없다면, 인간의 모든 재능은 꽃피지 못하고 만족감과 사랑으로 가득 찬 목가적인 삶속에서 영원히 묻혀 버리고 말 것이다. 그리고 양처럼 선량한 기질의 사람들은 가축

언어추리 ▶ 조건추리

03 고등학교 동창인 A ~ F 여섯 명은 중국음식점에서 식사를 하기 위해 원형 테이블에 앉았다. 〈조건〉이 다음과 같을 때, 항상 옳은 것은?

> 조건
> • E와 F는 서로 마주보고 앉아 있다.
> • C와 B는 붙어 있다.
> • A는 F와 한 칸 떨어져 앉아 있다.
> • D는 F의 바로 오른쪽에 앉아 있다.

① A와 B는 마주보고 있다.　　② A와 D는 붙어 있다.
③ B는 F와 붙어 있다.　　④ C는 F와 붙어 있다.
⑤ D는 C와 마주보고 있다.

창의수리 ▶ 방정식

☑ 제한시간 60초

09 S씨는 뒷산에 등산을 갔다. 오르막길 A는 1.5km/h로 이동하였고, 내리막길 B는 4km/h로 이동하였다. A로 올라갔다가 B로 내려오는 데 총 6시간 30분이 걸렸고, 정상에서 30분 동안 휴식을 하였다. 오르막길과 내리막길이 총 14km일 때, A의 거리는?

① 2km　　② 4km
③ 6km　　④ 8km
⑤ 10km

주요 대기업 적중 문제 TEST CHECK

LG

언어추리 ▶ 참/거짓

Easy

11 A ~ E는 점심 식사 후 제비뽑기를 통해 '꽝'이 적힌 종이를 뽑은 한 명이 나머지 네 명의 아이스크림을 모두 사주기로 하였다. 다음의 대화에서 한 명이 거짓말을 한다고 할 때, 아이스크림을 사야 할 사람은 누구인가?

> A : D는 거짓말을 하고 있지 않아.
> B : '꽝'을 뽑은 사람은 C이다.
> C : B의 말이 사실이라면 D의 말은 거짓이야.
> D : E의 말이 사실이라면 '꽝'을 뽑은 사람은 A이다.
> E : C는 빈 종이를 뽑았어.

① A
③ C
⑤ E

② B
④ D

자료해석 ▶ 자료계산

05 다음은 소비자 동향을 조사한 자료이다. (A)+(B)+(C)−(D)의 값으로 알맞은 것은?

〈2022년 하반기 소비자 동향조사〉

[단위 : CSI(소비자 동향지수)]

구분	7월	8월	9월	10월	11월	12월	평균
생활형편전망	98	98	98	98	92	92	96
향후경기전망	80	85	83	80	64	(B)	76
가계수입전망	100	100	100	99	98	97	99
소비자지출전망	106	(A)	107	107	106	99	(C)
평균	96	97	97	96	90	(D)	−

① 176
③ 196

② 186
④ 206

창의수리 ▶ 경우의 수

14 L사의 마케팅부, 영업부, 영업지원부에서 2명씩 대표로 회의에 참석하기로 하였다. 자리배치는 원탁 테이블에 같은 부서 사람이 옆자리로 앉는다고 할 때, 6명이 앉을 수 있는 경우의 수는 몇 가지인가?

① 15가지
③ 17가지
⑤ 20가지

② 16가지
④ 18가지

포스코

자료해석 ▶ 자료이해

Easy

01 P편의점은 3 ∼ 8월까지 6개월간 캔 음료 판매현황을 아래와 같이 정리하였다. 다음 자료를 이해한 내용으로 적절하지 않은 것은?(단, 3 ∼ 5월은 봄, 6 ∼ 8월은 여름이다)

〈P편의점 캔 음료 판매현황〉

(단위 : 캔)

구분	맥주	커피	탄산음료	이온음료	과일음료
3월	601	264	448	547	315
4월	536	206	452	523	362
5월	612	184	418	519	387
6월	636	273	456	605	406
7월	703	287	476	634	410
8월	812	312	513	612	419

추리 ▶ 버튼도식

※ 다음 규칙을 바탕으로 이어지는 질문에 답하시오. [9~12]

작동 버튼	기능
A	홀수 칸의 도형을 서로 바꾼다.
B	짝수 칸의 도형을 서로 바꾼다.
C	첫 번째와 두 번째의 도형을 서로 바꾼다.
D	세 번째와 네 번째의 도형을 서로 바꾼다.

09 〈보기〉의 왼쪽 상태에서 작동 버튼을 두 번 눌렀더니, 오른쪽과 같은 결과가 나타났다. 다음 중 작동 버튼의 순서를 바르게 나열한 것은?

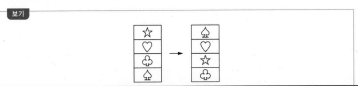

추리 ▶ 수추리

※ 일정한 규칙으로 수를 나열할 때, 빈칸에 들어갈 알맞은 숫자를 고르시오. [14~15]

14

$$-11 \quad -22 \quad -12 \quad -3 \quad -6 \quad (\quad) \quad 1$$

① −9
② 2
③ 4
④ 6

도서 200% 활용하기 STRUCTURES

1 5개년 기출복원문제로 출제 경향 파악

▶ 5개년(2023~2019년) 기출복원문제를 수록하여 최신 출제 경향을 파악할 수 있도록 하였다. 또한, 이를 바탕으로 학습을 시작하기 전에 자신의 실력을 판단할 수 있도록 하였다.

2 이론점검, 출제유형분석, 실전예제로 영역별 단계적 학습

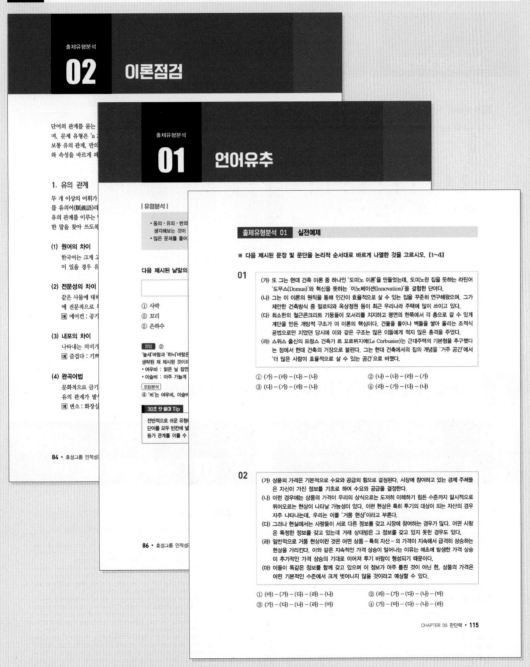

▶ 출제되는 영역에 대한 이론점검, 출제유형분석, 실전예제를 수록하여 최근 출제되는 유형을 익히고 점검할 수 있도록 하였으며 이를 바탕으로 기본기를 튼튼히 준비할 수 있도록 하였다.

3 최종점검 모의고사 + OMR 답안지를 활용한 실전 연습

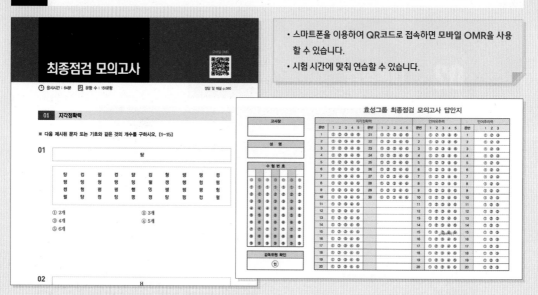

- 스마트폰을 이용하여 QR코드로 접속하면 모바일 OMR을 사용할 수 있습니다.
- 시험 시간에 맞춰 연습할 수 있습니다.

▶ 실제 시험과 유사하게 구성된 최종점검 모의고사를 통해 최종 마무리를 할 수 있으며, OMR 답안지를 활용하여 실제 시험처럼 연습해 볼 수 있다.

4 인성검사부터 면접까지 한 권으로 대비하기

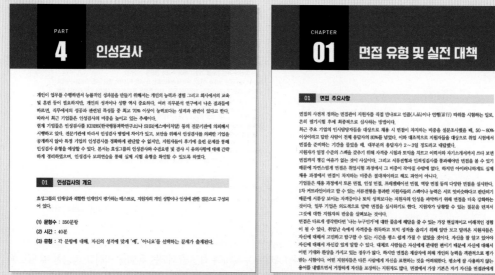

▶ 인성검사 모의연습을 통해 적성검사 전에 시행되는 인성검사에 대비할 수 있도록 하였고, 면접 기출 질문을 통해 실제 면접에서 나오는 질문을 미리 파악하고 연습할 수 있도록 하였다.

5 Easy & Hard로 난이도별 시간 분배 연습

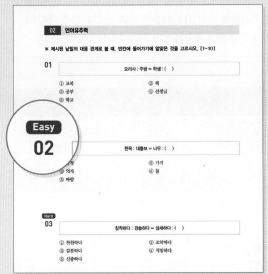

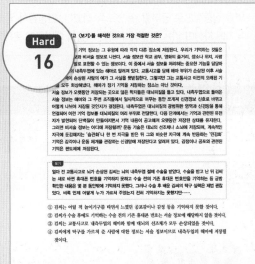

▶ 조금만 연습하면 시간을 절약할 수 있는 난이도가 낮은 문제와 함께, 다른 문제에서 절약한 시간을 투자해야 하는 고난도 문제를 각각 표시하였다. 이를 통해 일반적인 문제들과는 다르게 시간을 적절하게 분배하여 연습이 가능하도록 하였다.

6 정답 및 오답분석으로 풀이까지 완벽 마무리

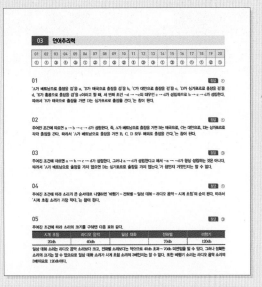

▶ 정답에 대한 자세한 해설은 물론 문제별 오답분석을 수록하여 오답이 되는 이유를 올바르게 이해할 수 있도록 하였다.

학습플랜 STUDY PLAN

1주 완성 학습플랜

본서에 수록된 전 영역을 단기간에 끝낼 수 있도록 구성한 학습플랜이다. 한 번에 전 영역을 공부하지 않고, 한 영역을 집중적으로 공부할 수 있도록 하였다. 인성검사 및 필기시험에 대한 기초 학습은 되어 있으나, 학습 계획 세우기에 자신이 없는 분들이나 미리 시험에 대비하지 못해 단시간에 많은 분량을 봐야 하는 수험생에게 추천한다.

ONE WEEK STUDY PLAN

	1일 차 ☐	2일 차 ☐	3일 차 ☐
	_____ 월 _____ 일	_____ 월 _____ 일	_____ 월 _____ 일
Start!			

4일 차 ☐	5일 차 ☐	6일 차 ☐	7일 차 ☐
_____ 월 _____ 일	_____ 월 _____ 일	_____ 월 _____ 일	_____ 월 _____ 일

STUDY CHECK BOX

구분	1일 차	2일 차	3일 차	4일 차	5일 차	6일 차	7일 차
PART 1							
PART 2							
최종점검 모의고사							
다회독 1회							
다회독 2회							
오답분석							

스터디 체크박스 활용법

1주 완성 학습플랜에서 계획한 학습량을 어느 정도 실천하였는지 표시하여 자신의 학습량을 효율적으로 관리할 수 있다.

구분	1일 차	2일 차	3일 차	4일 차	5일 차	6일 차	7일 차
PART 1	지각 정확력	×	×	완료			

이 책의 차례 CONTENTS

PART 1

5개년 기출복원문제

※ 기출복원문제는 수험생들의 후기를 통해 SD에듀에서 복원한 문제로 실제 문제와 다소 차이가 있을 수 있으며, 본 저작물의 무단전재 및 복제를 금합니다.

01 지각정확력

※ 다음 제시된 문자 또는 기호와 같은 것의 개수를 구하시오. [1~3]

01

OMP

ODQ	OSB	OQT	OVN	OHH	OMA	OUW	OMJ	OUT	OLA	OTE	OVN
OTJ	OYU	OMP	OWU	OOU	OPW	OKR	OSE	OMK	OSS	OUG	OBL
OVN	OUW	OWU	OPW	OUT	OSE	OHH	OMP	ODQ	OVN	OMK	OKR
OYU	OTJ	OSB	OTE	OHL	OQT	OOU	OBL	OSS	OLA	OMA	OMJ

① 1개   ② 2개
③ 3개   ④ 4개
⑤ 5개

02

신호

신효	심호	신호	심호	실호	신호	신효	산호	선호	신호
신호	진호	심효	짐호	신효	실효	심호	실후	선휴	신후
신후	실효	진후	신호	실호	식후	심후	신후	신호	식후

① 3개   ② 4개
③ 5개   ④ 6개
⑤ 7개

03

ぎ

ぎ	ぎ	き	し	ち	し	ぢ	じ	き	ぢ	ぎ	じ
ち	し	ぢ	き	じ	し	ぎ	し	じ	し	き	し
し	じ	き	ぎ	じ	ぢ	ぎ	き	じ	き	ぢ	ぎ
ぎ	き	じ	し	ち	ち	ぎ	き	ぢ	ぎ	ぢ	し	き

① 7개   ② 8개
③ 9개   ④ 10개
⑤ 11개

※ 다음 표에 제시되지 않은 문자 또는 기호를 고르시오. [4~5]

04

060	750	831	647	032	064	879	148	931	567	131	669
996	320	328	530	520	318	118	735	750	760	330	350
600	998	991	918	736	558	065	062	063	331	332	745
831	410	669	772	886	887	990	798	514	981	662	641

① 064   ② 118
③ 256   ④ 772
⑤ 332

05

변화	포탄	고향	원산	목포	가방	반증	무상	무념	문학	방학	밥상
벽지	벽화	사랑	순화	소이	딸기	사망	변혁	변절	수학	교정	기업
니트	종류	평화	출구	예광	변심	반항	소화	파기	무형	역사	문화
탄산	맥주	고난	탈출	예방	사또	화랑	담배	낙지	선박	출항	장갑

① 과속   ② 화랑
③ 무형   ④ 출항
⑤ 평화

※ 다음 제시된 낱말의 대응 관계로 볼 때 빈칸에 들어가기에 알맞은 것을 고르시오. [1~4]

01

수평 : 수직 = ( ) : 기립

① 경례   ② 박수
③ 기상   ④ 좌석
⑤ 착석

02

가을 : 사과 = 여름 : ( )

① 수박   ② 딸기
③ 한라봉   ④ 배
⑤ 유자

03

( ) : 혼절 = 감사 : 사례

① 나태   ② 소멸
③ 충격   ④ 곡해
⑤ 오해

04

수증기 : ( ) = 꽃 : 만개하다

① 답답하다   ② 자욱하다
③ 승화하다   ④ 을씨년스럽다
⑤ 가물다

※ 다음 제시문을 읽고 각 문제가 항상 참이면 ①, 거짓이면 ②, 알 수 없으면 ③을 고르시오. [1~3]

> • A ~ E 다섯 명은 북악산을 서로 다른 속도로 오르고 있다.
> • A는 C와 D보다 더 높은 위치에 있다.
> • D는 A보다 아래에 있지만, B보다는 높은 위치에 있다.
> • B는 C보다 아래에 있지만, E보다는 높은 위치에 있다.

01 현재 가장 높은 위치에 있는 사람은 A이다.

① 참   ② 거짓   ③ 알 수 없음

02 현재 가장 낮은 위치에 있는 사람은 E이다.

① 참   ② 거짓   ③ 알 수 없음

03 현재 순위에 변동 없이 정상까지 오른다면 C가 2등을 할 것이다.

① 참   ② 거짓   ③ 알 수 없음

※ 다음 제시문을 읽고 각 문제가 항상 참이면 ①, 거짓이면 ②, 알 수 없으면 ③을 고르시오. [4~5]

> • 비가 오면 우산을 챙긴다.
> • 눈이 오면 도서관에 간다.
> • 내일 강수 확률은 40%이다.
> • 내일 기온이 영하일 확률은 80%이다.
> • 강수가 있을 때 기온이 영상이면 비가 오고, 기온이 영하이면 눈이 온다.

04 내일 우산을 챙길 확률은 40%이다.

① 참   ② 거짓   ③ 알 수 없음

05 내일 도서관에 갈 확률은 80%이다.

① 참   ② 거짓   ③ 알 수 없음

01 제시된 전개도를 접었을 때 나타나는 입체도형으로 알맞은 것은?

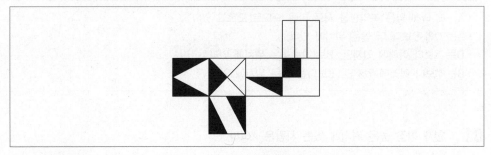

①

②

③

④

01 다음 글의 내용과 일치하지 않는 것을 〈보기〉에서 모두 고르면?

> 벼슬에 나아감과 물러남의 도리에 밝은 옛 군자는 조금이라도 관직에 책임을 다하지 못하거나 의리의 기준으로 보아 직책을 더 이상 수행할 수 없을 경우, 반드시 몸을 이끌고 급히 물러났습니다. 그들도 임금을 사랑하는 정(情)이 있기에 차마 물러나기 어려웠을 터이나, 정 때문에 주저하여 자신이 물러나야 할 때를 놓치지는 않았으니, 이는 정보다는 의리를 지키지 않을 수 없었기 때문입니다. 임금과 어버이는 일체이므로 모두 죽음으로 섬겨야 할 대상입니다. 그러나 부자관계는 천륜이어서 자식이 어버이를 봉양하는 데 한계가 없지만, 군신관계는 의리로 합쳐진 것이라 신하가 임금을 받드는 데 한계가 있습니다. 한계가 없는 경우에는 은혜가 항상 의리에 우선하므로 관계를 떠날 수 없지만, 한계가 있는 경우에는 때때로 의리가 은혜보다 앞서기도 하므로 떠날 수 있는 상황이 생기는 것입니다. 의리의 문제는 사람과 때에 따라 같지 않습니다. 공들의 경우는 벼슬에 나가는 것이 의리가 되지만 나에게 공들처럼 하도록 요구해서는 안 되며, 내 경우는 물러나는 것이 의리가 되니 공들에게 나처럼 하도록 바라서도 안 됩니다.

> **보기**
>
> ㄱ. 부자관계에서는 은혜가 의리보다 중요하다.
> ㄴ. 군신관계에서 의리가 은혜에 항상 우선하는 것은 아니다.
> ㄷ. 군신관계에서 신하들이 임금에 대해 의리를 실천하는 방식은 누구에게나 동일하다.

① ㄱ   ② ㄷ
③ ㄱ, ㄴ   ④ ㄴ, ㄷ

02 다음 글의 주제로 가장 적절한 것은?

> 멸균이란 곰팡이, 세균, 박테리아, 바이러스 등 모든 미생물을 사멸시켜 무균 상태로 만드는 것을 의미한다. 멸균 방법에는 물리적, 화학적 방법이 있으며, 멸균 대상의 특성에 따라 적절한 멸균 방법을 선택하여 실시할 수 있다. 먼저 물리적 멸균법에는 열이나 화학약품을 사용하지 않고 여과기를 이용하여 세균을 제거하는 여과법, 병원체를 불에 태워 없애는 소각법, 100℃에서 10 ~ 20분간 물품을 끓이는 자비소독법, 미생물을 자외선에 직접 노출시키는 자외선 소독법, 160 ~ 170℃의 열에서 1 ~ 2시간 동안 건열 멸균기를 사용하는 건열법, 포화된 고압증기 형태의 습열로 미생물을 파괴시키는 고압증기 멸균법 등이 있다. 다음으로 화학적 멸균법은 화학약품이나 가스를 사용하여 미생물을 파괴하거나 성장을 억제하는 방법을 말한다. 여기에는 E.O 가스, 알코올, 염소 등 여러 가지 화학약품이 사용된다.

① 멸균의 중요성   ② 뛰어난 멸균 효과
③ 다양한 멸균 방법   ④ 멸균 시 발생할 수 있는 부작용

03 다음 글의 내용으로 적절하지 않은 것은?

> 아파트에서는 부엌, 안방, 화장실, 그리고 거실이 다 같은 높이의 평면 위에 있다. 그것보다 밑에 또는 위에 있는 것은 다른 사람의 아파트이다. 좀 심한 표현을 쓴다면 아파트에서는 모든 것이 평면적이다. 깊이가 없는 것이다. 사물은 아파트에서 그 부피를 잃고 평면 위에 선으로 존재하는 그림과 같이 되어 버린다. 모든 것은 한 평면 위에 나열되어 있다. 그래서 한눈에 들어오게 되어 있다. 아파트에는 사람이나 물건이나 다같이 자신을 숨길 데가 없다.
>
> 땅집에서는 사정이 전혀 딴판이다. 땅집에서는 모든 것이 자기 나름의 두께와 깊이를 가지고 있다. 같은 물건이라도 그것이 다락방에 있을 때와 안방에 있을 때와 부엌에 있을 때는 거의 다르다. 아니, 집 자체가 인간과 마찬가지의 두께와 깊이를 가지고 있다. 집이 아름다운 이유는 집 자체가 인간을 닮았기 때문이다. 다락방은 의식이며 지하실은 무의식이다.

① 아파트에서 모든 것은 한 눈에 파악된다.
② 아파트의 공간들은 입체적이다.
③ 집은 그 자체로 인간을 닮았다.
④ 땅집에서는 모든 것이 나름의 두께와 깊이를 가진다.

04 다음 제시된 문장을 논리적 순서대로 바르게 나열한 것은?

> (가) 최초로 입지를 선정하는 업체는 시장의 어디든 입지할 수 있으나 소비자의 이동 거리를 최소화하기 위하여 시장의 중심에 입지한다.
> (나) 최대수요입지론은 산업 입지와 상관없이 비용은 고정되어 있다고 가정한다. 이 이론에서는 경쟁 업체와 가격 변동을 고려하여 수요가 극대화되는 입지를 선정한다.
> (다) 그다음 입지를 선정해야 하는 경쟁 업체는 가격 변화에 따라 수요가 변하는 정도가 크지 않은 경우, 시장의 중심에서 멀어질수록 시장을 뺏기게 되므로 경쟁 업체가 있더라도 가능한 중심에 가깝게 입지하려고 한다.
> (라) 하지만 가격 변화에 따라 수요가 크게 변하는 경우에는 두 경쟁자는 서로 적절히 떨어져 입지하여 보다 낮은 가격으로 제품을 공급하려고 한다.

① (나) – (가) – (다) – (라)
② (나) – (라) – (다) – (가)
③ (가) – (라) – (나) – (다)
④ (가) – (라) – (다) – (나)

05 다음 글을 근거로 판단할 때 옳은 것은?

2009년 미국의 설탕, 옥수수 시럽, 기타 천연당의 1인당 연평균 소비량은 140파운드로, 독일·프랑스보다 50%가 많았고 중국보다는 9배가 많았다. 그런데 설탕이 비만을 야기하고 당뇨병 환자의 건강에 해롭다는 인식이 확산되면서 사카린과 같은 인공 감미료의 수요가 증가하였다.

세계 최초의 인공 감미류인 사카린은 1879년 미국 존스홉킨스대학에서 화학 물질의 산화 반응을 연구하다가 우연히 발견됐다. 당도가 설탕보다 약 500배 정도 높은 사카린은 대표적인 인공 감미료로, 체내에서 대사되지 않고 그대로 배출된다는 특징이 있다. 그런데 1977년 캐나다에서 쥐를 대상으로 한 사카린 실험 이후 유해성 논란이 촉발되었다. 사카린을 섭취한 쥐가 방광암에 걸렸기 때문이다. 그러나 사카린의 무해성을 입증한 다양한 연구 결과로 인해 2001년 미국 FDA는 사카린을 다시 안전한 식품 첨가물로 공식 인정하였고, 현재도 설탕의 대체재로 사용되고 있다.

아스파탐은 1965년 위궤양 치료제를 개발하던 중 우연히 발견된 인공 감미료로 당도가 설탕보다 약 200배 높다. 그러나 아스파탐도 발암성 논란이 끊이지 않았다. 미국 암협회가 안전하다고 발표했지만 이탈리아의 한 과학자가 쥐를 대상으로 한 실험에서 아스파탐이 암을 유발한다고 결론내렸기 때문이다.

① 사카린과 아스파탐은 설탕보다 당도가 높고, 사카린은 아스파탐보다 당도가 높다.

② 사카린과 아스파탐은 모두 설탕을 대체하기 위해 거액을 투자해 개발한 인공 감미료이다.

③ 사카린은 유해성 논란으로 현재 미국에서는 더이상 식품 첨가물로 사용되지 않고 있다.

④ 2009년 기준 중국의 설탕, 옥수수 시럽, 기타 천연당의 1인당 연평균 소비량은 20파운드 이상이었을 것이다.

01 농도가 10%인 소금물 200g에 농도가 15%인 소금물을 섞어서 13%인 소금물을 만들려고 한다. 이때, 농도가 15%인 소금물은 몇 g이 필요한가?

① 150g
② 200g
③ 250g
④ 300g

02 A~F를 한 줄로 세울 때, A와 B가 나란히 서 있을 확률은?

① $\dfrac{1}{6}$
② $\dfrac{1}{3}$
③ $\dfrac{1}{2}$
④ $\dfrac{2}{3}$

03 A상품과 B상품의 재고는 각각 60개이다. A상품은 2개에 35,000원, B상품은 3개에 55,000원의 정상가격에 판매하고 있었으나 잘 팔리지 않아 A와 B 모두 5개에 80,000원에 할인하여 판매하고자 한다. A, B상품을 전부 정상가격에 판매하였을 때와 할인가격에 판매하였을 때의 금액 차이는?

① 18만 원
② 23만 원
③ 29만 원
④ 32만 원

04 터널의 길이가 10km이고 열차의 길이가 2km, 열차의 속력이 3km/h라면 열차가 터널을 통과하는 데에 걸리는 시간은 몇 시간인가?

① 3시간 　　　　　　　　　　　　② 4시간

③ 5시간 　　　　　　　　　　　　④ 6시간

05 A가 혼자하면 4일, B가 혼자 하면 6일 걸리는 일이 있다. A가 먼저 2일 동안 일을 하고 남은 양을 B가 혼자 끝마치려 한다. B는 며칠 동안 일을 해야 하는가?

① 2일 　　　　　　　　　　　　② 3일

③ 4일 　　　　　　　　　　　　④ 5일

06 올해 아버지의 나이는 은서 나이의 2배이고, 지은이 나이의 7배이다. 은서와 지은이의 나이 차이가 15살이라면, 아버지의 나이는?

① 39세 　　　　　　　　　　　　② 40세

③ 41세 　　　　　　　　　　　　④ 42세

※ 일정한 규칙으로 수를 나열할 때 빈칸에 들어갈 알맞은 수를 고르시오. [1~4]

01

0.7 0.9 1.15 1.45 1.8 ( )

① 2.0   ② 2.1
③ 2.15   ④ 2.2

02

−16 32 −64 128 ( )

① −192   ② 192
③ −256   ④ 256

03

1 −1 3 −5 11 −21 43 ( )

① −85   ② −86
③ 129   ④ −129

04

2 83 10 90 50 97 ( ) 104

① 150   ② 200
③ 250   ④ 300

※ 창의력 문제는 정답을 따로 제공하지 않는 영역입니다.

01 제시된 상황에 대한 자신의 생각을 40가지 서술하시오.

> 모든 사람들이 머리카락이 사라져 대머리가 되었다.

PART 1

01	지각정확력

※ 다음 제시된 문자 또는 기호와 같은 것의 개수를 구하시오. [1~3]

01

∉

```
∉    ∌    ∅    ∋    ∈    ∉    ∌    ∈    ∉    ∋    ∈    ∉
∈    ∅    ∉    ∌    ∋    ∅    ∉    ∋    ∈    ∉    ∌    ∉
∉    ∋    ∈    ∅    ∈    ∋    ∅    ∌    ∉    ∅    ∈    ∌
∋    ∉    ∌    ∉    ∉    ∋    ∈    ∅    ∌    ∅    ∉    ∋
```

① 10개   ② 11개
③ 12개   ④ 13개
⑤ 14개

02

8-3*

```
8-3*    2!34    6#1;    63^*    2@1'    5^72    6)2!    4$51    6%1:    62!&    8*(2    3#8^
0_41    5~1"    1=^?    1$>1    4$^8    !4@^    3;*4    2.%2    8-3*    2$1(    114/    2%/!
2!34    4$51    1=^?    8*(2    5^72    8-3*    1$>1    2%/!    8+3;    0_41    62!&    8-3*
5~1"    63^*    4$^8    6%1:    6#1;    2.%2    3#8^    3;*4    8-3*    2@1'    !4@^    6)2!
```

① 1개   ② 2개
③ 3개   ④ 4개
⑤ 5개

03

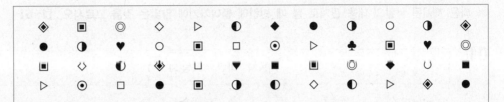

① 2개   ② 3개

③ 4개   ④ 5개

⑤ 6개

※ 다음 표에 제시되지 않은 문자 또는 기호를 고르시오. [4~5]

04

tall	term	tote	team	time	this	turn	tiny	ties	tape	thin	then
talk	thus	tame	taco	tile	toss	term	temp	test	thew	take	time
then	tune	thin	ties	tail	tuna	thor	tune	term	time	toss	tame
tiny	ties	test	task	thew	talk	taco	temp	than	tote	tail	type

① thor   ② tate

③ team   ④ tall

⑤ take

05

DRQ	DQN	DEB	DDR	DRG	DBW	DBD	DBR	DBH	DXQ	DRZ	DRB
DBH	DNR	DRR	DBX	DRA	DBR	DBW	DGD	DNR	DBD	DRA	DQN
DDR	DRQ	DRA	DXQ	DGD	DEB	DBD	DRB	DRG	DDR	DBX	DEB
DRB	DBX	DQN	DBY	DRG	DQN	DNR	DRQ	DXQ	DEB	DBR	DRE

① DBY   ② DRZ

③ DRR   ④ DRX

⑤ DRE

※ 다음 제시된 낱말의 대응 관계로 볼 때 빈칸에 들어가기에 알맞은 것을 고르시오. **[1~5]**

01

자동차 : 바퀴 = 사람 : ( )

① 머리   ② 허리
③ 다리   ④ 손목
⑤ 배

02

의사 : 병원 = 교사 : ( )

① 교직원   ② 교수
③ 학교   ④ 교육청
⑤ 교육감

03

고속도로 : 이정표 = 바다 : ( )

① 해협   ② 등대
③ 방파제   ④ 운하
⑤ 항구

04

냄비 : 조리 = 연필 : ( )

① 필기   ② 용지
③ 문방구   ④ 지우개
⑤ 공책

05

사실 : 허구 = 유명 : ( )

① 인기   ② 가수
③ 진실   ④ 무명
⑤ 공인

※ 다음 제시문을 읽고 각 문제가 항상 참이면 ①, 거짓이면 ②, 알 수 없으면 ③을 고르시오. [1~3]

- 등산을 좋아하는 사람은 스케이팅을 좋아하지 않는다.
- 영화 관람을 좋아하지 않는 사람은 독서를 좋아한다.
- 영화 관람을 좋아하지 않는 사람은 조깅을 좋아하지 않는다.
- 낮잠 자기를 좋아하는 사람은 스케이팅을 좋아한다.
- 스케이팅을 좋아하는 사람은 독서를 좋아한다.

01 낮잠 자기를 좋아하는 사람은 독서를 좋아한다.

① 참　　　　　　　② 거짓　　　　　　　③ 알 수 없음

02 영화 관람을 좋아하지 않는 사람은 독서는 좋아하지만 조깅은 좋아하지 않는다.

① 참　　　　　　　② 거짓　　　　　　　③ 알 수 없음

03 등산을 좋아하는 사람은 낮잠 자기를 좋아한다.

① 참　　　　　　　② 거짓　　　　　　　③ 알 수 없음

※ 다음 제시문을 읽고 각 문제가 항상 참이면 ①, 거짓이면 ②, 알 수 없으면 ③을 고르시오. [4~5]

- 영어를 잘하면 중국어를 못한다.
- 스페인어를 잘하면 영어를 잘한다.
- 일본어를 잘하면 스페인어를 잘한다.

04 스페인어를 잘하면 중국어를 못한다.

① 참　　　　　　　② 거짓　　　　　　　③ 알 수 없음

05 일본어를 잘하면 중국어를 못한다.

① 참　　　　　　　② 거짓　　　　　　　③ 알 수 없음

01 제시된 전개도를 접었을 때 나타나는 입체도형으로 알맞은 것은?

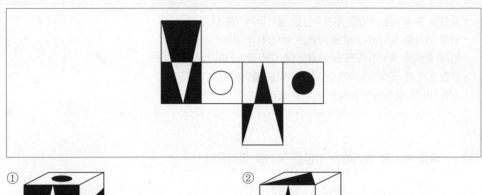

①

②

③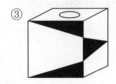

④

01 다음 글의 주제로 가장 적절한 것은?

> 높은 휘발유세는 자동차를 사용함으로써 발생하는 다음과 같은 문제들을 줄이는 교정적 역할을 수행한다. 첫째, 휘발유세는 사람들의 대중교통수단 이용을 유도하고, 자가용 사용을 억제함으로써 교통 혼잡을 줄여준다. 둘째, 교통사고 발생 시 대형 차량이나 승합차가 중소형 차량에 비해 보다 치명적인 피해를 줄 가능성이 높다. 이와 관련해서 휘발유세는 휘발유를 많이 소비하는 대형 차량을 운행하는 사람에게 보다 높은 비용을 치르게 함으로써 교통사고 위험에 대한 간접적인 비용을 징수하는 효과를 가진다. 셋째, 휘발유세는 휘발유 소비를 억제함으로써 대기오염을 줄이는 데 기여한다.

① 휘발유세의 용도
② 높은 휘발유세의 정당성
③ 휘발유세의 지속적 인상
④ 에너지 소비 절약

02 다음 글의 논지를 뒷받침할 수 있는 사례로 적절하지 않은 것은?

> 아마도 영화가 처음 등장하여 그것에 관한 이론화가 시작되었을 때에 대부분의 이론가들에게 아주 현저하게 눈에 띄는 영화의 특징으로 자주 다루어지던 것이 있었다면, 그것은 바로 '시점의 해방'이라고 불린 것이었다. 같은 시각 이미지의 영역에 속하는 것이라 할지라도 회화와 연극 등과는 전혀 다른 특징을 영화는 가지고 있다. 영화는 여러 개의 쇼트(Shot)들로 이루어져 있다. 이 각각의 쇼트들에서 인물이나 사건을 향하는 카메라의 각도와 거리 그리고 방향은 언제나 변화한다. 영화에 대한 초기의 사유는 이러한 시점의 끊임없는 변화에서 의식을 변화시킬 수 있는 잠재력을 보았던 것이다.

① 홍콩 영화 「영웅본색」에서의 격투씬은 그 장면을 보는 사람, 싸우고 있는 사람의 시점에 따라 다르게 촬영된다.
② 공포 영화 「스크림」에서 쫓기고 있는 주인공의 시점은 곧 뒤따르는 살인마의 시점으로 전환된다.
③ 영화 「마운틴」은 에베레스트를 항공 촬영하여 전체를 담은 장면이 압권이라는 평가를 받았다.
④ 4명의 가족을 주인공으로 하는 영화 「패밀리」는 각자의 시점을 분할해 구성한 마지막 장면이 깊은 여운을 남겼다.

03 다음 제시된 문단을 논리적 순서대로 바르게 나열한 것은?

> (가) 그런데 '의사, 변호사, 사장' 등은 그 직업이나 직책에 있는 모든 사람을 가리키는 것이어야 함에도 불구하고, 실제로는 남성을 가리키는 데 주로 사용되고, 여성을 가리킬 때는 '여의사, 여변호사, 여사장' 등이 따로 사용되고 있다. 즉, 여성을 예외적인 경우로 취급함으로써 남녀차별의 가치관을 이 말들에 반영하고 있는 것이다.
>
> (나) 언어에는 사회상의 다양한 측면이 반영되어 있다. 그렇기 때문에 남성과 여성의 차이도 언어에 반영되어 있다. 한편 우리 사회는 꾸준히 양성평등을 향해서 변화하고 있지만, 언어의 변화 속도는 사회의 변화 속도를 따라가지 못한다. 따라서 국어에는 남녀차별의 사회상을 알게 해 주는 증거들이 있다.
>
> (다) 오늘날 남녀의 사회적 위치가 과거와 다르고 지금 이 순간에도 계속 변하고 있다. 여성의 사회적 지위 향상의 결과가 앞으로 언어에 반영되겠지만, 현재 언어에 남아 있는 과거의 흔적은 우리 스스로의 노력으로 지워감으로써 남녀의 '차이'가 더 이상 '차별'이 되지 않도록 노력을 기울여야 하겠다.
>
> (라) 우리말에는 그 자체에 성별을 구분해 주는 문법적 요소가 없다. 따라서 남성을 지칭하는 말과 여성을 지칭하는 말, 통틀어 지칭하는 말이 따로 존재해야 하지만, 국어에는 그런 경우도 있고 그렇지 않은 경우도 있다. 예를 들어 '아버지'와 '어머니'는 서로 대등하게 사용되고, '어린이'도 남녀를 구별하지 않고 가리킬 때 쓰인다.

① (나) – (가) – (라) – (다)   ② (나) – (라) – (가) – (다)
③ (다) – (가) – (라) – (나)   ④ (다) – (나) – (라) – (가)

04 다음 글의 주제로 가장 적절한 것은?

> 힘 있는 나라를 가지고 싶어 하는 것은 인류의 공통적인 염원이다. 이것은 시간의 고금(古今)을 가리지 아니하고 공간의 동서(東西)를 따질 것이 없는 한결같은 진리다. 그래서 위대하지 아니한 나라에서 태어난 사람은 태어난 나라를 위대하게 만들기 위하여 혼신의 힘을 기울인다. 보잘것없는 나라의 국민이 된다는 것은 내세울 것 없는 집안의 후손인 것 이상으로 우리를 슬프게 한다. 세계 여러 나라 사람이 모인 곳에 간다고 가정해 보자. 누가 여기서 가장 큰소리치면서 위세 당당하게 처신할 것인가? 얼핏 생각하면 이목구비가 시원하게 생긴 사람, 지식과 화술이 뛰어난 사람, 교양과 인품이 훌륭한 사람, 외국어에 능통한 사람이 돋보일 것처럼 생각된다. 실제로 그런 사람들이 국제 무대에서 뛰어난 활약을 하는 것은 사실이다. 그래서 사람은 스스로 다듬고 기르는 것이 아닌가? 그러나 실제에 있어서 어떤 사람으로 하여금 국제 사회에서 돋보이게 하는 것은 그가 등에 업고 있는 조국의 국력이다.

① 배움에 힘쓰자.   ② 일등 국민을 본받자.
③ 역경을 이겨내자.   ④ 국력을 키우자.

05 다음 글에 제시된 레드 와인의 효능으로 적절하지 않은 것은?

알코올이 포함된 술은 무조건 건강에 좋지 않다고 생각하는 사람들이 많다. 그러나 포도를 이용하여 담근 레드 와인은 의외로 건강에 도움이 되는 성분들을 다량으로 함유하고 있어 적당량을 섭취할 경우 건강에 효과적일 수 있다.

레드 와인은 심혈관 질환을 예방하는 데 특히 효과적이다. 와인에 함유된 식물성 색소인 플라보노이드 성분은 나쁜 콜레스테롤의 수치를 떨어트리고, 좋은 콜레스테롤의 수치를 상대적으로 향상시킨다. 이는 결국 혈액 순환 개선에 도움이 되어 협심증이나 뇌졸중 등의 심혈관 질환 발병률을 낮출 수 있다.

레드 와인은 노화 방지에도 효과적이다. 레드 와인은 항산화 물질인 폴리페놀 성분을 다량 함유하고 있는데, 활성산소를 제거하는 항산화 성분이 몸속에 쌓여 노화를 빠르게 촉진시키는 활성산소를 내보냄으로써 노화를 자연스럽게 늦출 수 있는 것이다.

또한 레드 와인을 꾸준히 섭취할 경우 섭취하기 이전보다 뇌의 활동량과 암기력이 높아지는 것으로 알려져 있다. 레드 와인에 함유된 레버라트롤이란 성분이 뇌의 노화를 막아주고 활동량을 높이는 데 도움을 주기 때문이다. 이를 통해 인지력과 기억력이 향상되고 나아가 노인성 치매와 편두통 등의 뇌와 관련된 질병을 예방할 수 있다.

레드 와인은 면역력을 상승시켜주기도 한다. 면역력이란 외부의 바이러스나 세균 등의 침입을 방어하는 능력을 말하는데, 레드 와인에 포함된 퀘르세틴과 갈산이 체온을 상승시켜 체내의 면역력을 높인다.

이외에도 레드 와인은 위액의 분비를 촉진하여 소화를 돕고 식욕을 촉진시키기도 한다. 그러나 와인을 마실 때 상대적으로 떫은맛이 강한 레드 와인부터 마시게 되면 탄닌 성분이 위벽에 부담을 주고 소화를 방해할 수 있다. 따라서 단맛이 적고 신맛이 강한 스파클링 와인이나 화이트 와인부터 마신 후 레드 와인을 마시는 것이 좋다.

① 위벽 보호 　　　　　　　　② 식욕 촉진
③ 노화 방지 　　　　　　　　④ 기억력 향상

01 A와 B가 운동장을 돌 때, 같은 지점에서 서로 반대 방향으로 돌면 12분 후에 다시 만난다. A의 속력은 100m/분, B의 속력은 80m/분이라면 운동장의 둘레는 몇 m인가?

① 1,960m

② 2,060m

③ 2,100m

④ 2,160m

02 농도가 9%인 A소금물 300g과 농도가 11.2%인 B소금물 250g을 합쳐서 C소금물을 만들었다. C소금물을 20% 덜어내고, 10g의 소금을 추가했을 때, 만들어진 소금물의 농도는?

① 12%

② 13%

③ 14%

④ 15%

03 형과 동생의 나이를 더하면 22, 곱하면 117이라고 할 때, 동생의 나이는?

① 9세

② 10세

③ 11세

④ 12세

04 갑은 곰 인형 100개를 만드는 데 4시간, 을은 25개를 만드는 데 10시간이 걸린다. 이들이 함께 일을 하면 각각 원래 능력보다 20% 효율이 떨어진다. 이들이 함께 곰 인형 132개를 만드는 데 걸리는 시간은?

① 5시간   ② 6시간

③ 7시간   ④ 8시간

05 P사원은 지하철을 타고 출근한다. 속력이 60km/h인 지하철에 이상이 생겨 평소 속력의 0.4배로 운행하게 되었다. 지하철이 평소보다 45분 늦게 도착하였다면, P사원이 출발하는 역부터 도착하는 역까지 지하철의 이동거리는 얼마인가?

① 20km   ② 25km

③ 30km   ④ 35km

06 어떤 일을 준희가 하면 14시간, 민기가 하면 35시간이 걸린다고 할 때, 준희와 민기가 동시에 일한다면 몇 시간이 걸리겠는가?

① 10시간   ② 10시간 30분

③ 11시간   ④ 11시간 30분

07 남자 4명, 여자 4명으로 이루어진 팀에서 2명의 팀장을 뽑으려고 한다. 이때 팀장 2명이 모두 남자로만 구성될 확률은?

① $\dfrac{3}{7}$ ② $\dfrac{3}{14}$

③ $\dfrac{2}{7}$ ④ $\dfrac{4}{7}$

※ 일정한 규칙으로 수를 나열할 때 빈칸에 들어갈 알맞은 수를 고르시오. [1~4]

01

| -15 | -14 | -11 | -2 | 25 | 106 | ( ) |

① 209   ② 269
③ 299   ④ 349

02

| 3 | 5 | 9 | 17 | 33 | 65 | ( ) |

① 96   ② 97
③ 128   ④ 129

03

| 11 | 12 | 15 | 20 | 27 | 36 | ( ) |

① 45   ② 46
③ 47   ④ 48

04

| 5 | 1 | ( ) | 2 | -1 | 3 | -4 |

① 1   ② -1
③ 2   ④ -2

※ 창의력 문제는 정답을 따로 제공하지 않는 영역입니다.

01 주어진 그림의 용도를 40가지 쓰시오.

01	지각정확력

※ 다음 제시된 문자 또는 기호와 같은 것의 개수를 구하시오. [1~3]

01

恣

姿	炙	姉	再	載	恣	栽	指	祉	資	州	珠
宙	炷	趙	恣	操	兆	俎	朝	存	諍	裝	匠
掌	恣	棧	進	唇	衫	諮	只	廚	恣	種	從
惊	仲	徵	集	什	雜	戰	殿	顫	琠	咨	茨

① 1개   ② 2개
③ 3개   ④ 4개
⑤ 5개

02

Tag

tag	taG	tAg	Teg	tag	Teg	tAg	tag	Teg	Taq	tag	taG
Taq	Teg	tag	Taq	taG	tag	Tag	taG	Taq	taG	Teg	tAg
tAg	Tag	taG	tag	tAg	Teg	Taq	taG	tAg	Tag	tag	Taq
tag	Teg	Teg	Taq	tag	Teg	tAg	tag	Teg	Teg	taG	tag

① 2개   ② 3개
③ 5개   ④ 6개
⑤ 7개

03

₤

₣	₸	₿	₤	£	฿	₡	₣	₸	₡	₸	₣
₡	₦	₤	₡	฿	₣	₦	₸	₣	₤	₦	฿
₩	₸	₸	₡	₦	₦	₤	฿	฿	₡	₣	₡
₤	₦	฿	₦	₤	£	₡	₦	₤	£	฿	₸

① 3개   ② 4개
③ 5개   ④ 6개
⑤ 7개

※ 다음 표에 제시되지 않은 문자 또는 기호를 고르시오. [4~5]

04

단기	주기	세기	만기	적기	한기	구기	조기	곡기	사기	장기	재기
상기	수기	말기	패기	자기	무기	기기	객기	초기	반기	간기	호기
한기	간기	곡기	초기	수기	장기	단기	반기	재기	만기	구기	말기
자기	세기	패기	사기	상기	호기	객기	무기	주기	기기	적기	조기

① 학기   ② 만기
③ 곡기   ④ 객기
⑤ 호기

05

∣	⇇	⇔	⇀	⇕	↑	→	∣	↗	←	⇇	⇈
⇉	↖	⇒	⇌	⇓	⇈	⇒	⇇	⇓	↖	→	⇉
⇕	⇈	⇇	∣	⇌	←	↗	⇇	⇇	⇇	←	↘
←	→	↗	⇀	⇕	⇒	⇌	⇓	⇈	⇒	⇑	↓

① ⇒   ② ↕
③ ⇇   ④ ↑
⑤ ↓

※ 다음 제시된 낱말의 대응 관계로 볼 때 빈칸에 들어가기에 알맞은 것을 고르시오. [1~5]

01

데스크탑 : 노트북 = ( ) : 캠핑카

① 여행
③ 주차장
⑤ 사무실

② 자동차
④ 집

02

떡 : 쌀 = ( ) : 밀가루

① 보리
③ 사탕
⑤ 김치

② 밥
④ 빵

03

( ) : 증가 = 비옥 : 척박

① 감쇄
③ 보전
⑤ 손실

② 인상
④ 상쇄

04

비 : 우산 = 추위 : ( )

① 등산
③ 겨울
⑤ 외투

② 눈
④ 더위

05

유사 : 근사 = ( ) : 미래

① 준비
③ 현재
⑤ 희망

② 장래
④ 과거

※ 다음 제시문을 읽고 각 문제가 항상 참이면 ①, 거짓이면 ②, 알 수 없으면 ③을 고르시오. [1~2]

- 갑, 을, 병, 정 네 사람이 벤치에 나란히 앉아 있다.
- 병은 갑과 이웃하지 않았다.
- 을은 정보다 왼쪽에 있다.
- 갑과 을은 이웃해 있다.
- 갑은 정과 이웃하지 않았다.

01 병은 좌우 양방향으로 누군가와 이웃해 있다.

① 참   ② 거짓   ③ 알 수 없음

02 갑과 을은 항상 같은 자리에 앉아 있다.

① 참   ② 거짓   ③ 알 수 없음

※ 다음 제시문을 읽고 각 문장이 항상 참이면 ①, 거짓이면 ②, 알 수 없으면 ③을 고르시오. [3~5]

- 한 층에 한 개 회사만이 입주할 수 있는 6층 건물에 A ~ F회사가 입주해 있다.
- A와 D는 5층 차이가 난다.
- D와 E는 인접할 수 없다.
- B는 C보다 아래층에 있다.
- A는 B보다 아래층에 있다.

03 A는 1층이다.

① 참   ② 거짓   ③ 알 수 없음

04 C가 4층이면 F는 5층이다.

① 참   ② 거짓   ③ 알 수 없음

05 F가 5층이면 C는 3층이다.

① 참   ② 거짓   ③ 알 수 없음

01 제시된 전개도를 접었을 때 나타나는 입체도형으로 알맞은 것은?

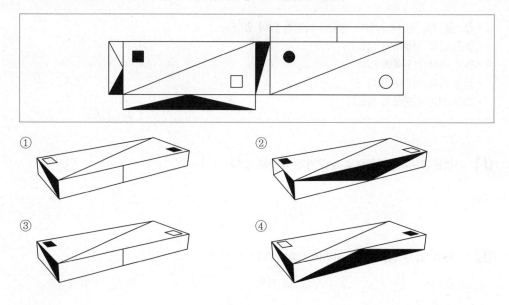

01 다음 글의 주제로 가장 적절한 것은?

> 임신 중 고지방식 섭취가 태어날 자식의 생식기에서 종양의 발생 가능성을 높일 수 있다는 것이 밝혀졌다. 이 결과는 임신한 암쥐 261마리 중 130마리의 암쥐에게는 고지방식을, 131마리의 암쥐에게는 저지방식을 제공한 연구를 통해 얻었다. 실험 결과, 고지방식을 섭취한 암쥐에게서 태어난 새끼 가운데 54%가 생식기에 종양이 생겼지만 저지방식을 섭취한 암쥐가 낳은 새끼 중에서 그러한 종양이 생긴 것은 21%였다.
>
> 한편, 사지 중 하나 이상의 절단 수술이 심장병으로 사망할 가능성을 증가시킬 수 있다는 것이 밝혀졌다. 이것은 제2차 세계대전 중에 부상을 당한 9,000명의 군인에 대한 진료 기록을 조사한 결과이다. 이들 중 4,000명은 사지 중 하나 이상의 절단 수술을 받은 사람이었고, 5,000명은 사지 절단 수술을 받지 않았지만 중상을 입은 사람이었다. 이들에 대한 기록을 추적 조사한 결과, 사지 중 하나 이상의 절단 수술을 받은 사람이 심장병으로 사망한 비율은 그렇지 않은 사람의 1.5배였다. 즉, 사지 중 하나 이상의 절단 수술을 받은 사람 중 600명은 심장병으로 사망하였고, 그렇지 않은 사람 중 500명이 심장병으로 사망하였다.

① 발생 부위에 따른 뇌종양 증상
② 염색체 이상 유전병의 위험을 높이는 요인
③ 절단 수술과 종양의 상관관계
④ 의외의 질병 원인과 질병 사이의 상관관계

02 다음 글의 제목으로 가장 적절한 것은?

일반적으로 소비자들은 합리적인 경제 행위를 추구하기 때문에 최소 비용으로 최대 효과를 얻으려 한다는 것이 소비의 기본 원칙이다. 그들은 '보이지 않는 손'이라고 일컬어지는 시장 원리 아래에서 생산자와 만난다. 그러나 이러한 일차적 의미의 합리적 소비가 언제나 유효한 것은 아니다. 생산보다는 소비가 화두가 된 소비 자본주의 시대에 소비는 단순히 필요한 재화, 그리고 경제학적으로 유리한 재화를 구매하는 행위에 머물지 않는다. 최대 효과 자체에 정서적이고 사회 심리학적인 요인이 개입하면서, 이제 소비는 개인이 세계와 만나는 다분히 심리적인 방법이 되어버린 것이다. 곧 인간의 기본적인 생존 욕구를 충족시켜 주는 합리적 소비 수준에 머물지 않고, 자신을 표현하는 상징적 행위가 된 것이다. 이처럼 오늘날의 소비문화는 물질적 소비 차원이 아닌 심리적 소비 형태를 띠게 된다.

소비 자본주의의 화두는 과소비가 아니라 '과시 소비'로 넘어간 것이다. 과시 소비의 중심에는 신분의 논리가 있다. 신분의 논리는 유용성의 논리, 나아가 시장의 논리로 설명되지 않는 것들을 설명해 준다. 혈통으로 이어지던 폐쇄적 계층 사회는 소비 행위에 대해 계급에 근거한 제한을 부여했다. 먼 옛날 부족 사회에서 수장들만이 걸칠 수 있었던 장신구에서부터, 제아무리 권문세가의 정승이라도 아흔아홉 칸을 넘을 수 없던 집이 좋은 예이다. 권력을 가진 자는 힘을 통해 자기의 취향을 주위 사람들과 분리시킴으로써 경외감을 강요하고, 그렇게 자기 취향을 과시함으로써 잠재적 경쟁자들을 통제한 것이다.

가시적 신분 제도가 사라진 현대 사회에서도 이러한 신분의 논리는 여전히 유효하다. 이제 개인은 소비를 통해 자신의 물질적 부를 표현함으로써 신분을 과시하려 한다.

① '보이지 않는 손'에 의한 합리적 소비의 필요성
② 소득을 고려하지 않은 무분별한 과소비의 폐해
③ 계층별 소비 규제의 필요성
④ 소비가 곧 신분이 되는 과시 소비의 원리

03 다음 글을 통해 추론할 수 있는 내용으로 적절하지 않은 것은?

> 퐁피두 미술관의 5층 전시장에서 특히 인기가 많은 작가는 마르셀 뒤샹이다. 뒤샹의 '레디메이드' 작품들은 한데 모여 바닥의 하얀 지지대 위에 놓여 있다. 그중 가장 눈에 익숙한 것은 둥근 나무의자 위에 자전거 바퀴가 거꾸로 얹힌 「자전거 바퀴」라는 작품일 것이다. 이 작품은 뒤샹의 대표작인 남자 소변기 「샘」과 함께 현대미술사에 단골 메뉴로 소개되곤 한다.
>
> 위의 사례처럼 이미 만들어진 기성제품, 즉 레디메이드를 예술가가 선택해서 '이것도 예술이다.'라고 선언한다면 우리는 그것을 예술로 인정할 수 있을까? 역사는 뒤샹에게 손을 들어줬고 그가 선택했던 의자나 자전거 바퀴, 옷걸이, 삽 심지어 테이트 모던에 있는 남자 소변기까지 각종 일상의 오브제들이 20세기 최고의 작품으로 추앙받으면서 미술관에 고이 모셔져 있다. 손으로 잘 만드는 수공예 기술의 예술 시대를 넘어서 예술가가 무엇인가를 선택하는 정신적인 행위와 작업이 예술의 본질이라고 믿었던 뒤샹적 발상의 승리였다.
>
> 또한 20세기 중반의 스타 작가였던 잭슨 폴록의 작품도 눈길을 끈다. 기존의 그림 그리는 방식에 싫증을 냈던 폴록은 캔버스를 바닥에 눕히고 물감을 떨어뜨리거나 뿌려서 전에 보지 못했던 새로운 형상을 이룩했다. 물감을 사용하는 새로운 방식을 터득한 그는 '액션 페인팅'이라는 새로운 장르를 개척했다. 그림의 결과보다 그림을 그리는 행위를 더욱 중요시했다는 점에서 뒤샹의 발상과도 연관된다.
>
> 미리 계획하고 구성한 것이 아니라 즉흥적이면서도 매우 빠른 속도로 제작하는 그의 작업방식 또한 완전히 새로운 것이었다.

① 퐁피두 미술관은 현대 미술사에 관심 있는 사람들이 방문할 것이다.

② 퐁피두 미술관을 찾는 사람들의 목적은 다양할 것이다.

③ 퐁피두 미술관은 전통적인 예술작품들을 선호할 것이다.

④ 퐁피두 미술관은 파격적인 예술작품들을 배척하지 않을 것이다.

04 다음 글의 빈칸에 들어갈 문장으로 가장 적절한 것은?

> 무엇보다도 전통은 문화적 개념이다. 문화는 복합 생성을 그 본질로 한다. 그 복합은 질적으로 유사한 것끼리는 짧은 시간에 무리 없이 융합되지만, 이질적일수록 그 혼용의 역사적 기간과 길항이 오래 걸리는 것은 사실이다. 그러나 전통이 그 주류에 있어서 이질적인 것은 교체가 더디다 해서 전통을 단절된 것으로 볼 수는 없는 것이다. 오늘은 이미 하나의 문화적 전통을 이룬 서구의 전통도, 희랍·로마 이래 장구한 역사로써 헬레니즘과 히브리즘의 이질적 전통이 융합된 것임은 이미 다 아는 상식 아닌가.
> 지금은 끊어졌다는 우리의 고대 이래의 전통도 알고 보면 샤머니즘에, 선교에, 불교에, 도교에, 유교에 실학파를 통해 받아들인 천주교적 전통까지 혼합된 것이고, 그것들 사이에는 유사한 것도 있었지만 상당히 이질적인 것이 교차하여 걷고 튼 끝에 이루어진 전통이요, 그것은 어느 것이나 '우리화'시켜 받아들임으로써 우리의 전통이 되었던 것이다. 이런 의미에서 보자면 오늘날 일시적 전통의 혼미를 전통의 단절로 속단하고 이를 전통 부정의 논거로 삼는 것은 허망된 논리이다. ＿＿＿＿＿＿＿＿＿＿＿＿＿＿＿＿＿＿＿＿＿ 그러므로 전통의 혼란이란 곧 주체 의식의 혼란이란 뜻에 지나지 않는다. 전통 탐구의 현대적 의의는 바로 문화의 기본적 주체 의식의 각성과 시대적 가치관의 검토, 이 양자의 관계에 대한 탐구의 요구에 다름 아니다.

① 전통은 물론 과거로부터 이어 온 것을 말한다.
② 우리 민족 문화의 전통은 부단한 창조 활동 속에서 이어 온 것이다.
③ 전통은 대체로 그 사회 및 그 사회의 구성원인 개인의 몸에 배어 있는 것이다.
④ 끊어지고 바뀌고 붙고 녹는 것을 계속하면서 그것을 일관하는 것이 전통이란 것이다.

05 다음 글에서 필자의 주장으로 가장 적절한 것은?

> 서울시내 대형 병원 한 곳이 고용하는 인원은 의사와 같은 전문 인력부터 식당이나 청소용역과 같은 서비스 인력을 합해 8천 ~ 1만 명에 이른다. 한국은행은 영리병원 도입으로 의료서비스 산업 비중이 선진국 수준에 이르면 약 24조 원의 경제적 부가가치와 약 21만 명의 중장기적 고용 창출 효과가 있을 것으로 분석했다. 건강보험제도와 같은 공적 의료보험의 근간을 흔들지 않는 범위 내에서 영리병원을 통해 의료서비스 산업을 선진화하는 해법을 찾아낸다면 국가 경제에도 큰 보탬이 될 것이다. 이념 논쟁에 갇혀 변화 자체를 거부하다 보면 성장과 일자리 창출의 기회가 싱가포르와 같은 의료서비스 산업 선진국으로 넘어가고 말 것이다.

① 영리병원 허용으로 인해 의료 시설이 다변화되면 고용 창출 효과가 상승할 것이다.
② 영리병원 도입으로 인한 효과는 빠르게 나타날 것이다.
③ 공적 의료보험은 일자리 창출 효과가 낮다.
④ 싱가포르의 선진화된 의료서비스 산업은 영리병원의 도입으로부터 시작되었다.

01 12%의 소금물 100g에 소금을 더 넣어 20%의 소금물을 만들었다. 이때 더 넣은 소금의 양은?

① 10g
② 12g
③ 14g
④ 16g

02 생산 원가가 6,000원인 상품이 있다. 사장인 당신은 이 상품을 정가의 15%를 할인해서 판매하여 19%의 순이익을 남기고자 한다. 이때, 정가는 원가의 몇 % 이익을 붙였는가?

① 10%
② 20%
③ 30%
④ 40%

03 A와 B가 서로 가위바위보를 해서 이기는 사람은 C에게 사탕 1개를 받고, 지는 사람은 C에게 사탕 3개를 주려고 한다. C가 마지막에 총 30개의 사탕을 가지고 있었고 A와 B는 처음에 사탕의 개수가 같았던 것과는 달리 A가 B보다 12개 더 많아졌다면, A는 총 몇 번을 이겼는가?(단, 비기는 경우는 없다)

① 6번
② 7번
③ 8번
④ 9번

04 H사에서 파견 근무를 나갈 10명을 뽑아 팀을 구성하려 한다. 새로운 팀 내에서 팀장 한 명과 회계 담당 2명을 뽑으려고 하는데, 이 인원을 뽑는 경우는 몇 가지인가?

① 300가지
② 320가지
③ 348가지
④ 360가지

05 A기업에서는 조직 개편을 하려고 한다. 5명을 한 팀으로 조직하면 2명이 팀에 편성되지 않고, 6명을 한 팀으로 조직하면 팀에 편성되지 않는 사람은 없지만, 5명을 한 팀으로 조직했을 때보다 2팀이 줄어든다. 5명을 한 팀으로 조직했을 때, 만들어지는 팀은 총 몇 팀인가?

① 12팀　　　　　　　　　　　　　　② 13팀
③ 14팀　　　　　　　　　　　　　　④ 15팀

06 진경이는 자신의 집에서 준희네 집으로 3m/s의 속도로 가고 준희는 진경이네 집으로 2m/s의 속도로 간다. 진경이와 준희네 집은 900m 떨어져 있고 준희가 진경이보다 3분 늦게 출발했을 때, 진경이가 집에서 출발한 지 얼마 만에 준희를 만나는가?(단, 진경이와 준희네 집 사이의 길은 한 가지밖에 없다)

① 1분 12초　　　　　　　　　　　　② 2분 12초
③ 3분 12초　　　　　　　　　　　　④ 4분 12초

07 상자 속에 a개의 흰 공과 b개의 파란 공이 들어 있고, 상자 옆에는 파란 공이 많이 쌓여 있다. 상자 속에서 임의로 2개의 공을 동시에 꺼낼 때, 같은 색이면 상자 옆에 있는 파란 공 하나를 상자 속에 넣고, 다른 색이면 그중에서 흰 공만 다시 상자 속에 넣는다. 여러 번 반복하여 공이 1개만 남을 때까지 계속한다면, 상자 속에 남아 있는 공이 흰 공일 확률은?(단, 흰 공의 개수는 짝수이다)

① 0　　　　　　　　　　　　　　　② $\frac{1}{3}$

③ $\frac{1}{2}$　　　　　　　　　　　　　④ 1

※ 일정한 규칙으로 수를 나열할 때 빈칸에 들어갈 알맞은 수를 고르시오. [1~4]

01

2 4 4 2 3 ( ) 9 3 5 10 25 5

① 3

② 4

③ 5

④ 6

02

3 4 5 16 7 36 9 64 11 ( )

① 10

② 81

③ 100

④ 121

03

23 46 44 88 ( ) 172 170

① 84

② 86

③ 88

④ 90

04

$\dfrac{1}{6}$ $\dfrac{1}{3}$ $-\dfrac{1}{2}$ $\dfrac{7}{6}$ $-\dfrac{5}{2}$ 2 ( ) $\dfrac{17}{6}$

① $\dfrac{13}{2}$

② $-\dfrac{13}{2}$

③ $\dfrac{17}{2}$

④ $-\dfrac{17}{2}$

※ 창의력 문제는 정답을 따로 제공하지 않는 영역입니다.

01 주어진 그림의 용도를 40가지 쓰시오.

01	지각정확력

※ 다음 제시된 문자 또는 기호와 같은 것의 개수를 구하시오. **[1~3]**

01

튑

됩	큅	겁	닾	큅	퇸	튑	됩	붭	겁	퇸	큅
겁	닾	튑	붭	탑	겁	툽	닙	큅	퇸	닾	닙
퇸	퇸	닙	겁	퇸	됩	닙	탑	튑	붭	닙	툽
탑	큅	튑	닾	붭	퇸	튑	겁	닾	닾	툽	됩

① 1개   ② 2개
③ 3개   ④ 4개
⑤ 5개

02

farm

film	face	film	fast	farm	fall	fail	face	fast	fall	face	farm
fast	fail	fall	face	film	fast	farm	fella	film	film	fall	fail
face	film	farm	fella	fail	face	fast	farm	fella	fail	fast	film
fail	fall	fella	farm	face	film	fall	fella	face	fella	farm	farm

① 7개   ② 8개
③ 9개   ④ 10개
⑤ 11개

03

X

iv	viii	i	II	xii	ii	x	XI	I	vi	VIII	XII
X	XII	vii	XII	IX	VII	iii	v	VI	III	vii	ix
vi	vii	XI	iii	IV	i	v	X	xii	V	XII	VIII
XII	viii	VII	VI	ii	III	XII	II	IX	iv	I	iii

① 1개　　　　　　　　　　② 2개
③ 3개　　　　　　　　　　④ 4개
⑤ 5개

※ 다음 표에 제시되지 않은 문자 또는 기호를 고르시오. [4~5]

04

ㅓ	ㅚ	ㅝ	ㅖ	ㅡ	ㅟ	ㅢ	ㅗ	ㅖ	ㅓ	ㅜ	ㅙ
ㅒ	ㅑ	ㅔ	ㅓ	ㅑ	ㅜ	ㅏ	ㅛ	ㅖ	ㅠ	ㅑ	ㅝ
ㅑ	ㅛ	ㅙ	ㅠ	ㅐ	ㅝ	ㅢ	ㅖ	ㅕ	ㅚ	ㅛ	ㅒ
ㅜ	ㅕ	ㅒ	ㅚ	ㅖ	ㅖ	ㅗ	ㅙ	ㅒ	ㅠ	ㅗ	ㅕ

① ㅏ　　　　　　　　　　② ㅐ
③ ㅔ　　　　　　　　　　④ ㅘ
⑤ ㅟ

05

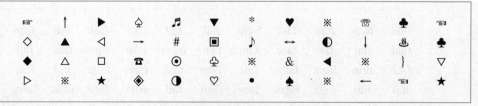

① ↑　　　　　　　　　　② ☆
③ ▶　　　　　　　　　　④ ♥
⑤ }

※ 다음 제시된 낱말의 대응 관계로 볼 때 빈칸에 들어가기에 알맞은 것을 고르시오. **[1~5]**

01

일석이조 : 일거양득 = 지기지우 : ( )

① 금란지교   ② 수어지교
③ 막역지우   ④ 문경지교
⑤ 지음

02

능동 : 수동 = ( ) : 자유

① 자진   ② 범죄
③ 속박   ④ 권리
⑤ 자립

03

응분 : 과분 = 겸양하다 : ( )

① 강직하다   ② 너그럽다
③ 쩨쩨하다   ④ 겸손하다
⑤ 젠체하다

04

춘향 : 몽룡 = ( ) : 피터팬

① 피오나   ② 웬디
③ 팅커벨   ④ 오로라
⑤ 벨

05

음악 : 힙합 = ( ) : 소서

① 명절   ② 절기
③ 풍속   ④ 연휴
⑤ 대서

PART 1

※ 다음 제시문을 읽고 각 문장이 항상 참이면 ①, 거짓이면 ②, 알 수 없으면 ③을 고르시오. [1~2]

- 철수와 영희는 남매이다.
- 철수에게는 누나가 한 명 있다.
- 영희는 맏딸이다.
- 철수는 막내가 아니다.

01　영희는 남동생이 있다.

① 참　　　　　　　　② 거짓　　　　　　　　③ 알 수 없음

02　영희의 동생은 한 명이다.

① 참　　　　　　　　② 거짓　　　　　　　　③ 알 수 없음

※ 다음 제시문을 읽고 각 문제가 항상 참이면 ①, 거짓이면 ②, 알 수 없으면 ③을 고르시오. [3~5]

- 월요일부터 금요일까지 5일간 세 형제가 연속 이틀씩 당번을 서기로 했다.
- 아무도 당번을 서지 않는 날은 없다.
- 첫째는 월요일부터, 둘째는 목요일부터 당번을 선다.

03　둘째와 셋째는 당번을 서는 날이 겹칠 것이다.

① 참　　　　　　　　② 거짓　　　　　　　　③ 알 수 없음

04　첫째는 이틀 내내 혼자 당번을 선다.

① 참　　　　　　　　② 거짓　　　　　　　　③ 알 수 없음

05　셋째는 이틀 중 하루는 형들과 같이 당번을 선다.

① 참　　　　　　　　② 거짓　　　　　　　　③ 알 수 없음

※ 제시된 전개도를 접었을 때 나타나는 입체도형으로 알맞은 것을 고르시오. [1~2]

01

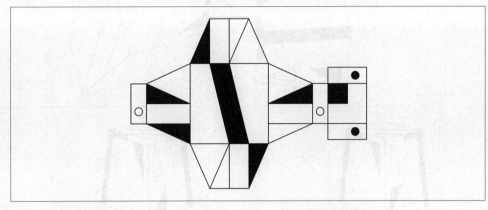

①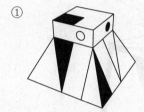

②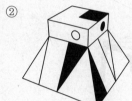

③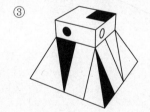

④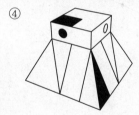

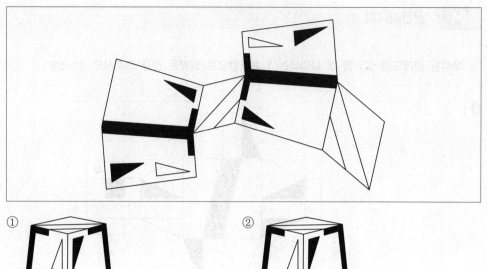

① 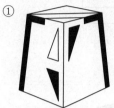　②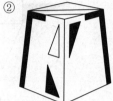

③ 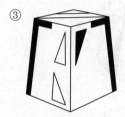　④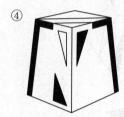

01 다음 글을 읽고 추론한 내용으로 적절하지 않은 것은?

음식이 상한 것과 가스가 새는 것을 쉽게 알아차릴 수 있는 것은 우리에게 냄새를 맡을 수 있는 후각이 있기 때문이다. 이처럼 후각은 우리 몸에 해로운 물질을 탐지하는 문지기 역할을 하는 중요한 감각이다. 어떤 냄새를 일으키는 물질을 '취기재(臭氣材)'라 부르는데, 우리가 어떤 냄새가 난다고 탐지할 수 있는 것은 취기재의 분자가 코의 내벽에 있는 후각 수용기를 자극하기 때문이다.

일반적으로 인간은 동물만큼 후각이 예민하지 않다. 물론 인간도 다른 동물과 마찬가지로 취기재의 분자 하나에도 민감하게 반응하는 후각 수용기를 갖고 있다. 하지만 개(犬)가 10억 개에 이르는 후각 수용기를 갖고 있는 것에 비해 인간의 후각 수용기는 1천만 개에 불과하여 인간의 후각이 개의 후각보다 둔한 것이다.

우리가 냄새를 맡으려면 공기 중에 취기재의 분자가 적당히 많아야 한다. 다시 말해, 취기재의 농도가 어느 정도에 이르러야 냄새를 탐지할 수 있다. 이처럼 냄새를 탐지할 수 있는 최저 농도를 '탐지 역치'라 한다. 탐지 역치는 취기재에 따라 차이가 있다. 우리가 메탄올보다 박하 냄새를 더 쉽게 알아챌 수 있는 까닭은 메탄올의 탐지 역치가 박하향에 비해 약 3,500배가량 높기 때문이다.

취기재의 농도가 탐지 역치 정도의 수준에서는 냄새의 존재 유무를 탐지할 수는 있어도 냄새를 풍기는 취기재의 정체를 인식하지는 못하는 상태가 된다. 취기재의 정체를 인식하려면 취기재의 농도가 탐지 역치보다 3배가량은 높아야 한다. 한편 같은 취기재들 사이에서는 농도가 평균 11% 정도 차이가 나야 냄새의 세기 차이를 구별할 수 있다고 알려져 있다.

연구에 따르면 인간이 구별할 수 있는 냄새의 가짓수는 10만 개가 넘는다. 하지만 그 취기재가 무엇인지 다 인식해 내지는 못한다. 그 이유는 무엇일까? 한 실험에서 실험 참여자에게 실험에 쓰일 모든 취기재의 이름을 미리 알려 준 다음, 임의로 선택한 취기재의 냄새를 맡게 하고 그 종류를 맞히게 했다. 이때 실험 참여자가 틀린 답을 하면 그때마다 정정해 주었다. 그 결과 취기재의 이름을 알아맞히는 능력이 거의 두 배로 향상되었다.

위의 실험은 특정한 냄새의 정체를 파악하기 어려운 이유가 냄새를 느끼는 능력이 부족하기 때문이 아님을 보여 준다. 그것은 우리가 모든 냄새에 대응되는 명명 체계를 갖고 있지 못할 뿐만 아니라 특정한 냄새와 그것에 해당하는 이름을 연결하는 능력이 부족하기 때문이다. 즉, 인간의 후각은 기억과 밀접한 관련이 있는 것이다. 이에 따르면 어떤 냄새를 맡았을 때 그 냄새와 관련된 과거의 경험이나 감정이 떠오르는 일은 매우 자연스러운 현상이다.

① 과거에 경험한 사건이 그와 관련된 냄새를 통해 환기되는 경우가 있다.

② 특정한 냄새와 그 명칭을 정확히 연결하는 능력은 학습을 통해 향상될 수 있다.

③ 취기재의 이름을 알아맞히는 능력이 향상되면 그 취기재의 탐지 역치를 낮출 수 있다.

④ 인간이 구별할 수 있는 냄새의 가짓수는 인간이 인식하는 취기재의 가짓수보다 많다.

02 다음 글의 제목으로 가장 적절한 것은?

맥주의 주원료는 양조용수·보리·홉 등이다. 맥주를 양조하기 위해서는 일반적으로 맥주생산량의 10 ~ 20배 정도 되는 물이 필요하며, 이것을 양조용수라고 한다. 양조용수는 맥주의 종류와 품질을 좌우하며, 무색·무취·투명해야 한다. 보리를 싹틔워 만든 맥아를 사용하여 맥주를 제조하는데, 맥주용 보리로는 곡립이 고르고 녹말질이 많으며 단백질이 적은 것, 그리고 곡피(穀皮)가 얇으며 발아력이 왕성한 것이 좋다. 홉은 맥주 특유의 쌉쌀한 향과 쓴맛을 만들어 내는 주요 첨가물이며, 맥주를 맑게 하고 잡균의 번식을 막아주는 역할을 한다.

맥주의 제조공정을 살펴보면 맥아제조, 담금, 발효, 저장, 여과의 다섯 단계로 나눌 수 있다.

이 중 발효공정은 맥즙이 발효되어 술이 되는 과정을 말하는데, 효모가 발효탱크 속에서 맥즙에 있는 당분을 알코올과 탄산가스로 분해한다. 이 공정은 1주일간 이어지며, 그동안 맥즙 안에 있던 당분은 점점 줄어들고 알코올과 탄산가스가 늘어나 맥주가 되는 것이다. 이때 발효 중 맥즙의 온도 상승을 막기 위해 탱크를 냉각 코일로 감고 그 표면을 하얀 폴리우레탄으로 단열시키는데, 그 모습이 마치 남극의 이글루처럼 보이기도 한다.

발효의 방법에 따라 하면발효 맥주와 상면발효 맥주로 구분되는데, 이는 어떤 온도에서 발효시키느냐에 달려있다. 세계 맥주 생산량의 70%를 차지하는 하면발효 맥주는 발효 중 밑으로 가라앉는 효모를 사용해 저온에서 발효시킨 맥주를 말한다. 요즘 유행하는 드래프트비어가 바로 여기에 속한다. 반면, 상면발효 맥주는 주로 영국, 미국, 캐나다, 벨기에 등에서 생산되며 발효 중 표면에 떠오르는 효모로 비교적 높은 온도에서 발효시킨 맥주를 말한다. 에일, 스타우트 등이 상면발효 맥주에 포함된다.

① 홉과 발효 방법의 종류에 따른 맥주 구분법
② 주원료에 따른 맥주의 발효 방법 분류
③ 맥주의 주원료와 발효 방법에 따른 맥주의 종류
④ 맥주의 제조공정

03 다음 글을 읽고 추론한 내용으로 적절하지 않은 것은?

세계적으로 저명한 미국의 신경과학자들은 '의식에 관한 케임브리지 선언'을 통해 동물에게도 의식이 있다고 선언했다. 이들은 포유류와 조류 그리고 문어를 포함한 다른 많은 생물도 인간처럼 의식을 생성하는 신경학적 기질을 갖고 있다고 주장하였다. 즉, 동물도 인간과 같이 의식이 있는 만큼 합당한 대우를 받아야 한다는 이야기이다. 그러나 이들과 달리 아직도 동물에게 의식이 있다는 데 회의적인 과학자가 많다.

인간의 동물관은 고대부터 두 가지로 나뉘어 왔다. 그리스의 철학자 피타고라스는 윤회설에 입각하여 동물에게 경의를 표해야 한다는 것을 주장했으나, 아리스토텔레스는 '동물에게는 이성이 없으므로 동물은 인간의 이익을 위해서만 존재한다.'고 주장했다. 이러한 동물관의 대립은 근세에도 이어졌다. 17세기 철학자 데카르트는 '동물은 정신을 갖고 있지 않으며, 고통을 느끼지 못하므로 심한 취급을 해도 좋다.'라고 주장한 반면, 18세기 계몽철학자 루소는 『인간불평등 기원론』을 통해 인간과 동물은 동등한 자연의 일부라는 주장을 처음으로 제기했다.

그러나 인간은 오랫동안 동물의 본성이나 동물답게 살 권리를 무시한 채로 소와 돼지, 닭 등을 사육해왔다. 오로지 더 많은 고기와 달걀을 얻기 위해 '공장식 축산' 방식을 도입한 것이다. 공장식 축산이란 가축 사육 과정이 공장에서 규격화된 제품을 생산하는 것과 같은 방식으로 이루어지는 것을 말하며, 이러한 환경에서는 소와 돼지, 닭 등이 몸조차 자유롭게 움직일 수 없는 좁은 공간에 갇혀 자라게 된다. 가축은 스트레스를 받아 면역력이 떨어지게 되고, 이는 결국 항생제 대량 투입으로 이어질 수밖에 없다. 우리는 그렇게 생산된 고기와 달걀을 맛있다고 먹고 있는 것이다.

이와 같은 공장식 축산의 문제를 인식하고, 이를 개선하려는 동물 복지 운동은 1960년대 영국을 중심으로 유럽에서 처음 시작되었다. 인간이 가축의 고기 등을 먹더라도 최소한의 배려를 함으로써 항생제 사용을 줄이고, 고품질의 고기와 달걀을 생산하자는 것이다. 한국도 올해부터 먼저 산란계를 시작으로 '동물 복지 축산농장 인증제'를 시행하고 있다. 배고픔·영양 불량·갈증으로부터의 자유, 두려움·고통으로부터의 자유 등의 5대 자유를 보장하는 농장만이 동물 복지 축산농장 인증을 받을 수 있다.

동물 복지는 가축뿐만이 아니라 인간의 건강을 위한 것이기도 하다. 따라서 정부와 소비자 모두 동물 복지에 좀 더 많은 관심을 가져야 한다.

① 피타고라스는 동물에게도 의식이 있다고 생각했군.
② 아리스토텔레스와 데카르트의 동물관에는 일맥상통하는 점이 있어.
③ 좁은 공간에 갇혀 자란 돼지는 그렇지 않은 돼지에 비해 면역력이 낮겠네.
④ 동물 복지 축산농장 인증제는 1960년대 영국에서 처음 시행되었어.

04 다음 글의 주장에 대한 비판으로 가장 적절한 것은?

> 저작권은 저자의 권익을 보호함으로써 활발한 저작 활동을 촉진하여 인류의 문화 발전에 기여하기 위한 것이다. 그러나 이렇게 공적 이익을 추구하기 위한 저작권이 현실에서는 일반적으로 지나치게 사적 재산권을 행사하는 도구로 인식되고 있다. 저작물 이용자들의 권리를 보호하기 위해 마련한, 공익적 성격의 법조항도 법적 분쟁에서는 항상 사적 재산권의 논리에 밀려 왔다.
>
> 저작권 소유자 중심의 저작권 논리는 실제로 저작권이 담당해야 할 사회적 공유를 통한 문화 발전을 방해한다. 몇 해 전의 '애국가 저작권'에 대한 논란은 이러한 문제를 단적으로 보여준다. 저자 사후 50년 동안 적용되는 국내 저작권법에 따라, 애국가가 포함된 〈한국 환상곡〉의 저작권이 작곡가 안익태의 유족들에게 2015년까지 주어진다는 사실이 언론을 통해 알려진 것이다. 누구나 자유롭게 이용할 수 있는 국가(國歌)마저 공공재가 아닌 개인 소유라는 사실에 많은 사람들이 놀랐다.
>
> 창작은 백지 상태에서 완전히 새로운 것을 만드는 것이 아니라 저작자와 인류가 쌓은 지식 간의 상호 작용을 통해 이루어진다. "내가 남들보다 조금 더 멀리 보고 있다면, 이는 내가 거인의 어깨 위에 올라서 있는 난쟁이이기 때문"이라는 뉴턴의 겸손은 바로 이를 말한다. 이렇듯 창작자의 저작물은 인류의 지적 자원에서 영감을 얻은 결과이다. 그러한 저작물을 다시 인류에게 되돌려 주는 데 저작권의 의의가 있다. 이러한 생각은 이미 1960년대 프랑스 철학자들에 의해 형성되었다. 예컨대 기호학자인 바르트는 '저자의 죽음'을 거론하면서 저자가 만들어 내는 텍스트는 단지 인용의 조합일 뿐 어디에도 '오리지널'은 존재하지 않는다고 단언한다.
>
> 전자 복제 기술의 발전과 디지털 혁명은 정보나 자료의 공유가 지니는 의의를 잘 보여주고 있다. 인터넷과 같은 매체 환경의 변화는 원본을 무한히 복제하고 자유롭게 이용함으로써 누구나 창작의 주체로서 새로운 문화 창조에 기여할 수 있도록 돕는다. 인터넷 환경에서 이용자는 저작물을 자유롭게 교환할 뿐 아니라 수많은 사람들과 생각을 나눔으로써 새로운 창작물을 생산하고 있다. 이러한 상황은 저작권을 사적 재산권의 측면에서보다는 공익적 측면에서 바라볼 필요가 있음을 보여준다.

① 저작권의 사회적 공유에 대해 일관성 없는 주장을 하고 있다.
② 저작물이 개인의 지적·정신적 창조물임을 과소평가하고 있다.
③ 저작권의 사적 보호가 초래한 사회적 문제의 사례가 적절하지 않다.
④ 인터넷이 저작권의 사회적 공유에 미치는 영향을 드러내지 못하고 있다.

05 다음 (가)와 (나)가 도출되기 위한 공통적인 질문으로 가장 적절한 것은?

> (가) 요즘의 청소년들은 이전보다 높아진 교육수준과 인터넷을 통한 활발한 정보의 습득으로 인해 올바른 정치적 판단을 할 만한 여건을 갖추고 있다. 또한 우리나라의 만 18세 청소년들에게 군 지원, 납세, 운전면허 취득, 공무원 지원 등의 책임이나 의무는 있는 반면, 정작 선거권이 없다는 것은 크나큰 모순이다. 현재 OECD에 가입한 34개국 중 우리나라를 제외한 33개국이 선거 연령은 만 18세이다. 우리나라 역시 이러한 기준에 맞추지 못할 이유가 없다.
>
> (나) 우리나라의 교육 수준이 이전보다 높아진 것은 사실이나, 이것은 정치적 판단의 여건과는 거리가 멀다. 특히 우리나라의 경우, 입시 중심 교육제도로 인해 청소년들이 정치적 권리 행사와 관련한 교육을 충분히 받지 못하고 있기 때문에 선거권을 갖는 연령을 낮추는 것은 시기상조이다. 뿐만 아니라 각 국가마다 사회·문화적 상황과 그에 따른 성인의 기준이 다를 수 있기 때문에 외국의 정책을 따라갈 필요는 없다.

① 청소년들의 정치적 참여를 장려해야 하는가?
② 만 19세 청소년들에게 부여되는 책임과 의무를 철폐해야 하는가?
③ 만 18세 청소년에게 선거권을 부여해야 하는가?
④ 문화적 다양성에 의한 제도적 차이를 인정해야 하는가?

01   A중학교의 올해 남학생과 여학생의 수는 작년에 비하여 남학생은 36명 증가하고, 여학생은 5% 감소하여 전체적으로 4% 증가하였다. 작년의 전체 학생 수를 600명이라고 할 때, 올해 여학생 수는 몇 명인가?

① 228명   ② 240명
③ 360명   ④ 396명

02   J택배원은 엘리베이터를 이용하여 택배를 옮기고 있다. 이 엘리베이터는 적재용량이 455kg이며, 엘리베이터에는 이미 몸무게가 68kg인 사람이 2kg의 물건을 싣고 타 있는 상태이다. 70kg인 J택배원이 12kg인 손수레 카트와 한 박스당 4kg의 택배를 최대 몇 박스까지 가지고 엘리베이터에 탈 수 있는가?

① 77박스   ② 76박스
③ 75박스   ④ 74박스

03   A, B, C 세 대의 자동차는 한 트랙을 돈 후 각각 3분, 5분, 6분간 점검을 받는다. 처음 A, B, C 자동차가 동시에 출발하여 다시 동시에 출발할 때까지 자동차들의 트랙 회전수의 합은?(단, A, B, C 자동차의 속력은 같고 같은 트랙을 돌았다)

① 20회   ② 21회
③ 22회   ④ 23회

04   0에서 5까지 적힌 6장의 카드 중, 2장을 뽑아 두 자리 자연수를 만들 때, 35 이상의 자연수의 개수는 몇 가지인가?

① 10가지   ② 11가지
③ 12가지   ④ 13가지

05 헬스클럽 이용권을 구입하려고 한다. A이용권은 한 달에 5만 원을 내고 한 번 이용할 때마다 1,000 원을 내야 하고, B이용권은 한 달에 2만 원을 내고 한 번 이용할 때마다 5,000원을 낸다고 한다. 한 달에 최소 몇 번 이용해야 A이용권을 이용하는 것이 B이용권을 이용하는 것보다 저렴한가?

① 5번   ② 8번

③ 11번   ④ 14번

06 A, B, C회사에서 중국 바이어와의 계약을 성사시키기 위해 각자 미팅을 준비하고 있다. A, B, C회사가 미팅 후 계약을 성사시킬 확률은 각각 $\frac{1}{4}$, $\frac{1}{3}$, $\frac{1}{2}$일 때, 중국 바이어가 한 회사하고만 계약할 확률은?

① $\frac{2}{9}$ ② $\frac{1}{4}$

③ $\frac{1}{3}$ ④ $\frac{11}{24}$

07 미주는 집에서 백화점에 가기 위해 시속 8km의 속력으로 집에서 출발했다. 미주가 집에서 출발한 지 12분 후에 지갑을 두고 간 것을 발견한 동생이 시속 20km의 속력으로 미주를 만나러 출발했다. 미주와 동생은 몇 분 후에 만나게 되는가?(단, 미주와 동생은 쉬지 않고 일정한 속력으로 움직인다)

① 11분   ② 14분

③ 17분   ④ 20분

※ 일정한 규칙으로 수를 나열할 때 빈칸에 들어갈 알맞은 숫자를 고르시오. [1~4]

01

| 121 | 121 | 243 | 484 | 487 | ( ) | 975 |

① 918 ② 964
③ 1,000 ④ 1,089

02

| −4 | −3 | 0 | 9 | ( ) | 117 |

① 18 ② 36
③ 48 ④ 63

03

4 2 20 　　5 ( ) 74 　　10 5 125

① 3 ② 5
③ 6 ④ 7

04

2 1 3 4 10 −5 1 4 1.5 3.5 3 ( )

① 0.5 ② 1
③ 1.5 ④ 2

01 주어진 그림의 용도를 40가지 쓰시오.

PART 1

01 | 지각정확력

※ 다음 제시된 문자 또는 기호와 같은 것의 개수를 구하시오. [1~3]

01

① 8개
② 9개
③ 10개
④ 11개
⑤ 12개

① 1개   ② 2개
③ 3개   ④ 4개
⑤ 5개

03

					努						

努	务	努	奴	奴	助	協	另	劦	怒	劦	努
劦	協	怒	怒	劦	努	劦	怒	务	協	务	另
怒	奴	另	助	奴	务	另	奴	努	怒	奴	協
另	努	協	另	务	助	協	另	助	奴	努	怒

① 5개   ② 6개
③ 7개   ④ 8개
⑤ 9개

※ 다음 표에 제시되지 않은 문자 또는 기호를 고르시오. [4~6]

04

자각	촉각	매각	소각	기각	내각	후각	감각	둔각	망각	각각	엇각
기각	내각	청각	조각	갑각	해각	종각	자각	주각	간각	매각	시각
망각	지각	갑각	엇각	주각	촉각	매각	청각	부각	내각	조각	기각
대각	후각	촉각	자각	후각	망각	조각	내각	기각	촉각	청각	감각

① 지각   ② 소각
③ 부각   ④ 시각
⑤ 두각

05

Ⅸ	ⅳ	Ⅷ	Ⅸ	Ⅱ	Ⅺ	Ⅴ	Ⅶ	ⅳ	Ⅷ	ⅱ	Ⅲ
Ⅷ	Ⅺ	Ⅴ	Ⅴ	Ⅹ	Ⅶ	Ⅷ	ⅷ	Ⅱ	Ⅺ	Ⅶ	ⅱ
Ⅴ	ⅻ	ⅰ	Ⅶ	Ⅷ	Ⅸ	Ⅸ	ⅳ	ⅱ	ⅻ	ⅳ	Ⅷ
ⅱ	Ⅷ	ⅳ	Ⅺ	ⅳ	Ⅱ	ⅱ	Ⅺ	Ⅶ	Ⅴ	Ⅸ	ⅻ

① Ⅹ   ② ⅷ
③ Ⅲ   ④ ⅰ
⑤ Ⅻ

06

土士	土毛	土類	土葬	土爐	土着	土漿	土手	土漿	土類	土爐	土毛
土手	士道	土偶	土兵	土風	土類	土士	土塘	土偶	土着	土道	土兵
土漿	土爐	土着	土亭	土塘	土手	土道	土墳	土價	土葬	土地	土偶
土價	土毛	土類	土塘	土葬	土砂	土漿	土爐	土兵	土士	土偶	士道

① 土木   ② 土亭
③ 土砂   ④ 土地
⑤ 土墳

PART 1

※ 다음 제시된 낱말의 대응 관계로 볼 때 빈칸에 들어가기에 알맞은 것을 고르시오. **[1~5]**

01

송신 : 수신 = 불황 : (　　)

① 호재　　　　　　　　　　　② 경기
③ 호황　　　　　　　　　　　④ 경제
⑤ 실황

02

후회 : 회한 = (　　) : 억지

① 패　　　　　　　　　　　　② 떼
③ 집단　　　　　　　　　　　④ 논리
⑤ 원리

03

중동 : 이란 = 태양계 : (　　)

① 외계인　　　　　　　　　　② 우주선
③ 블랙홀　　　　　　　　　　④ 목성
⑤ 물리

04

암상 : 시기심 = (　　) : 답습

① 장난　　　　　　　　　　　② 흉내
③ 지원　　　　　　　　　　　④ 소풍
⑤ 그림자

05

제한하다 : 통제하다 = 만족하다 : (　　)

① 번잡하다　　　　　　　　　② 부족하다
③ 탐탁하다　　　　　　　　　④ 모자라다
⑤ 듬직하다

※ 다음 제시문을 읽고 각 문장이 항상 참이면 ①, 거짓이면 ②, 알 수 없으면 ③을 고르시오. [1~2]

- 갑, 을, 병, 정 네 사람이 달리기 시합을 했다.
- 네 사람 중 똑같은 시간에 결승점에 들어온 사람은 없다.
- 을은 병 바로 뒤에 결승점에 들어왔다.
- 을보다 늦은 사람은 두 명이다.
- 정은 갑보다 빨랐다.

01 결승점에 가장 빨리 들어온 사람은 병이다.

① 참 ② 거짓 ③ 알 수 없음

02 결승점에 가장 늦게 들어온 사람은 정이다.

① 참 ② 거짓 ③ 알 수 없음

※ 다음 제시문을 읽고 각 문장이 항상 참이면 ①, 거짓이면 ②, 알 수 없으면 ③을 고르시오. [3~4]

- 5층짜리 아파트에 A, B, C, D, E가 살고 있다.
- A는 2층에 살고 있다.
- B는 A보다 위층에 살고 있다.
- C와 D는 이웃한 층에 살고 있다.

03 E는 1층에 살고 있다.

① 참 ② 거짓 ③ 알 수 없음

04 B는 4층에 살고 있다.

① 참 ② 거짓 ③ 알 수 없음

※ 제시된 전개도를 접었을 때 나타나는 입체도형으로 알맞은 것을 고르시오. [1~2]

01

02

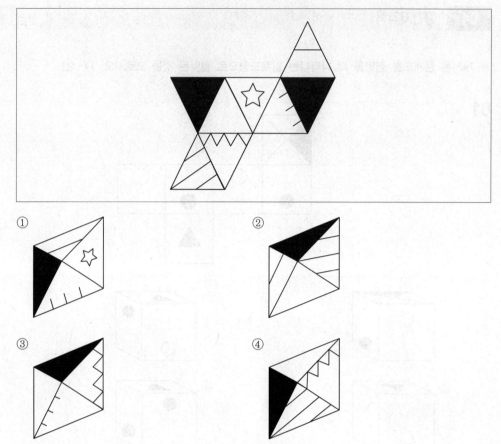

01 다음 글의 내용으로 적절하지 않은 것은?

1890년 독전 및 거래제한 행위에 대한 규제를 명시한 셔먼법이 제정됐다. 셔먼은 반독점법 제정이 소비자의 이익 보호와 함께 소생산자들의 탈집중화된 경제 보호라는 목적이 있다는 점을 강조했다. 그는 독점적 기업결합 집단인 트러스트가 독점을 통한 인위적인 가격 상승으로 소비자를 기만한다고 보았다. 더 나아가 트러스트가 사적 권력을 강화해 민주주의에 위협이 된다고 비판했다. 이런 비판의 사상적 배경이 된 것은 시민 자치를 중시하는 공화주의 전통이었다.

이후 반독점 운동에서 브랜다이스가 영향력 있는 인물로 부상했다. 그는 독점 규제를 통해 소비자의 이익이 아니라 독립적 소생산자의 경제를 보호하고자 했다. 반독점법의 취지는 거대한 경제 권력의 영향으로부터 독립적 소생산자들을 보호함으로써 자치를 지켜내는 데 있다는 것이다. 이런 생각에는 공화주의 전통이 반영되어 있었다. 브랜다이스는 거대한 트러스트에 집중된 부와 권력이 시민 자치를 위협한다고 보았다. 이 점에서 그는 반독점법이 소생산자의 이익 자체를 도모하는 것보다는 경제와 권력의 집중을 막는 데 초점을 맞추어야 한다고 주장했다.

반독점법이 강력하게 집행된 것은 1930년대 후반에 이르러서였다. 1938년 아놀드가 법무부 반독점국의 책임자로 임명되었다. 아놀드는 소생산자의 자치와 탈집중화된 경제의 보호가 대량 생산 시대에 맞지 않는 감상적인 생각이라고 치부하고, 시민 자치권을 근거로 하는 반독점 주장을 거부했다. 그는 독점 규제의 목적이 권력 집중에 대한 싸움이 아니라 경제적 효율성의 향상에 맞춰져야 한다고 주장했다. 독점 규제를 통해 생산과 분배의 효율성을 증가시키고 그 혜택을 소비자에게 돌려주는 것이 핵심 문제라는 것이다. 이 점에서 반독점법의 목적이 소비자 가격을 낮춰 소비자 복지를 증진시키는 데 있다고 본 것이다. 그는 사람들이 반독점법을 지지하는 이유도 대기업에 대한 반감이나 분노 때문이 아니라, '돼지갈비, 빵, 안경, 약, 배관공사 등의 가격'에 대한 관심 때문이라고 강조했다. 이 시기 아놀드의 견해가 널리 받아들여진 것도 소비자 복지에 대한 당시 사람들의 관심사를 반영했기 때문으로 볼 수 있다. 이런 점에서 소비자 복지에 근거한 반독점 정책은 안정된 법적, 정치적 제도로서의 지위를 갖게 되었다.

① 셔먼과 브랜다이스의 견해는 공화주의 전통에 기반을 두고 있었다.
② 셔먼과 아놀드는 소비자 이익을 보호한다는 점에서 반독점법을 지지했다.
③ 반독점 주장의 주된 근거는 1930년대 후반 시민 자치권에서 소비자 복지로 옮겨 갔다.
④ 브랜다이스는 독립적 소생산자와 소비자의 이익을 보호하여 시민 자치를 지키고자 했다.

02 다음 글을 근거로 판단할 때, 〈보기〉에서 적절한 것을 모두 고르면?

무릇 오곡이란 백성들이 생존의 양식으로 의존하는 것이기에 군주는 식량 증산에 힘쓰지 않을 수 없고, 재물을 쓰는 데 절약하지 않을 수 없다. 오곡 가운데 한 가지 곡식이 제대로 수확되지 않으면 이것을 근(饉)이라 하고, 두 가지 곡식이 제대로 수확되지 않으면 이것을 한(旱)이라고 한다. 세 가지 곡식이 제대로 수확되지 않으면 이것을 흉(凶)이라고 한다. 또 네 가지 곡식이 제대로 수확되지 않으면 이것을 궤(饋)라고 하고, 다섯 가지 곡식 모두 제대로 수확되지 않으면 이것을 기(饑)라고 한다. 근이 든 해에는 대부(大夫) 이하 벼슬하는 사람들은 모두 봉록의 5분의 1을 감봉한다. 한이 든 해에는 5분의 2를 감봉하고, 흉이 든 해에는 5분의 3을 감봉하고, 궤가 든 해에는 5분의 4를 감봉하며, 기가 든 해에는 아예 봉록을 주지 않고 약간의 식량만을 지급할 뿐이다.

곡식이 제대로 수확되지 않으면 군주는 먹던 요리의 5분의 3을 줄이고, 대부들은 음악을 듣지 않으며, 선비들은 농사에 힘쓸 뿐 배우러 다니지 않는다. 군주는 조회할 때 입는 예복이 낡아도 고쳐 입지 않고, 사방 이웃 나라의 사신들에게도 식사만을 대접할 뿐 성대한 잔치를 베풀지 않는다. 또한, 군주가 행차할 때 수레를 끄는 말의 수도 반으로 줄여 두 마리만으로 수레를 끌게 한다. 길을 보수하지 않고, 말에게 곡식을 먹이지 않으며, 궁녀들은 비단옷을 입지 않는다. 이것은 식량이 부족함을 백성들에게 인식시키고자 함이다.

보기

ㄱ. 대부 이하 벼슬하는 사람이 근(饉)이 들었을 때 받을 수 있는 봉록은 궤(饋)가 들었을 때 받을 수 있는 봉록의 4배일 것이다.
ㄴ. 오곡 모두 제대로 수확되지 않으면 대부 이하 벼슬하는 사람들은 봉록과 식량을 전혀 지급받지 못했을 것이다.
ㄷ. 곡식이 제대로 수확되지 않으면 군주가 행차할 때 탄 수레는 곡식을 먹인 말 두 마리가 끌었을 것이다.
ㄹ. 곡식이 제대로 수확되지 않으면 군주는 먹던 요리를 5분의 4로 줄였을 것이다.

① ㄱ
② ㄷ
③ ㄱ, ㄴ
④ ㄱ, ㄷ, ㄹ

03 다음 제시된 문단을 논리적 순서대로 바르게 나열한 것은?

> (가) 회전문의 축은 중심에 있다. 축을 중심으로 통상 네 짝의 문이 계속 돌게 되어 있다. 마치 계속 열려 있는 듯한 착각을 일으키지만, 사실은 네 짝의 문이 계속 안 또는 밖을 차단하도록 만든 것이다. 실질적으로는 열려 있는 순간 없이 계속 닫혀 있는 셈이다.
>
> (나) 문은 열림과 닫힘을 위해 존재한다. 이 본연의 기능을 하지 못한다는 점에서 계속 닫혀 있는 문이 무의미하듯이, 계속 열려 있는 문 또한 그 존재 가치와 의미가 없다. 그런데 현대 사회의 문은 대부분의 경우 닫힌 구조로 사람들을 맞고 있다. 따라서 사람들을 환대하는 것이 아니라 박대하고 있다고 할 수 있다. 그 대표적인 예가 회전문이다. 가만히 회전문의 구조와 그 기능을 머릿속에 그려보라. 그것이 어떤 식으로 열리고 닫히는지 알고는 놀랄 것이다.
>
> (다) 회전문은 인간이 만들고 실용화한 문 가운데 가장 문명적이고 가장 발전된 형태로 보일지 모르지만, 사실상 열림을 가장한 닫힘의 연속이기 때문에 오히려 가장 야만적이며 가장 미개한 형태의 문이다.
>
> (라) 또한 회전문을 이용하는 사람들은 회전문의 구조와 운동 메커니즘에 맞추어야 실수 없이 문을 통과해 안으로 들어가거나 밖으로 나올 수 있다. 어린아이, 허약한 사람, 또는 민첩하지 못한 노인은 쉽게 그것에 맞출 수 없다. 더구나 휠체어를 탄 사람이라면 더 말할 나위도 없다. 이들에게 회전문은 문이 아니다. 실질적으로 닫혀 있는 기능만 하는 문은 문이 아니기 때문이다.

① (가) – (나) – (라) – (다)

② (가) – (라) – (나) – (다)

③ (나) – (가) – (라) – (다)

④ (나) – (다) – (라) – (가)

04 다음 글의 빈칸에 들어갈 내용으로 가장 적절한 것은?

모두가 서로를 알고 지내는 작은 규모의 사회에서는 거짓이나 사기가 번성할 수 없다. 반면 그렇지 않은 사회에서는 누군가를 기만하여 이득을 보는 경우가 많이 발생한다. 이런 현상이 발생하는 이유를 확인하는 연구가 이루어졌다. A교수는 그가 마키아벨리아니즘이라고 칭한 성격 특성을 지닌 사람을 판별하는 검사를 고안해냈다. 이 성격 특성은 다른 사람을 교묘하게 이용하고 기만하는 능력을 포함한다. 그의 연구는 사람들 중 일부는 다른 사람들을 교묘하게 이용하거나 기만하여 자기 이익을 챙긴다는 사실을 보여준다. 수백 명의 학생을 대상으로 한 조사에서, 마키아벨리아니즘을 갖는 것으로 분류된 학생들은 대체로 대도시 출신임이 밝혀졌다.

위 연구들이 보여주는 바를 대도시 사람들의 상호작용을 이해하기 위해 확장시켜 보자. 일반적으로 낯선 사람들이 모여 사는 대도시에서는 자기 이익을 위해 다른 사람을 이용하는 성향을 지닌 사람이 많다고 생각하기 쉽다. 대도시 사람들은 모두가 사기꾼처럼 보인다는 주장이 일리 있게 들리기도 한다. 그러나 다른 사람들의 협조 성향을 이용하여 도움을 받으면서도 다른 사람에게 도움을 주지 않는 사람이 존재하기 위해서는 일정한 틈새가 만들어져 있어야 한다. _____ 때문에 이 틈새가 존재할 수 있는 것이다. 이는 기생 식물이 양분을 빨아먹기 위해서는 건강한 나무가 있어야 하는 것과 같다. 나무가 건강을 잃게 되면 기생 식물 또한 기생할 터전을 잃게 된다. 그렇다면 어떤 의미에서는 모든 사람들이 사기꾼이라는 냉소적인 견해는 낯선 사람과의 상호작용을 잘못 이해한 것이다. 모든 사람들이 사기꾼이라면 사기를 칠 가능성도 사라지게 된다고 이해하는 것이 맞다.

① 대도시라는 환경적 특성
② 인간은 사회를 필요로 하기
③ 많은 사람들이 진정으로 협조하기
④ 많은 사람들이 이기적 동기에 따라 행동하기

05 다음 글의 요지로 가장 적절한 것은?

> 인지부조화는 한 개인이 가지는 둘 이상의 사고, 태도, 신념, 의견 등이 서로 일치하지 않거나 상반될 때 생겨나는 심리적인 긴장상태를 의미한다. 인지부조화는 불편함을 유발하기 때문에 사람들은 이것을 감소시키려고 한다. 인지부조화를 감소시키는 방법은 서로 모순관계에 있어서 양립할 수 없는 인지들 가운데 하나 이상의 인지가 갖는 내용을 바꾸어 양립할 수 있게 만들거나, 서로 모순되는 인지들 간의 차이를 좁힐 수 있는 새로운 인지를 추가하여 부조화된 인지상태를 조화된 상태로 전환하는 것이다.
>
> 그런데 실제로 부조화를 감소시키는 행동은 비합리적인 면이 있다. 그 이유는 그러한 행동들이 사람들로 하여금 중요한 사실을 배우지 못하게 하고 자신들의 문제에 대하여 실제적인 해결책을 찾지 못하도록 할 수 있기 때문이다. 부조화를 감소시키려는 행동은 자기방어적인 행동이고, 부조화를 감소시킴으로써 우리는 자신의 긍정적인 이미지, 즉 자신이 선하고 현명하며 상당히 가치 있는 인물이라는 긍정적인 측면의 이미지를 유지하게 된다. 비록 자기방어적인 행동이 유용한 것으로 생각될 수 있지만, 이러한 행동은 부정적 결과를 초래할 수 있다.

① 인지부조화를 극복하기 위해 합리적인 사고가 필요하다.
② 인지부조화는 합리적인 사고에 도움을 준다는 점에서 긍정적이다.
③ 인지부조화는 자기 방어적 행동을 유발하여 정신건강을 해친다.
④ 인지부조화를 감소시키는 방법의 비합리성으로 인해 부정적 결과가 초래될 수 있다.

01 둘레의 길이가 1km인 공원이 있다. 철수와 영희는 서로 반대 방향으로 걸어서 중간에서 만나기로
했다. 철수는 1분에 70m를 걷고, 영희는 1분에 30m를 걸을 때, 두 사람이 처음 만날 때까지 걸린
시간은?

① 5분   ② 10분
③ 20분   ④ 30분

02 길이가 9km인 강이 있다. 강물의 속력은 시속 3km이고, 배를 타고 강물을 거슬러 올라갈 때 1시간
이 걸린다고 하면, 같은 배를 타고 강물을 따라 내려올 때 걸리는 시간은?

① 32분   ② 36분
③ 40분   ④ 42분

03 농도 4%의 소금물이 들어 있는 컵에 농도 10%의 소금물을 부었더니, 농도 8%의 소금물 600g이
만들어졌다. 처음 들어 있던 4%의 소금물은 얼마인가?

① 160g   ② 180g
③ 200g   ④ 220g

04 물건의 정가에서 20%를 할인한 후 3,000원을 뺀 가격과 정가에서 50%를 할인한 가격이 같았다면,
이 물건의 정가는 얼마인가?

① 10,000원   ② 15,000원
③ 20,000원   ④ 25,000원

05 진희는 남자친구 4명, 여자친구 2명과 함께 야구장에 갔다. 야구장에 입장하는 순서를 임의로 정한다고 할 때, 첫 번째와 마지막에 남자친구가 입장할 확률은?

① $\dfrac{2}{7}$　　　　　　　　　　② $\dfrac{3}{7}$

③ $\dfrac{4}{7}$　　　　　　　　　　④ $\dfrac{5}{7}$

06 H사는 창립일을 맞이하여 초대장을 준비하려고 한다. 초대장을 완성하는 데 혼자서 만들 경우 A대리는 6일, B사원은 12일이 걸린다. A대리와 B사원이 함께 초대장을 만들 경우, 완성할 때까지 며칠이 걸리는가?

① 1일　　　　　　　　　　② 2일

③ 3일　　　　　　　　　　④ 4일

07 A, B 두 개의 톱니가 서로 맞물려 있다. A톱니 수는 B톱니 수보다 20개 더 많고, A가 6회전할 때, B는 10회전 한다면, A의 톱니 수는 몇 개인가?

① 35개　　　　　　　　　　② 40개

③ 45개　　　　　　　　　　④ 50개

※ 일정한 규칙으로 수를 나열할 때 빈칸에 들어갈 알맞은 숫자를 고르시오. [1~4]

01

| 5 8 14 26 50 98 ( ) |

① 204   ② 194
③ 182   ④ 172

02

| 10 3 7 −4 11 −15 ( ) |

① 22   ② 24
③ 26   ④ 28

03

| $\dfrac{1}{3}$ $\dfrac{6}{10}$ ( ) $\dfrac{16}{94}$ $\dfrac{21}{283}$ |

① $\dfrac{10}{31}$ ② $\dfrac{11}{31}$

③ $\dfrac{11}{45}$ ④ $\dfrac{11}{47}$

04

| $\dfrac{4}{3}$ $\dfrac{4}{3}$ ( ) 8 32 160 |

① $\dfrac{1}{3}$ ② $\dfrac{8}{3}$

③ 1   ④ 2

01 주어진 그림의 용도를 40가지 쓰시오.

실패는 성공의 첫걸음이다.

- 월트 디즈니 -

PART 2

출제유형분석

CHAPTER 01

지각정확력

합격 Cheat Key

지각정확력은 제시된 문자와 같은 문자의 개수를 구하는 문제와 제시되지 않은 문자를 찾는 문제가
출제된다. 총 30문제로 구성되어 있으며, 단순히 눈으로 보고 비교하면 되는 문제이기 때문에 어렵
지 않은 편이지만, 제한시간이 6분이다. 따라서 빠르게 푸는 연습이 필요하다.

1 제시된 문자 찾기

제시되는 문자나 기호는 그 종류가 매우 다양하다. 한글은 물론이고 영어, 한자, 숫자,
특수문자뿐만 아니라 아랍어와 태국어 등 익숙하지 않은 문자가 출제된다. 문제를 푸는
데 시간을 지체하게 만드므로 찾아야 할 숫자나 기호, 문자 등의 특징적인 부분을 빠르게
분별하는 연습을 해야 한다.

2 제시되지 않은 문자 찾기

같은 문자 찾기 유형과 마찬가지로 제시되는 문자나 기호의 종류가 매우 다양하다. 특히, 제시된 모든 문자를 요령 없이 찾아야 하기 때문에 시간이 많이 소요되는 유형이다.

┤ 학습 포인트 ├
- 명확한 이론이 있는 영역이 아니기 때문에 부단한 연습으로 시간을 줄이는 것만이 유일한 방법이다.
- 구분선을 그려 넣는 등 찾아야 할 숫자나 기호, 문자 등의 특징적인 부분을 빠르게 분별할 수 있는 자신만의 방법을 찾아 연습을 해야 한다.

01 제시된 문자 찾기

| 유형분석 |

- 한글, 영어, 한자, 숫자, 기호 등에서 제시된 문자를 빠른 시간 안에 정확히 찾아낼 수 있는지 평가하는 유형이다.
- 지각력과 정확성, 그리고 순발력을 함께 평가한다.

다음 제시된 문자와 같은 것의 개수는?

↓

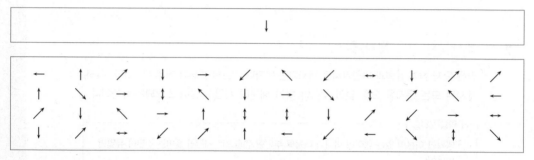

① 2개   ② 3개

③ 4개   ④ 5개

⑤ 6개

정답 ⑤

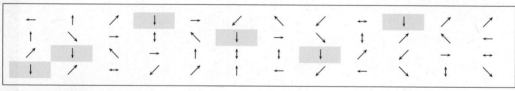

30초 컷 풀이 Tip

- 본인이 보기 쉬운 방법으로 찾되, 하나도 빼놓지 않고 꼼꼼하게 찾아야 한다.
- 제시된 문자와 일치하는 문자에는 빠짐없이 개수를 파악할 수 있도록 동그라미 표시를 한다.

※ 다음 제시된 문자 또는 기호와 같은 것의 개수를 구하시오. [1~8]

01

통과

당과	통쾌	탕과	통궤	당과	통궤	통쾌	통과	투과	당과	동과	당과
동과	통궤	당과	통과	탕과	투과	통궤	통쾌	통과	동과	통궤	동과
당과	통과	동과	탕과	통쾌	통과	투과	통쾌	투과	통과	탕과	당과
탕과	통과	동과	통궤	동과	통과	탕과	통쾌	통과	투과	통과	통궤

① 4개   ② 6개
③ 8개   ④ 10개
⑤ 12개

02

천재

천지	천시	천세	천자	천채	친지	친채	전재	잔재	전세
천세	천재	전재	전세	천자	친지	잔재	전세	천재	잔재
친지	천민	전세	친지	천채	천자	친지	천세	잔재	천채

① 3개   ② 4개
③ 5개   ④ 6개
⑤ 7개

03

問

問	門	間	門	問	聞	們	門	聞	聞	聞	間
門	間	聞	聞	們	間	聞	間	們	問	門	們
聞	門	們	間	聞	問	門	問	門	間	問	聞
們	聞	間	問	門	間	們	門	聞	門	聞	門

① 4개　　　　② 5개
③ 6개　　　　④ 7개
⑤ 8개

04

재

종	잽	잘	짐	줌	장	재	잼	잡	정	잿	징
쨍	재	점	재	졸	중	잦	찡	젤	전	제	쟁
재	잦	작	잼	잘	줌	쨍	졸	전	즈	재	정
잿	중	잽	종	젤	재	점	짐	장	제	잡	찡

① 1개　　　　② 2개
③ 3개　　　　④ 4개
⑤ 5개

05

и

и	й	н	в	ё	е	й	н	ё	н	н	в
й	н	й	в	н	й	в	й	и	в	й	н
н	в	и	й	ё	и	е	н	й	и	н	й
в	й	н	й	н	в	й	ё	в	н	в	и

① 3개　　　　② 4개
③ 5개　　　　④ 6개
⑤ 7개

06

2784

2788	2884	1784	2731	2794	2785	3784	2734	7784	1478	2484	8596
9853	4817	2784	5682	8475	2317	2733	3287	2584	4784	2744	2781
2789	2984	2465	6578	2684	2774	2284	4825	2783	2384	9784	6784
6273	2787	5784	2732	2786	8784	2184	2764	5972	3698	2754	3764

① 1개 ② 2개
③ 3개 ④ 4개
⑤ 5개

Easy

07

⑱

⑲	⑧	⑰	⑯	⑲	⑧	⑧	⑧	⑰	⑱	⑱	⑯
⑰	⑱	(18)	⑩	(18)	⑲	⑰	⑰	(18)	⑲	(18)	⑱
⑯	⑩	⑲	⑰	⑯	(18)	⑩	⑲	⑯	⑧	⑯	⑲
⑱	⑰	⑧	(18)	⑩	⑩	⑯	⑩	⑧	⑰	⑱	(18)

① 3개 ② 4개
③ 5개 ④ 6개
⑤ 7개

08

처음

재음	처음	체응	처응	재흠	저음	점음	정음	처읍	저응
자움	무음	처읍	처음	자흥	처음	모음	장음	제읍	저읍
재움	차음	처음	자읍	처응	체응	자음	차음	자음	처을

① 3개 ② 4개
③ 5개 ④ 6개
⑤ 7개

02 제시되지 않은 문자 찾기

| 유형분석 |

- 한글, 영어, 한자, 숫자, 기호 등에서 제시되지 않은 문자를 빠른 시간 안에 정확히 분별할 수 있는지 평가하는 유형이다.
- 지각력과 정확성을 동시에 평가한다.

다음 표에 제시되지 않은 문자는?

1217	3091	1013	1932	4489	0518	2240	5019	3213	5843	0917	1824
1001	4265	1009	1203	1012	1545	1430	3018	2359	6532	6932	1220
5017	0518	1235	3018	4407	8742	5641	1532	1013	2355	5326	1920
5019	2345	1235	5836	3210	1220	7843	4132	5332	0227	1029	5329

① 0519   ② 1217

③ 0227   ④ 0917

⑤ 1009

정답 ①

1217	3091	1013	1932	4489	0518	2240	5019	3213	5843	0917	1824
1001	4265	1009	1203	1012	1545	1430	3018	2359	6532	6932	1220
5017	0518	1235	3018	4407	8742	5641	1532	1013	2355	5326	1920
5019	2345	1235	5836	3210	1220	7843	4132	5332	0227	1029	5329

30초 컷 풀이 Tip

- 본인이 보기 쉬운 방법으로 찾되, 하나도 빼놓지 않고 꼼꼼하게 찾아야 한다.
- 선지에 제시된 문자를 표에서 하나씩 찾아 빗금처리를 한다.

※ 다음 표에 제시되지 않은 문자 또는 기호를 고르시오. [1~8]

01

貞	旼	油	後	少	燃	口	雅	消	河	秧	鉉
效	金	考	趙	劉	可	昑	小	盆	飛	政	拾
實	場	帽	定	味	想	馬	地	陣	消	虛	鎭
磁	順	鞍	敎	微	候	秘	翰	銀	汝	輯	知

① 順   ② 河

③ 小   ④ 全

⑤ 政

02

413	943	483	521	253	653	923	653	569	467	532	952
472	753	958	551	956	538	416	567	955	282	568	954
483	571	462	933	457	353	442	482	668	533	382	682
986	959	853	492	957	558	955	453	913	531	963	421

① 467   ② 568

③ 531   ④ 482

⑤ 953

03

ㅁㅂ	ㄷㄹ	ㅍㅂ	ㅊㅊ	ㅎㄱ	ㅍㅂ	ㅎㄱ	ㅊㅊ	ㅊㅊ	ㅌㅋ	ㄱㅂ	ㄷㄹ
ㅂㅂ	ㄱㅂ	ㄹㅎ	ㄷㄹ	ㅂㅂ	ㅍㅂ	ㄹㅎ	ㄷㄹ	ㄱㅂ	ㅍㅂ	ㅎㅅ	ㅎㄱ
ㅌㅋ	ㅎㄱ	ㅍㅂ	ㄱㅂ	ㄷㄹ	ㅌㅋ	ㅊㅊ	ㄱㅂ	ㅎㄱ	ㅌㅋ	ㅊㅊ	ㅌㅋ
ㅊㅊ	ㄱㅂ	ㅂㅂ	ㅎㄱ	ㅌㅋ	ㅍㅂ	ㄱㅂ	ㄱㅍ	ㅌㅋ	ㅎㄱ	ㅂㅂ	ㅍㅂ
ㄹㅎ	ㅌㅈ	ㅍㅂ	ㄹㅎ	ㅊㅊ	ㄱㅂ	ㄷㄹ	ㄹㅎ	ㅂㅂ	ㄷㄹ	ㅌㅋ	ㅎㄱ
ㅍㅂ	ㄹㅎ	ㅌㅋ	ㅊㅊ	ㄹㅎ	ㅂㅂ	ㄹㅎ	ㄱㅂ	ㅎㄱ	ㄹㅎ	ㅂㅂ	ㅍㅂ

① ㅁㅂ   ② ㅊㅂ

③ ㄱㅍ   ④ ㅌㅈ

⑤ ㅎㅅ

04

ⓔ	ⓗ	ⓙ	ⓔ	ⓜ	ⓗ	ⓞ	ⓔ	ⓚ	ⓜ	ⓞ	ⓝ
ⓜ	ⓞ	ⓚ	ⓗ	ⓞ	ⓣ	ⓔ	ⓙ	ⓗ	ⓗ	ⓢ	ⓙ
ⓗ	ⓙ	ⓝ	ⓚ	ⓙ	ⓓ	ⓜ	ⓞ	ⓣ	ⓙ	ⓣ	ⓜ
ⓞ	ⓔ	ⓜ	ⓞ	ⓔ	ⓙ	ⓣ	ⓗ	ⓝ	ⓚ	ⓞ	ⓗ
ⓗ	ⓝ	ⓗ	ⓙ	ⓗ	ⓞ	ⓚ	ⓜ	ⓙ	ⓔ	ⓔ	ⓙ

① ⓚ   ② ⓓ

③ ⓢ   ④ ⓙ

⑤ ⓗ

05

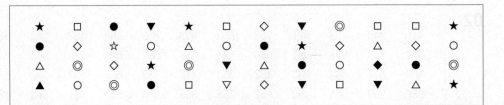

① ☆   ② ■

③ ◆   ④ ▽

⑤ ▲

Hard

06

넋	산	들	해	별	담	양	길	밥	김	농	낙
쥐	닭	만	답	곳	깃	님	값	금	날	발	정
굿	국	둑	돗	덕	납	곰	늪	경	손	논	흙
굴	북	짱	당	귤	풀	감	밤	낮	새	갓	강

① 값   ② 흙
③ 넋   ④ 돗
⑤ 쥐

07

b	e	b	w	t	n	u	h	m	p	g	r
r	k	t	i	z	v	s	z	e	o	q	f
d	o	p	s	h	m	c	w	x	f	j	v
n	q	i	x	j	l	l	k	m	y	z	u

① d   ② a
③ g   ④ c
⑤ y

Easy

08

경제	경감	경찰	경기	경사	경영	경주	경차	경관	경비	경쾌	경상
경품	경탄	경종	경수	경통	경례	경미	경고	경리	경마	경매	경락
경비	경품	경차	경리	경찰	경종	경수	경마	경기	경영	경례	경쾌
경통	경사	경락	경탄	경고	경매	경감	경제	경상	경미	경주	경관

① 경감   ② 경영
③ 경성   ④ 경미
⑤ 경매

언어유추력

합격 Cheat Key

언어유추력은 A : B=C : ( )의 유형과 A : ( )=B : ( )의 유형으로, 제시된 단어를 유추해서 빈칸 안에 들어갈 알맞은 단어를 고르는 문제가 20문제 출제되며, 5분 안에 해결해야 한다. 단어 간의 관계는 주술 관계, 인과 관계, 술목 관계, 상보 관계 등 다양한 유형으로 출제된다.

제시된 단어의 관계와 속성, 단어에 내포된 의미 및 상징을 파악해서 단어를 적용하는 문제가 출제된다. 매우 다양한 기준으로 어휘를 분류하기 때문에 고정관념에서 벗어나서 다양한 사고를 통해서 접근해야 한다. 따라서 본서의 여러 가지 문제를 풀어보면서 단어의 의미를 정확히 이해해야 하며, 다양한 유형을 파악한 후 가능한 한 많은 단어의 관계와 속성을 파악하는 것이 중요하다.

┤ 학습 포인트 ├

- 유의 관계, 반의 관계, 상하 관계 이외에도 원인과 결과, 행위와 도구, 한자성어 등 다양한 관계가 제시된다.
- 많은 문제를 풀어보면서 다양한 어휘 관계를 파악할 수 있는 눈을 길러야 한다.

02 이론점검

단어의 관계를 묻는 유형은 주어진 낱말과 대응 방식이 같은 것 또는 나머지와 속성이 다른 것으로 출제되며, 문제 유형은 'a : b = ( ) : d' 또는 'a : ( ) = ( ) : d'와 같이 빈칸을 채우는 문제이다.
보통 유의 관계, 반의 관계, 상하 관계, 부분 관계를 통해 단어의 속성을 묻는 문제로, 제시된 단어들의 관계와 속성을 바르게 파악하여 적용하는 것이 중요하다.

1. 유의 관계

두 개 이상의 어휘가 서로 소리는 다르나 의미가 비슷한 경우를 유의 관계라고 하고, 유의 관계에 있는 어휘를 유의어(類義語)라고 한다. 유의 관계의 대부분은 개념적 의미의 동일성을 전제로 한다. 그렇다고 하여 유의 관계를 이루는 단어들을 어느 경우에나 서로 바꾸어 쓸 수 있는 것은 아니다. 따라서 언어 상황에 적합한 말을 찾아 쓰도록 노력하여야 한다.

(1) 원어의 차이

한국어는 크게 고유어, 한자어, 외래어로 구성되어 있다. 따라서 하나의 사물에 대해서 각각 부르는 일이 있을 경우 유의 관계가 발생하게 된다.

(2) 전문성의 차이

같은 사물에 대해서 일반적으로 부르는 이름과 전문적으로 부르는 이름이 다른 경우가 많다. 이런 경우에 전문적으로 부르는 이름과 일반적으로 부르는 이름 사이에 유의 관계가 발생한다.
예 에어컨 : 공기조화기, 소금 : 염화나트륨 등

(3) 내포의 차이

나타내는 의미가 완전히 일치하지는 않으나, 유사한 경우에 유의 관계가 발생한다.
예 즐겁다 : 기쁘다, 친구 : 동무 등

(4) 완곡어법

문화적으로 금기시하는 표현을 둘러서 말하는 것을 완곡어법이라고 하며, 이러한 완곡어법 사용에 따라 유의 관계가 발생한다.
예 변소 : 화장실, 죽다 : 돌아가다 등

2. 반의 관계

(1) 개요

반의어(反意語)는 둘 이상의 단어에서 의미가 서로 짝을 이루어 대립하는 경우를 말한다.

즉, 반의어는 어휘의 의미가 서로 대립하는 단어를 말하며, 이러한 어휘들의 관계를 반의 관계라고 한다. 한 쌍의 단어가 반의어가 되려면, 두 어휘 사이에 공통적인 의미 요소가 있으면서도 동시에 서로 다른 하나의 의미 요소가 있어야 한다.

반의어는 반드시 한 쌍으로만 존재하는 것이 아니라, 다의어(多義語)이면 그에 따라 반의어가 여러 개로 달라질 수 있다. 즉, 하나의 단어에 대하여 여러 개의 반의어가 있을 수 있다.

(2) 반의어의 종류

반의어에는 상보 반의어와 정도 반의어, 관계 반의어, 방향 반의어가 있다.

① **상보 반의어** : 한쪽 말을 부정하면 다른 쪽 말이 되는 반의어이며, 중간항은 존재하지 않는다. '있다' 와 '없다'가 상보적 반의어이며, '있다'와 '없다' 사이의 중간 상태는 존재할 수 없다.

② **정도 반의어** : 한쪽 말을 부정하면 반드시 다른 쪽 말이 되는 것이 아니며, 중간항을 갖는 반의어이다. '크다'와 '작다'가 정도 반의어이며, 크지도 작지도 않은 중간이라는 중간항을 갖는다.

③ **관계 반의어** : 관계 반의어는 상대가 존재해야만 자신이 존재할 수 있는 반의어이다. '부모'와 '자식' 이 관계 반의어의 예이다.

④ **방향 반의어** : 맞선 방향을 전제로 하여 관계나 이동의 측면에서 대립을 이루는 단어 쌍이다. 방향 반의어는 공간적 대립, 인간관계 대립, 이동적 대립 등으로 나누어 볼 수 있다.

　㉠ 공간적 대립

　　예 위 : 아래, 처음 : 끝 등

　㉡ 인간관계 대립

　　예 스승 : 제자, 남편 : 아내 등

　㉢ 이동적 대립

　　예 사다 : 팔다, 열다 : 닫다 등

3. 상하 관계

상하 관계는 단어의 의미적 계층 구조에서 한쪽이 의미상 다른 쪽을 포함하거나 다른 쪽에 포섭되는 관계를 말한다. 상하 관계를 형성하는 단어들은 상위어(上位語)일수록 일반적이고 포괄적인 의미를 지니며, 하위어(下位語)일수록 개별적이고 한정적인 의미를 지닌다. 따라서 상위어는 하위어를 함의하게 된다. 즉, 하위어가 가지고 있는 의미 특성을 상위어가 자동적으로 가지게 된다.

4. 부분 관계

부분 관계는 한 단어가 다른 단어의 부분이 되는 관계를 말하며, 전체 – 부분 관계라고도 한다. 부분 관계에서 부분을 가리키는 단어를 부분어(部分語), 전체를 가리키는 단어를 전체어(全體語)라고 한다. 예를 들면, '머리, 팔, 몸통, 다리'는 '몸'의 부분어이며, 이러한 부분어들에 의해 이루어진 '몸'은 전체어이다.

| 유형분석 |

- 동의 · 유의 · 반의 · 상하 관계와 같은 기본적인 어휘 관계를 먼저 생각해 보고, 해당하지 않는 경우 범위를 넓혀 생각해보는 것이 중요하다.
- 많은 문제를 풀어보면서 다양한 어휘 관계를 파악하는 연습이 필요하고, 낱말의 다양한 의미를 학습해야 한다.

다음 제시된 낱말의 대응 관계로 볼 때, 빈칸에 들어가기에 알맞은 것은?

| 높새 : 하늬 = ( ) : 여우 |

① 사막   ② 이슬
③ 꼬리   ④ 비
⑤ 은하수

정답 ②

'높새'바람과 '하늬'바람은 둘 다 바람의 일종으로 '바람'이라는 단어가 생략된 채 제시되었다. 이와 같이 '여우'는 여우비의 '비'가 생략된 채 제시된 것이므로 빈칸에는 동일한 형태로 제시된 '이슬'이 들어가야 한다.
- 여우비 : 맑은 날 잠깐 내리는 비
- 이슬비 : 아주 가늘게 내리는 비

오답분석

④ '비'는 여우비, 이슬비 등을 포괄하는 개념이므로 빈칸에 들어갈 단어로 적절하지 않다.

30초 컷 풀이 Tip

전반적으로 쉬운 유형에 속하지만 때때로 선뜻 답을 고르기 쉽지 않은 문제가 출제되기도 한다. 이 경우 먼저 제시된 보기의 단어를 모두 빈칸에 넣어보고, 제시된 단어와 관계 자체가 없는 보기 → 관계가 있지만 빈칸에 들어갔을 때 옆의 단어 관계와 등가 관계를 이룰 수 없는 보기 순서로 소거하면 좀 더 쉽게 답을 찾을 수 있다.

※ 다음 제시된 낱말의 대응 관계로 볼 때 빈칸에 들어가기에 알맞은 것을 고르시오. [1~5]

Easy

01

포유류 : 고래 = ( ) : 기타

① 음악　　　　　　　　　　　② 연주
③ 악기　　　　　　　　　　　④ 첼로
⑤ 공연

02

통지 : 통보 = ( ) : 명령

① 부하　　　　　　　　　　　② 명상
③ 보고　　　　　　　　　　　④ 지시
⑤ 명암

03

독점 : 공유 = ( ) : 창조

① 양심　　　　　　　　　　　② 모방
③ 연상　　　　　　　　　　　④ 발명
⑤ 창의

Hard

04

시침 : 전자시계 = ( ) : 원

① 꼭짓점　　　　　　　　　　② 도형
③ 다각형　　　　　　　　　　④ 도면
⑤ 원기둥

05

| 음악 : 재즈 = ( ) : 간장 |

① 소금
② 간식
③ 메주
④ 조미료
⑤ 된장

※ 다음 제시된 낱말의 대응 관계로 볼 때 빈칸에 들어가기에 알맞은 것끼리 짝지어진 것을 고르시오.
[6~10]

06

| (A) : 도착하다 = 활동하다 : (B) |

	A	B
①	도전하다	허전하다
②	시작하다	토론하다
③	실패하다	참가하다
④	출발하다	움직이다
⑤	당도하다	행동하다

Easy

07

| (A) : 눈 = (B) : 장마 |

	A	B
①	썰매	서리
②	눈사람	홍수
③	겨울	여름
④	추위	더위
⑤	스키	바다

08

| | (A) : 가구 = 개구리 : (B) |

	A	B
①	나무	파충류
②	의자	연못
③	장롱	파충류
④	유리	동물
⑤	식탁	두꺼비

09

| | (A) : 설명하다 = 분류하다 : (B) |

	A	B
①	설득하다	불리하다
②	해설하다	구별하다
③	설비하다	종합하다
④	평론하다	분간하다
⑤	조명하다	분석하다

10

| | 목욕 : (A) = 운동 : (B) |

	A	B
①	휴식	필수
②	잠	등산
③	청결	건강
④	식사	경기
⑤	영화	달리기

CHAPTER 03

언어추리력

합격 Cheat Key

언어추리력은 3~6문장의 조건이 제시되고, 이를 통해 문제에 제시된 참/거짓/알 수 없음의 여부를 판단하는 문제가 20문항 출제되며, 5분 내에 풀어야 한다. 초반에 제시되는 문제들은 3~4개의 간단한 문장으로 쉽게 풀 수 있지만, 뒤로 갈수록 조건이 많아지고 여러 가지 상황을 복합적으로 생각해야 하는 문제들이 출제된다.

언어추리력 영역을 풀 때 가장 필요한 능력은 문장 이해력이다. 특히 조건에 사용된 조사의 의미와 제한사항 등을 제대로 이해해야 정답을 찾을 수 있으므로 문제와 제시된 문장을 꼼꼼히 읽는 습관을 길러야 한다. 또한, 명제 사이의 관계 중에서도 대우 명제가 가장 중요하고, 경우에 따라 참·거짓이 달라지는 역·이 명제가 출제될 수 있기 때문에 각 명제의 관계를 반드시 숙지해야 한다.

┤ 학습 포인트 ├

- 세 개 이상의 비교대상이 등장하며, '~보다', '가장' 등의 표현에 유의해 풀어야 한다.
- '어떤'과 '모든'이 나오는 명제는 벤다이어그램을 활용한다.
- 주어진 규칙과 조건을 파악한 후 이를 도식화(표, 기호 등으로 정리)하여 문제에 접근해야 한다.

1. 연역 추론

이미 알고 있는 판단(전제)을 근거로 새로운 판단(결론)을 유도하는 추론이다. 연역 추론은 진리일 가능성을 따지는 귀납 추론과는 달리, 명제 간의 관계와 논리적 타당성을 따진다. 즉, 연역 추론은 전제들로부터 절대적인 필연성을 가진 결론을 이끌어내는 추론이다.

(1) 직접 추론

한 개의 전제로부터 중간적 매개 없이 새로운 결론을 이끌어내는 추론이며, 대우 명제가 그 대표적인 예이다.

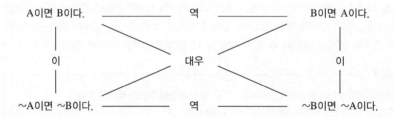

• 한국인은 모두 황인종이다.		(전제)
• 그러므로 황인종이 아닌 사람은 모두 한국인이 아니다.		(결론 1)
• 그러므로 황인종 중에는 한국인이 아닌 사람도 있다.		(결론 2)

(2) 간접 추론

둘 이상의 전제로부터 새로운 결론을 이끌어내는 추론이다. 삼단논법이 가장 대표적인 예이다.

① 정언 삼단논법 : 세 개의 정언명제로 구성된 간접추론 방식이다. 세 개의 명제 가운데 두 개의 명제는 전제이고, 나머지 한 개의 명제는 결론이다. 세 명제의 주어와 술어는 세 개의 서로 다른 개념을 표현한다.

② 가언 삼단논법 : 가언명제로 이루어진 삼단논법을 말한다. 가언명제란 두 개의 정언명제가 '만일 ~ 이라면'이라는 접속사에 의해 결합된 복합명제이다. 여기서 '만일'에 의해 이끌리는 명제를 전건이라고 하고, 그 뒤의 명제를 후건이라고 한다. 가언 삼단논법의 종류로는 혼합가언 삼단논법과 순수가언 삼단논법이 있다.

㉠ 혼합가언 삼단논법 : 대전제만 가언명제로 구성된 삼단논법이다. 긍정식과 부정식 두 가지가 있으며, 긍정식은 'A면 B이다. A이다. 그러므로 B이다.'이고, 부정식은 'A면 B이다. B가 아니다. 그러므로 A가 아니다.'이다.

- 만약 A라면 B이다.
- B가 아니다.
- 그러므로 A가 아니다.

㉡ 순수가언 삼단논법 : 대전제와 소전제 및 결론까지 모두 가언명제들로 구성된 삼단논법이다.

- 만약 A라면 B이다.
- 만약 B라면 C이다.
- 그러므로 만약 A라면 C이다.

③ 선언 삼단논법 : '~이거나 ~이다.'의 형식으로 표현되며 전제 속에 선언 명제를 포함하고 있는 삼단논법이다.

- 내일은 비가 오거나 눈이 온다(A 또는 B이다).
- 내일은 비가 오지 않는다(A가 아니다).
- 그러므로 내일은 눈이 온다(그러므로 B이다).

④ 딜레마 논법 : 대전제는 두 개의 가언명제로, 소전제는 하나의 선언명제로 이루어진 삼단논법으로, 양도추론이라고도 한다.

- 만일 네가 거짓말을 하면, 신이 미워할 것이다.   (대전제)
- 만일 네가 거짓말을 하지 않으면, 사람들이 미워할 것이다.   (대전제)
- 너는 거짓말을 하거나, 거짓말을 하지 않을 것이다.   (소전제)
- 그러므로 너는 미움을 받게 될 것이다.   (결론)

2. 귀납 추론

특수한 또는 개별적인 사실로부터 일반적인 결론을 이끌어 내는 추론을 말한다. 귀납 추론은 구체적 사실들을 기반으로 하여 결론을 이끌어 내기 때문에 필연성을 따지기보다는 개연성과 유관성, 표본성 등을 중시하게 된다. 여기서 개연성이란, 관찰된 어떤 사실이 같은 조건하에서 앞으로도 관찰될 수 있는가 하는 가능성을 말하고, 유관성은 추론에 사용된 자료가 관찰하려는 사실과 관련되어야 하는 것을 일컬으며, 표본성은 추론을 위한 자료의 표본 추출이 공정하게 이루어져야 하는 것을 가리킨다. 이러한 귀납 추론은 일상생활속에서 많이 사용하고, 우리가 알고 있는 과학적 사실도 이와 같은 방법으로 밝혀졌다.
그러나 전제들이 참이어도 결론이 항상 참인 것은 아니다. 단 하나의 예외로 인하여 결론이 거짓이 될 수있다.

- 성냥불은 뜨겁다.
- 연탄불도 뜨겁다.
- 그러므로 모든 불은 뜨겁다.

위 예문에서 '성냥불이나 연탄불이 뜨거우므로 모든 불은 뜨겁다.'라는 결론이 나왔는데, 반딧불은 뜨겁지 않으므로 '모든 불이 뜨겁다.'라는 결론은 거짓이 된다.

(1) 완전 귀납 추론

관찰하고자 하는 집합의 전체를 다 검증함으로써 대상의 공통 특질을 밝혀내는 방법이다. 이는 예외 없는 진실을 발견할 수 있다는 장점은 있으나, 집합의 규모가 크고 속성의 변화가 다양할 경우에는 적용하기 어려운 단점이 있다.
예 1부터 10까지의 수를 다 더하여 그 합이 55임을 밝혀내는 방법

(2) 통계적 귀납 추론

통계적 귀납 추론은 관찰하고자 하는 집합의 일부에서 발견한 몇 가지 사실을 열거함으로써 그 공통점을 결론으로 이끌어 내려는 방식을 가리킨다. 관찰하려는 집합의 규모가 클 때 그 일부를 표본으로 추출하여 조사하는 방식이 이에 해당하며, 표본 추출의 기준이 얼마나 적합하고 공정한가에 따라 그 결과에 대한 신뢰도가 달라진다는 단점이 있다.
예 여론조사에서 일부의 국민에 대한 설문 내용을 바탕으로, 이를 전체 국민의 여론으로 제시하는 것

(3) 인과적 귀납 추론

관찰하고자 하는 집합의 일부 원소들이 지닌 인과 관계를 인식하여 그 원인이나 결과를 이끌어 내려는 방식을 말한다.
① 일치법 : 공통적인 현상을 지닌 몇 가지 사실 중에서 각기 지닌 요소 중 어느 한 가지만 일치한다면이 요소가 공통 현상의 원인이라고 판단

② **차이법** : 어떤 현상이 나타나는 경우와 나타나지 않은 경우를 놓고 보았을 때, 각 경우의 여러 조건 중 단 하나만이 차이를 보인다면 그 차이를 보이는 조건이 원인이 된다고 판단

　　예 현수와 승재는 둘 다 지능이나 학습 시간, 학습 환경 등이 비슷한데 공부하는 태도에는 약간의 차이가 있다. 따라서 두 사람이 성적이 차이를 보이는 것은 학습 태도의 차이 때문으로 생각된다.

③ **일치·차이 병용법** : 몇 개의 공통 현상이 나타나는 경우와 몇 개의 그렇지 않은 경우를 놓고 일치법과 차이법을 병용하여 적용함으로써 그 원인을 판단

　　예 학업 능력 정도가 비슷한 두 아동 집단에 대해 처음에는 같은 분량의 과제를 부여하고 나중에는 각기 다른 분량의 과제를 부여한 결과, 많이 부여한 집단의 성적이 훨씬 높게 나타났다. 이로 보아, 과제를 많이 부여하는 것이 적게 부여하는 것보다 학생의 학업 성적 향상에 도움이 된다고 판단할 수 있다.

④ **공변법** : 관찰하는 어떤 사실의 변화에 따라 현상의 변화가 일어날 때 그 변화의 원인이 무엇인지 판단

　　예 담배를 피우는 양이 각기 다른 사람들의 집단을 조사한 결과, 담배를 많이 피울수록 폐암에 걸릴 확률이 높다는 사실이 발견되었다.

⑤ **잉여법** : 앞의 몇 가지 현상이 뒤의 몇 가지 현상의 원인이며, 선행 현상의 일부분이 후행 현상의 일부분이라면, 선행 현상의 나머지 부분이 후행 현상의 나머지 부분의 원인임을 판단

　　예 어젯밤 일어난 사건의 혐의자는 정은이와 규민이 두 사람인데, 정은이는 알리바이가 성립되어 혐의 사실이 없는 것으로 밝혀졌다. 따라서 그 사건의 범인은 규민이일 가능성이 높다.

3. 유비 추론

두 개의 대상 사이에 일련의 속성이 동일하다는 사실에 근거하여 그것들의 나머지 속성도 동일하리라는 결론을 이끌어내는 추론, 즉 이미 알고 있는 것에서 다른 유사한 점을 찾아내는 추론을 말한다. 그렇기 때문에 유비 추론은 잣대(기준)가 되는 사물이나 현상이 있어야 한다. 유비 추론은 가설을 세우는 데 유용하다. 이미 알고 있는 사례로부터 아직 알지 못하는 것을 생각해 봄으로써 쉽게 가설을 세울 수 있다. 이때 유의할 점은 이미 알고 있는 사례와 이제 알고자 하는 사례가 매우 유사하다는 확신과 증거가 있어야 한다. 그렇지 않은 상태에서 유비 추론에 의해 결론을 이끌어 내면, 그것은 개연성이 거의 없고 잘못된 결론이 될 수도 있다.

> - 지구에는 공기, 물, 흙, 햇빛이 있다(A는 a, b, c, d의 속성을 가지고 있다).
> - 화성에는 공기, 물, 흙, 햇빛이 있다(B는 a, b, c, d의 속성을 가지고 있다).
> - 지구에 생물이 살고 있다(A는 e의 속성을 가지고 있다).
> - 그러므로 화성에도 생물이 살고 있을 것이다(그러므로 B도 e의 속성을 가지고 있을 것이다).

| 유형분석 |

- 크게는 삼단논법 유형과 대소·장단 등을 비교하는 유형이 있다.
- 명제의 역·이·대우 및 '~보다', '가장' 등의 표현에 유의해 풀어야 한다.

※ 다음 제시문을 읽고 각 문제가 항상 참이면 ①, 거짓이면 ②, 알 수 없으면 ③을 고르시오. **[1~2]**

- 침묵을 좋아하는 사람은 명상을 좋아한다.
- 여유를 좋아하는 사람은 산책을 좋아한다.
- 명상을 좋아하지 않는 사람은 산책을 좋아하지 않는다.

01 여유를 좋아하는 사람은 명상을 좋아한다.

① 참   ② 거짓   ③ 알 수 없음

02 여유를 좋아하지 않는 사람은 산책을 좋아하지 않는다.

① 참   ② 거짓   ③ 알 수 없음

01

정답 ①

'침묵을 좋아함'을 p, '명상을 좋아함'을 q, '여유를 좋아함'을 r, '산책을 좋아함'을 s라고 할 때, 주어진 조건은 $p \rightarrow q$, $r \rightarrow s$, $\sim q \rightarrow \sim s$이고 $\sim q \rightarrow \sim s$의 대우 명제는 $s \rightarrow q$이다. 따라서 $r \rightarrow s \rightarrow q$가 성립하므로 '여유를 좋아하는 사람은 명상을 좋아한다.'는 참이 된다.

02

정답 ③

'여유를 좋아하는 사람은 산책을 좋아한다.'가 항상 참인 명제라고 해서 이의 이 명제인 '여유를 좋아하지 않는 사람은 산책을 좋아하지 않는다.'가 항상 참인 것은 아니다. 따라서 참인지 거짓인지는 알 수 없다.

30초 컷 풀이 Tip

명제 문제를 풀 때는 각 명제를 간단하게 기호화한 다음, 관계에 맞게 순서대로 도식화하면 깔끔한 풀이를 할 수 있어 시간단축이 가능하다. 참인 명제의 대우 명제도 반드시 참이라는 점을 가장 먼저 활용한다.

PART 2

※ 다음 제시문을 읽고 각 문제가 항상 참이면 ①, 거짓이면 ②, 알 수 없으면 ③을 고르시오. [1~3]

- 운영위원회의 위원장은 A ~ D후보 중 투표를 통해 결정된다.
- A후보는 17표를 받았다.
- B후보는 A후보보다 5표를 더 받았다.
- C후보는 A후보보다 더 많은 표를 받았지만, B후보보다는 적게 받았다.
- D후보는 10표를 받았다.

Easy

01 득표수가 가장 높은 후보가 위원장이 된다면, B후보가 위원장이 된다.

① 참   ② 거짓   ③ 알 수 없음

02 득표수가 두 번째로 높은 후보가 부위원장이 된다면, C후보가 부위원장이 된다.

① 참   ② 거짓   ③ 알 수 없음

03 투표에 참여한 사람이 모두 70명이고, 이들 중 30% 이상의 득표수를 얻어야만 위원장이 될 수 있다면, A ~ D후보 중 위원장이 될 수 있는 사람은 없다.

① 참   ② 거짓   ③ 알 수 없음

※ 다음 제시문을 읽고 각 문제가 항상 참이면 ①, 거짓이면 ②, 알 수 없으면 ③을 고르시오. [4~6]

• 영어를 좋아하는 사람은 수학을 좋아하지 않는다.
• 수학을 좋아하는 사람은 영어를 좋아하지 않는다.
• 수학을 좋아하지 않는 사람은 과학을 좋아한다.

---

04 영어를 좋아하지 않는 사람은 과학을 좋아한다.

① 참   ② 거짓   ③ 알 수 없음

05 과학을 좋아하지 않는 사람은 영어를 좋아하지 않는다.

① 참   ② 거짓   ③ 알 수 없음

06 수학을 좋아하지 않는 사람은 영어를 좋아한다.

① 참   ② 거짓   ③ 알 수 없음

※ 다음 제시문을 읽고 각 문제가 항상 참이면 ①, 거짓이면 ②, 알 수 없으면 ③을 고르시오. [7~8]

- 이과장은 H그룹에 박대리보다 3년 일찍 입사했다.
- 김대리는 H그룹에 박대리보다 1년 늦게 입사했다.
- 윤부장은 H그룹에 이과장보다 5년 일찍 입사했다.

07 박대리는 김대리보다 늦게 H그룹에 입사했다.

① 참 　　　　　　　　② 거짓 　　　　　　　　③ 알 수 없음

08 윤부장은 김대리보다 8년 빨리 입사했다.

① 참 　　　　　　　　② 거짓 　　　　　　　　③ 알 수 없음

※ 다음 제시문을 읽고 각 문제가 항상 참이면 ①, 거짓이면 ②, 알 수 없으면 ③을 고르시오. [9~10]

- K마트에서는 하루 6시간 근무할 경우 10만 원을 받는다.
- K마트에서는 하루 6시간 미만 근무할 경우 5만 원을 받는다.
- 준영이는 K마트에서 5일 동안 아르바이트를 하고 40만 원을 벌었다.
- K마트의 아르바이트생은 일일 최소 4시간, 최대 6시간까지 근무할 수 있다.

Hard

09 준영이는 5일 중 이틀 동안은 6시간 미만으로 근무하였다.

① 참 　　　　　　　　② 거짓 　　　　　　　　③ 알 수 없음

10 준영이는 5일 중 이틀 동안 매일 5시간씩 일했다.

① 참 　　　　　　　　② 거짓 　　　　　　　　③ 알 수 없음

※ 다음 제시문을 읽고 각 문제가 항상 참이면 ①, 거짓이면 ②, 알 수 없으면 ③을 고르시오. [11~13]

- A, B, C가 소유하고 있는 차 중 흰색 차는 모두 주차장에 있으며, 주차장에 있는 차들은 모두 흰색이다.
- A, B는 각각 여러 대의 차를 소유하고 있다.
- A는 흰색 차를 소유하고 있고, B는 빨간색 차를 소유하고 있으며, C는 흰색 차만 소유하고 있다.

11 C가 소유한 차는 모두 주차장에 있다.

① 참   ② 거짓   ③ 알 수 없음

12 B의 차 가운데 적어도 한 대 이상은 주차장에 있다.

① 참   ② 거짓   ③ 알 수 없음

13 A의 차 가운데 절반은 주차장에 주차되어 있지 않다.

① 참   ② 거짓   ③ 알 수 없음

CHAPTER 04

공간지각력

합격 Cheat Key

공간지각력은 제시된 전개도를 접었을 때 나타나는 입체도형을 유추하는 유형이 출제되며 총 20문항을 8분 내에 해결해야 한다.

전개도를 접었을 때, 나타날 수 있는 모양을 찾는 문제가 출제된다.

┤ 학습 포인트 ├

• 일반적인 정육각형의 전개도만 출제하는 것이 아니라 다양한 입체도형의 전개도를 출제하고 있으므로 최대한 많은 전개도를 접해보고 연습해보는 것이 도움이 된다.

| 유형분석 |

- 입체도형에 대한 형태지각 능력과 추리 능력을 평가한다.
- 다양한 모양의 입체도형 전개도가 출제된다.

제시된 전개도를 접었을 때 나타나는 입체도형으로 알맞은 것은?

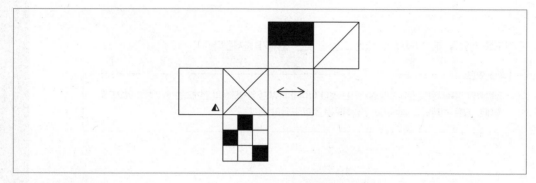

①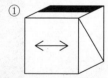

②

③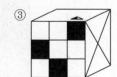

④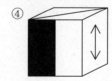

①

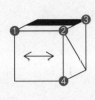

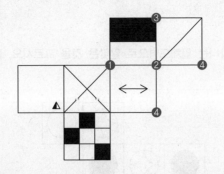

30초 컷 풀이 Tip

1. 선택지를 보고 필요한 세 면을 전개도에서 찾는다.

선택지	전개도
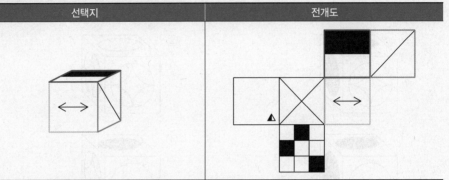	

2. 전개도에서 찾은 세 면을 ┌─┐ 위 / 앞 옆 형태로 만든 후 선택지와 각 면의 모양을 비교한다.

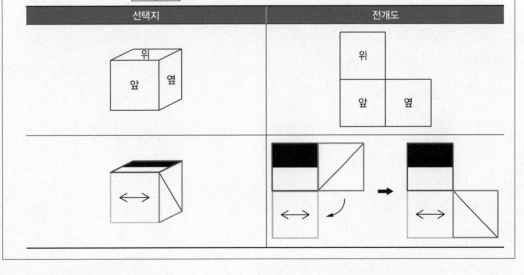

※ 제시된 전개도를 접었을 때 나타나는 입체도형으로 알맞은 것을 고르시오. [1~6]

01

①

②

③

④

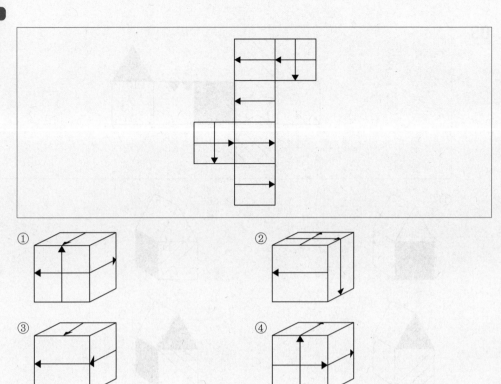

① ② ③ ④

03

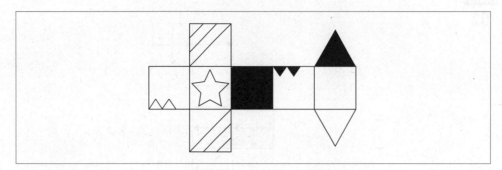

①

②

③

④

Easy

04

①

②

③

④

05

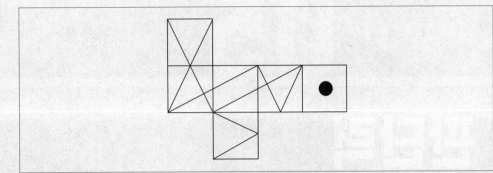

①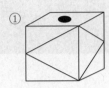

②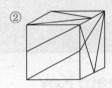

③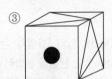

④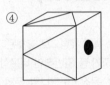

06

①

②

③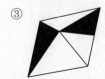

④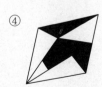

CHAPTER 05

판단력

합격 Cheat Key

판단력은 주로 독해 유형으로 출제된다. 독해는 주제 찾기, 본문 내용과의 일치·불일치, 논리구조와 개요 구성하기 등 일반적인 비문학 독해 문제와 4 ~ 6개의 뒤섞여 있는 문장을 논리적 순서에 맞게 나열하는 문장·문단나열 문제, 제시된 글의 개요 및 보고서의 수정 방안으로 적절하거나 적절하지 않은 것을 선택하는 개요구성 문제 등이 출제된다. 전체 20문항을 12분 안에 해결해야 한다.

독해력을 기르기 위해서는 글의 구성이 탄탄하게 잡혀 있는 양질의 글을 많이 접해야 하며, 일반적으로 신문 기사나 사설 등이 독해력 향상에 도움을 준다. 이러한 글을 접하면서 글의 논리구조를 파악해 보는 습관을 기르면 짧은 시간 안에 장문의 지문 구성을 이해할 수 있게 되고, 문제를 푸는 시간을 줄일 수 있다.

┤ 학습 포인트 ├

- 다양한 분야의 지문이 제시되므로 평소에 여러 분야의 도서나 신문의 기사 등을 읽어둔다.
- 문장나열의 경우 문장과 문장을 연결하는 접속어의 쓰임에 대해 정확히 알고 있어야 문제를 풀 수 있고, 문장 속에 나타나는 지시어는 해당 문장의 앞에 어떤 내용이 오는지에 대한 힌트가 되므로 이에 집중한다.
- 빈칸추론의 경우 지문을 처음부터 끝까지 다 읽기보다는 빈칸의 앞뒤 문장만으로 그 사이에 들어갈 내용을 유추하는 연습을 해야 한다. 선택지를 읽으며 빈칸에 들어갈 답을 고른 후 해설과 비교하면서 왜 틀렸는지 파악하고 놓친 부분을 체크하는 습관을 들인다.
- 사실적 독해의 경우 무작정 제시문을 읽고 문제를 풀기보다는, 문제와 선택지를 먼저 읽고 지문에서 찾아야 할 내용이 무엇인지를 파악한 후 글을 읽는다.

05 이론점검

01 논리구조

논리구조에서는 주로 단락과 문장 간의 관계나 글 전체의 논리적 구조를 정확히 파악했는지를 묻거나 글의 순서를 바르게 나열하는 유형이 출제되고 있다. 제시문의 전체적인 흐름을 바탕으로 각 문단의 특징, 단락 간의 역할 등을 논리적으로 구조화할 수 있는 능력을 길러야 한다.

1. 문장과 문장 간의 관계

① 상세화 관계 : 주지 → 구체적 설명(비교, 대조, 유추, 분류, 분석, 인용, 예시, 비유, 부연, 상술 등)

② 문제(제기)와 해결 관계 : 한 문장이 문제를 제기하고, 다른 문장이 그 해결책을 제시하는 관계(과제 제시 → 해결 방안, 문제 제기 → 해답 제시)

③ 선후 관계 : 한 문장이 먼저 발생한 내용을 담고, 다음 문장이 나중에 발생한 내용을 담고 있는 관계

④ 원인과 결과 관계 : 한 문장이 원인이 되고, 다른 문장이 그 결과가 되는 관계(원인 제시 → 결과 제시, 결과 제시 → 원인 제시)

⑤ 주장과 근거 관계 : 한 문장이 필자가 말하고자 하는 바(주지)가 되고, 다른 문장이 그 문장의 증거(근거)가 되는 관계(주장 제시 → 근거 제시, 의견 제안 → 의견 설명)

⑥ 전제와 결론 관계 : 앞 문장에서 조건이나 가정을 제시하고, 뒤 문장에서 이에 따른 결론을 제시하는 관계

2. 문장의 연결 방식

① 순접 : 원인과 결과, 부연 설명 등의 문장 연결에 쓰임
[예] 그래서, 그리고, 그러므로 등

② 역접 : 앞글의 내용을 전면적 또는 부분적으로 부정
[예] 그러나, 그렇지만, 그래도, 하지만 등

③ 대등·병렬 : 앞뒤 문장의 대비와 반복에 의한 접속
[예] 및, 혹은, 또는, 이에 반하여 등

④ 보충·첨가 : 앞글의 내용을 보다 강조하거나 부족한 부분을 보충하기 위해 다른 말을 덧붙이는 문맥
[예] 단, 곧, 즉, 더욱이, 게다가, 왜냐하면 등

⑤ 화제 전환 : 앞글과는 다른 새로운 내용을 이야기하기 위한 문맥

⑥ 비유·예시 : 앞글에 대해 비유적으로 다시 말하거나 구체적인 예를 보임
[예] 예를 들면, 예컨대, 마치 등

3. 원리 접근법

앞뒤 문장의 중심 의미 파악	→	앞뒤 문장의 중심 내용이 어떤 관계인지 파악	→	문장 간의 접속어, 지시어의 의미와 기능	→	문장의 의미와 관계성 파악
각 문장의 의미를 어떤 관계로 연결해서 글을 전개하는지 파악해야 한다.		지문 안의 모든 문장은 서로 논리적 관계성이 있다.		접속어와 지시어를 음미하는 것은 독해의 길잡이 역할을 한다.		문단의 중심 내용을 알기 위한 기본 분석 과정이다.

02 논리적 이해

1. 전제의 추론

전제의 추론은 원칙적으로 주어진 내용의 이면에 내포되어 있는 이미 옳다고 인정된 사실을 유추하는 유형이다.

① 먼저 주장이 무엇인지 명확하게 파악해야 한다.

② 주장이 성립하기 위해서 논리적으로 필요한 요건이 무엇인지 생각해 본다.

③ 선택지 중 주장과 논리적으로 인과 관계를 형성할 수 있는 조건을 찾아낸다.

2. 결론의 추론

주어진 내용을 명확히 이해한 다음, 이를 근거로 이끌어 낼 수 있는 올바른 결론이나 관련 사항을 논리적인 관점에서 찾는 문제 유형이다. 이와 같은 문제는 평상시 비판적이고 논리적인 관점으로 글을 읽는 연습을 충분히 해두어야 유리하다고 볼 수 있다.

3. 주제의 추론

주제와 관련된 추론 문제는 적성검사에서 자주 출제되는 유형으로서, 글의 표제, 부제, 주제, 주장, 의도를 파악하는 형태의 문제와 같은 유형이다. 이러한 유형의 문제는 주제를 글의 첫 문단이나 마지막 문단을 통해서 찾을 수 있으며, 그렇지 않더라도 문단의 병렬·대등 관계를 파악하면 쉽게 찾을 수 있다. 여러 문단에서 공통된 주제를 추론할 때는, 각각의 제시문을 먼저 요약한 뒤, 핵심 키워드를 찾은 다음 이를 토대로 주제문을 가려내어 하나의 주제를 유추하면 된다. 따라서 평소에 제시문을 읽고, 핵심 키워드를 찾아 문장을 구성하는 연습을 많이 해두어야 한다. 또한 겉으로 드러난 주제나 정보를 찾는 데 그치지 않고 글 속에 숨겨진 의도나 정보를 찾기 위해 꼼꼼히 관찰하는 태도가 필요하다.

01 문장·문단 나열

| 유형분석 |

- 문장 및 문단의 전체적인 흐름을 파악하고 이에 맞춰 순서대로 나열하는 유형이다.
- 각 문장의 지시어나 접속어에 주의해야 한다.

다음 제시된 문장을 논리적 순서대로 바르게 나열한 것은?

> (가) 사전에 아무런 정보도 없이 판매자의 일방적인 설명만 듣고 물건을 구입하면 후회할 수도 있다.
> (나) 따라서 소비를 하기 전에 많은 정보를 수집하여 구입하려는 재화로부터 예상되는 편익을 정확하게 조사하여야 한다.
> (다) 그러나 일상적으로 사용하는 일부 재화를 제외하고는, 그 재화를 사용해 보기 전까지 효용을 제대로 알 수 없다.
> (라) 예를 들면, 처음 가는 음식점에서 주문한 음식을 실제로 먹어 보기 전까지는 음식 맛이 어떤지 알 수 없다.
> (마) 우리가 어떤 재화를 구입하는 이유는 그 재화를 사용함으로써 효용을 얻기 위함이다.

① (마) – (다) – (라) – (나) – (가)
② (마) – (나) – (가) – (라) – (다)
③ (가) – (나) – (라) – (다) – (마)
④ (가) – (마) – (나) – (다) – (라)

정답 ①

제시문은 재화를 구입할 때 유의해야 할 점에 대해 설명하는 글이다.
(마)는 주지문장, (다)는 (마)에 대한 반론, (라)는 (다)에 대한 부연설명, (나)와 (가)는 (다)·(라)에 대한 결론이므로 (마) – (다) – (라) – (나) – (가) 순으로 나열하는 것이 적절하다.

30초 컷 풀이 Tip

글의 내용에서 반대하거나 부정하는 내용은 주로 뒤편에 위치한다.

※ 다음 제시된 문장 및 문단을 논리적 순서대로 바르게 나열한 것을 고르시오. [1~5]

01

(가) 또 그는 현대 건축 이론 중 하나인 '도미노 이론'을 만들었는데, 도미노란 집을 뜻하는 라틴어 '도무스(Domus)'와 혁신을 뜻하는 '이노베이션(Innovation)'을 결합한 단어다.

(나) 그는 이 이론의 원칙을 통해 인간이 효율적으로 살 수 있는 집을 꾸준히 연구해왔으며, 그가 제안한 건축방식 중 필로티와 옥상정원 등이 최근 우리나라 주택에 많이 쓰이고 있다.

(다) 최소한의 철근콘크리트 기둥들이 모서리를 지지하고 평면의 한쪽에서 각 층으로 갈 수 있게 계단을 만든 개방적 구조가 이 이론의 핵심이다. 건물을 돌이나 벽돌을 쌓아 올리는 조적식 공법으로만 지었던 당시에 이와 같은 구조는 많은 이들에게 적지 않은 충격을 주었다.

(라) 스위스 출신의 프랑스 건축가 르 꼬르뷔지에(Le Corbusier)는 근대주택의 기본형을 추구했다는 점에서 현대 건축의 거장으로 불린다. 그는 현대 건축에서의 집의 개념을 '거주 공간'에서 '더 많은 사람이 효율적으로 살 수 있는 공간'으로 바꿨다.

① (가) - (라) - (다) - (나)　　　　　② (나) - (다) - (라) - (가)
③ (다) - (가) - (라) - (나)　　　　　④ (라) - (가) - (다) - (나)

02

(가) 상품의 가격은 기본적으로 수요와 공급의 힘으로 결정된다. 시장에 참여하고 있는 경제 주체들은 자신이 가진 정보를 기초로 하여 수요와 공급을 결정한다.

(나) 이런 경우에는 상품의 가격이 우리의 상식으로는 도저히 이해하기 힘든 수준까지 일시적으로 뛰어오르는 현상이 나타날 가능성이 있다. 이런 현상은 특히 투기의 대상이 되는 자산의 경우 자주 나타나는데, 우리는 이를 '거품 현상'이라고 부른다.

(다) 그러나 현실에서는 사람들이 서로 다른 정보를 갖고 시장에 참여하는 경우가 많다. 어떤 사람은 특정한 정보를 갖고 있는데 거래 상대방은 그 정보를 갖고 있지 못한 경우도 있다.

(라) 일반적으로 거품 현상이란 것은 어떤 상품 - 특히 자산 - 의 가격이 지속해서 급격히 상승하는 현상을 가리킨다. 이와 같은 지속적인 가격 상승이 일어나는 이유는 애초에 발생한 가격 상승이 추가적인 가격 상승의 기대로 이어져 투기 바람이 형성되기 때문이다.

(마) 이들이 똑같은 정보를 함께 갖고 있으며 이 정보가 아주 틀린 것이 아닌 한, 상품의 가격은 어떤 기본적인 수준에서 크게 벗어나지 않을 것이라고 예상할 수 있다.

① (마) - (가) - (다) - (라) - (나)　　　② (라) - (가) - (다) - (나) - (마)
③ (가) - (다) - (나) - (라) - (마)　　　④ (가) - (마) - (다) - (나) - (라)

03

> (가) 또한 내과 교수팀은 "이번에 발표된 치료성적은 치료 중인 많은 난치성 결핵환자들에게 큰 희망을 줄 수 있을 것"이라며 덧붙였다.
> (나) A병원 내과 교수팀은 지난 결핵 및 호흡기학회에서 그동안 치료가 매우 어려운 것으로 알려진 난치성 결핵의 치료 성공률을 세계 최고 수준인 80%로 높였다고 발표했다.
> (다) 완치가 거의 불가능한 난치성 결핵균에 대한 치료성적이 우리나라가 세계 최고 수준인 것으로 발표되어 치료 중인 환자와 가족들에게 희소식이 되고 있다.
> (라) 내과 교수팀은 지난 10년간 A병원에서 새로운 치료법을 적용한 결핵 환자 155명의 치료성적을 분석한 결과, 치료 성공률이 49%에서 현재는 80%에 이르렀다고 설명했다.

① (가) – (나) – (다) – (라) ② (다) – (나) – (라) – (가)
③ (다) – (가) – (라) – (나) ④ (가) – (라) – (다) – (나)

Hard
04

> (가) 그뿐 아니라, 자신을 알아주는 이, 즉 지기자(知己者)를 위해서라면 기꺼이 자신의 전부를 버릴 수 있어야 하며, 더불어 은혜는 은혜대로, 원수는 원수대로 자신이 받은 만큼 되갚기 위해 진력하여야 한다.
> (나) 무공이 높다고 하여 반드시 협객으로 인정되지 않는 이유는 바로 이런 원칙에 위배되는 경우가 심심치 않게 발생하기 때문이다. 요컨대 협이란 사생취의(捨生取義)의 정신에 입각하여 살신성명(殺身成名)의 의지를 실천하는 것, 또는 그러한 실천을 기꺼이 감수할 준비가 되어 있는 상태를 뜻한다고 할 수 있다.
> (다) 협으로 인정받기 위해서는 무엇보다도 절개와 의리를 숭상하여야 하며, 개인의 존엄을 중시하고 간악함을 제거하기 위해 노력해야만 한다. 신의(信義)를 목숨보다도 중히 여길 것도 강조되는데, 여기서의 신의란 상대방을 향한 것인 동시에 스스로에게 해당되는 것이기도 하다.
> (라) 무(武)와 더불어 보다 신중하게 다루어야 할 것이 '협(俠)'의 개념이다. 무협 소설에서 문제가 되는 협이란 무덕(武德), 즉 무인으로서의 덕망이나 인격과 관계가 되는 것으로, 이는 곧 무공 사용의 전제가 되는 기준 내지는 원칙이라고 할 수 있다.

① (라) – (가) – (다) – (나) ② (라) – (다) – (가) – (나)
③ (나) – (다) – (라) – (가) ④ (나) – (다) – (가) – (라)

05

(가) 보통 라면은 일본에서 유래된 것으로 알려졌다. 그러나 우리가 좋아하는 라면과 일본의 라멘은 다르다. 일본의 라멘은 하나의 '요리'로서 위치하고 있으며, 처음에 인스턴트 라면이 발명된 것은 라멘을 휴대하고 다니면서 어떻게 하면 쉽게 먹을 수 있을까 하는 발상에서 기인한다. 그러나 한국의 라면은 그렇지 않다.

(나) 일본의 라멘이 고기 육수를 통한 맛을 추구한다면, 한국의 인스턴트 라면에서 가장 중요한 특징은 '매운맛'이다. 한국의 라면은 매운맛을 좋아하는 한국 소비자의 입맛에 맞춰 변화되었다.

(다) 이렇게 한국의 라면이 일본 라멘과 전혀 다른 모습을 보이면서, 라멘과 한국의 라면은 독자적인 영역을 만들어내기 시작했고, 당연히 해외에서도 한국의 라면은 라멘과 달리 나름대로 마니아층을 만들어내고 있다.

(라) 한국의 라면은 요리라기보다는 일종의 간식으로서 취급되며, '일본 라멘의 간소화'로 인스턴트 라면과는 그 맛도 다르다. 이는 일본의 라멘이 어떠한 맛을 추구하고 있는지에 대해서 생각해 보면 알 수 있다.

① (라) – (가) – (다) – (나) ② (라) – (가) – (나) – (다)
③ (가) – (라) – (다) – (나) ④ (가) – (라) – (나) – (다)

| 유형분석 |

- 글의 내용과 선택지가 일치·불일치하는지를 묻는 유형이다.
- 제시문에 있는 내용을 그대로 선택지에 제시하거나 다른 표현으로 돌려서 제시한다.
- 오답의 근거가 명확한 선택지부터 소거한다.

다음 글의 내용으로 가장 적절한 것은?

> 멋이라는 것도 일상생활의 단조로움이나 생활의 압박에서 해방되려는 노력의 하나일 것이다. 끊임없이 일상의 복장, 그 복장이 주는 압박감에서 벗어나기 위해 옷을 잘 차려 입는 사람은 그래서 멋쟁이이다. 또는 삶을 공리적 계산으로서가 아니라 즐김의 대상으로 볼 수 있게 해 주는 활동, 가령 서도(書道)라든가 다도(茶道)라든가 꽃꽂이라든가 하는 일을 과외로 즐길 줄 아는 사람을 우리는 생활의 멋을 아는 사람이라고 말한다. 그러나 그렇다고 해서 값비싸고 화려한 복장, 어떠한 종류의 스타일과 수련을 전제하는 활동만이 멋을 나타내는 것이 아니다. 경우에 따라서는 털털한 옷차림, 겉으로 내세울 것이 없는 소탈한 생활 태도가 멋있게 생각될 수도 있다. 기준적인 것에 변화를 더하는 것이 중요한 것이다. 그러나 기준으로부터의 편차가 너무 커서는 안 된다. 혐오감을 불러일으킬 정도의 몸가짐, 몸짓 또는 생활 태도는 멋이 있는 것으로 생각되지 않는다. 편차는 어디까지나 기준에 의해서만 존재하는 것이다.

① 다양한 종류의 옷을 가지고 있는 사람은 멋쟁이다.
② 값비싸고 화려한 복장을 하는 사람은 공리적 계산을 하는 사람이다.
③ 소탈한 생활 태도를 갖는 것이 가장 중요하다.
④ 꽃꽂이를 과외로 즐길 줄 아는 사람은 생활의 멋을 아는 사람이다.

정답 ④

'서도(書道)라든가 다도(茶道)라든가 꽃꽂이라든가 하는 일을 과외로 즐길 줄 아는 사람을 우리는 생활의 멋을 아는 사람이라고 말한다.'의 문장을 통해 알 수 있다.

오답분석

① 언급되지 않은 내용이다.
② 값비싸고 화려한 복장을 한 사람이라고 해서 공리적 계산을 하는 사람은 아니다.
③ 소탈한 생활 태도는 경우에 따라 멋있게 생각될 수 있을 뿐, 가장 중요한 것은 아니다.

30초 컷 풀이 Tip

선택지를 보고 글에 자주 등장하는 키워드가 무엇인지를 파악한 후 제시문을 읽는다.

01 다음 글의 내용으로 가장 적절한 것은?

> 우리 속담에 '울다가도 웃을 일이다.'라는 말이 있듯이 슬픔의 아름다움과 해학의 아름다움이 함께
> 존재한다면 이것은 우리네의 곡절 많은 역사 속에 밴 미덕의 하나라고 할 만하다. 울다가도 웃을
> 일이라는 말은 물론 어처구니가 없을 때 하는 말이기도 하지만 애수가 아름다울 수 있고 또 익살이
> 세련되어 아름다울 수 있다면 그 사회의 서정과 조형미에 나타나는 표현에도 의당 이러한 것이 반영
> 되어 있어야 한다.
> 이러한 고요의 아름다움과 슬픔의 아름다움이 조형 작품 위에 옮겨질 수 있다면 이것은 바로 예술에
> 서 말하는 적조미의 세계이며, 익살의 아름다움이 조형 위에 구현된다면 물론 이것은 해학미의 세계
> 일 것이다.

① 익살은 우리 민족만이 지닌 특성이다.
② 익살은 풍속화에서 가장 잘 표현된다.
③ 익살이 조형 위에 구현된다면 적조미이다.
④ 익살은 우리 민족의 삶의 정서를 반영한다.

Easy

02 다음 글의 내용으로 적절하지 않은 것은?

> 최근 민간 부문에 이어 공공 부문의 인사관리 분야에 '역량(Competency)'의 개념이 핵심 주제로
> 등장하고 있다. '역량'이라는 개념은 1973년 사회심리학자인 맥클레랜드에 의하여 '전통적 학업 적
> 성 검사 혹은 성취도 검사의 문제점 지적'이라는 연구에서 본격적으로 논의된 이후 다양하게 정의되
> 어 왔으나, 여기서의 역량의 개념은 직무에서 탁월한 성과를 나타내는 고성과자(High Performer)
> 에게서 일관되게 관찰되는 행동적 특성을 의미한다. 즉, 지식·기술·태도 등 내적 특성들이 상호
> 작용하여 높은 성과로 이어지는 행동적 특성을 말한다. 따라서 역량은 관찰과 측정할 수 있는 구체
> 적인 행위의 관점에서 설명된다. 조직이 필요로 하는 역량 모델이 개발된다면 이는 채용이나 선발,
> 경력 관리, 평가와 보상, 교육·훈련 등 다양한 인사관리 분야에 적용될 수 있다.

① 역량의 개념 정의는 역사적으로 다양하였다.
② 역량은 개인의 내재적 특성을 포함하는 개념이다.
③ 역량은 직무에서 높은 성과로 이어지는 행동적 특성을 말한다.
④ 역량 모델은 공공 부문보다 민간 부문에서 더욱 효과적으로 작용한다.

03 G씨는 성장기인 아들의 수면습관을 바로 잡기 위해 수면습관에 관련된 글을 찾아보았다. 다음 중 G씨가 이해한 것으로 적절하지 않은 것은?

> 수면은 비렘(Non-Rem)수면과 렘수면으로 이뤄진 사이클이 반복되면서 이뤄지는 복잡한 신경계의 상호작용이며 좋은 수면이란 이 사이클이 끊어지지 않고 충분한 시간 동안 유지되도록 하는 것이다. 수면 패턴은 일정한 것이 좋으며 깨는 시간을 지키는 것이 중요하다. 그리고 수면 패턴은 휴일과 평일 모두 일정하게 지키는 것이 성장하는 아이들의 수면 리듬을 유지하는 데 좋다. 수면상태에서 깨어날 때 영향을 주는 자극들은 '빛, 식사 시간, 운동, 사회 활동' 등이 있으며 이 중 가장 강한 자극은 '빛'이다. 침실을 밝게 하는 것은 적절한 수면 자극을 방해하는 것이다. 반대로 깨어날 때는 강한 빛 자극을 주면 빠르게 수면 상태에서 벗어날 수 있다. 이는 뇌의 신경 전달 물질인 멜라토닌의 농도와 연관되어 나타나는 현상으로, 수면 중 최대치로 올라간 멜라토닌은 시신경이 강한 빛에 노출되면 빠르게 줄어들게 되는데 이때 수면 상태에서 벗어나게 된다. 아침 일찍 일어나 커튼을 젖히고 밝은 빛이 침실 안으로 들어오게 하는 것은 매우 효과적인 각성 방법인 것이다.

① 잠에서 깨는 데 가장 강력한 자극을 주는 것은 빛이었구나.
② 멜라토닌의 농도에 따라 수면과 각성이 영향을 받는군.
③ 평일에 잠이 모자란 우리 아들은 잠을 보충해줘야 하니까 휴일에 늦게까지 자도록 둬야겠다.
④ 좋은 수면은 비렘수면과 렘수면의 사이클이 충분한 시간동안 유지되도록 하는 것이구나.

04 H기업은 담수화 플랜트 관련 사업을 추진하며 현 실태를 파악하기 위해 담수화 과정을 도입하고 있는 나라와 그 배경을 조사하였다. 조사 중 한 신문에서 다음과 같은 글을 보았을 때 글에서 언급한 내용으로 적절하지 않은 것은?

> 최근 세계적으로 사막화가 빠른 속도로 진행되고 있다. 이러한 사막화가 인류에게 심각한 위협이라는 인식을 전 세계가 공유해야만 한다. 유엔의 조사결과, 이대로 가면 지구 육지 면적의 3분의 1이 사막화될 것으로 예상된다.
> 사막화란 건조 지대에서 일어나는 토지 황폐화 현상으로, 지구 온난화를 비롯한 지구 환경의 변화 때문에 발생한다. 과도한 경작으로 땅을 혹사시키거나 무분별한 벌목으로 삼림을 파괴하는 인간의 잘못된 활동에 의해서도 일어날 수 있다. 사막화는 많은 나라에서 진행되기 때문에 심각한 문제이다. 그중 특히 심각한 곳은 아프리카이고 중동이나 호주, 중국도 심각한 수준이다.
> 사막화의 피해는 눈에 띌 정도로 뚜렷하게 나타난다. 우선 생산력을 잃은 토지에서 식물이 자랄 수 없게 되고 농경이 불가능해진다. 이것은 식량 생산의 감소를 의미한다. 또한 식수가 부족하게 될 것이다. 최근 중동 지역이나 호주 같은 나라들은 이 문제를 해결하기 위해 바닷물을 담수화 과정을 거쳐 식수로 만들고 있다.

① 사막화를 막는 방안　　　　　② 사막화가 심한 지역
③ 사막화 진행 이유　　　　　　④ 사막화의 정의

05 다음 글의 내용으로 적절하지 않은 것은?

위기지학(爲己之學)이란 15세기의 사림파 선비들이 『소학(小學)』을 강조하면서 내세운 공부 태도를 가리킨다. 원래 이 말은 위인지학(爲人之學)과 함께 『논어(論語)』에 나오는 말이다. '옛날에 공부하던 사람들은 자기를 위해 공부했는데, 요즘 사람들은 남을 위해 공부한다.' 즉, 공자는 공부하는 사람의 관심이 어디에 있느냐를 가지고 학자를 두 부류로 구분했다. 어떤 학자는 '위기(爲己)란 자아가 성숙하는 것을 추구하며, 위인(爲人)이란 남들에게서 인정받기를 바라는 태도'라고 했다.
조선 시대를 대표하는 지식인 퇴계 이황(李滉)은 이렇게 말했다. '위기지학이란, 우리가 마땅히 알아야 할 바가 도리이며, 우리가 마땅히 행해야 할 바가 덕행이라는 것을 믿고, 가까운 데서부터 착수해 나가되 자신의 이해를 통해서 몸소 실천하는 것을 목표로 삼는 공부이다. 반면 위인지학이란, 내면의 공허함을 감추고 관심을 바깥으로 돌려 지위와 명성을 취하는 공부이다.' 위기지학과 위인지학의 차이는 공부의 대상이 무엇이냐에 있다기보다 공부를 하는 사람의 일차적 관심과 태도가 자신을 내면적으로 성숙시키는 데 있느냐 아니면 다른 사람으로부터 인정을 받는 데 있느냐에 있다는 것이다.
이것은 학문의 목적이 외재적 가치에 의해서가 아니라 내재적 가치에 의해서 정당화된다는 사고방식이 나타났음을 뜻한다. 이로써 당시 사대부들은 출사(出仕)를 통해 정치에 참여하는 것 외에 학문과 교육에 종사하면서도 자신의 사회적 존재 의의를 주장할 수 있다고 믿었다. 더 나아가 학자 또는 교육자로서 사는 것이 관료 또는 정치가로서 사는 것보다 훌륭한 것이라고 주장할 수 있게 되었다. 또한 위기지학의 출현은 종래 과거제에 종속되어 있던 교육에 독자적 가치를 부여했다는 점에서 역사적 사건으로 평가받아 마땅하다.

① 국가가 위기지학을 권장함으로써 그 위상이 높아졌다.
② 위인지학을 추구하는 사람들은 체면과 인정을 중시했다.
③ 위기적 태도를 견지한 사람들은 자아의 성숙을 추구했다.
④ 공자는 학문을 대하는 태도를 기준으로 삼아 학자들을 나누었다.

| 유형분석 |

- 글의 내용을 바탕으로 논리적으로 추론할 수 있는지를 묻는 유형이다.
- 글의 전체적인 내용과 세부적인 내용을 정확하게 알고 있어야 풀이할 수 있는 유형이다.
- 독해 유형 중 난이도가 높은 편에 속한다.
- 오답의 근거가 명확한 선택지를 답으로 고른다.

다음 글을 뒷받침하는 사례로 적절하지 않은 것은?

러시아 형식주의자인 야콥슨은 문학을 "일상 언어에 가해진 조직적인 폭력"이라 말한다. 즉 문학은 일상 언어를 변형하여 강도 있게 하며 일상적인 말로부터 계획적으로 일탈한다는 것이다. 낯설게 하기는 문학 언어를 일상 언어와 구별시켜 주는 근본이다. 우리는 일상 언어를 사용하고 있으나 그 상투성으로 인해 우리의 의식은 고여 있는 물처럼 새롭게 생성되지 못하고 스테레오 타입으로 고정되고 자동화된다. 광고 카피에서 기존의 식상한 표현을 벗어나 놀라움을 주기 위해선 도식적인 공식, 즉 법칙을 파괴하는 창조적 행위가 수반되어야 하는데 그것이 바로 문학에서 말한 이것과 같은 의미이다.

① 난 샐러드를 마신다! – ○○유업의 요구르트 광고
② 이젠, 빛으로 요리하세요! – ○○전자의 전자레인지 광고
③ 차도 이 맛을 안다. – ○○정유의 기름 광고
④ 우리는 젊음의 모든 것을 사랑한다. – ○○그룹의 기업 광고

정답 ④

제시문의 사례가 되기 위해서는 광고 카피를 기존의 스테레오 타입에서 벗어나 '낯설게' 표현해야 한다. 하지만 ④는 단어의 활용이 어색하지 않고 일상생활에서 자주 쓰이는 표현이므로 적절한 사례가 아니다.

30초 컷 풀이 Tip

글의 구조를 파악하고 핵심적인 키워드를 표시하여 다시 봐야 할 때도 빠르게 찾을 수 있도록 한다.

01 다음 글을 읽고 추론한 내용으로 가장 적절한 것은?

> 1895년 을미개혁 당시 일제의 억압 아래 강제로 시행된 단발령으로부터 우리 조상들이 목숨을 걸고 지키려고 했던 상투는 과연 그들에게 어떤 의미였을까? 상투는 관례나 결혼 후 자신의 머리카락을 끌어올려, 정수리 위에서 틀어 감아 높이 세우는 성인 남자의 대표적인 머리모양이었다. 상투의 존재는 고구려 고분벽화에서도 확인할 수 있는데, 그 크기와 형태 또한 다양함은 물론 신라에서 도기로 만들어진 기마인물에서도 나타나는 것으로 보아 삼국 공통의 풍습이었을 것으로 추정되고 있다. 전통사회에서는 혼인 여부를 통해 기혼자와 미혼자 사이에 엄한 차별을 두었기 때문에 어린아이라도 장가를 들면 상투를 틀고 존대를 했으며, 나이가 아무리 많아도 장가를 들지 않은 이들에게는 하댓말을 썼다고 한다. 이러한 대접을 면하고자 미혼자가 장가를 들지 않고 상투를 틀기도 했는데 이를 건상투라 불렀으며, 사정을 아는 동네 사람들은 건상투를 틀었다고 하더라도 여전히 하댓말로 대하였다고 전해진다.

① 일제의 단발령이 없었다고 하더라도 언젠가 상투는 사라질 문화였겠구나.
② 신라 기마인물의 형상을 보아하니 신라의 상투는 모양이 비슷했겠구나.
③ 장가를 들지 않은 이가 상투를 틀었다가는 자칫 큰 벌을 받았겠구나.
④ '상투를 틀었다.'라는 말은 장가를 들었거나 제대로 성인취급을 받을 만하다는 뜻이겠구나.

02 다음 글의 논지를 이끌 수 있는 첫 문장으로 가장 적절한 것은?

> 사람과 사람이 직접 얼굴을 맞대고 하는 접촉이 라디오나 텔레비전 등의 매체를 통한 접촉보다 결정적인 영향력을 미친다는 것이 일반적인 견해로 알려져 있다. 매체는 어떤 마음의 자세를 준비하게 하는 구실을 하여 나중에 직접 어떤 사람에게서 새 어형을 접했을 때 그것이 텔레비전에서 자주 듣던 것이면 더 쉽게 그쪽으로 마음의 문을 열게 하는 면에서 영향력을 행사하기는 하지만, 새 어형이 전파되는 것은 매체를 통해서보다 상면하는 사람과의 직접적인 접촉에 의해서라는 것이 더 일반화된 견해이다. 사람들은 한두 사람의 말만 듣고 언어 변화에 가담하지는 않고, 주위의 여러 사람들이 다 같은 새 어형을 쓸 때 비로소 그것을 받아들이게 된다고 한다. 매체를 통해서보다 자주 접촉하는 사람들을 통해 언어 변화가 진전된다는 사실은 언어 변화의 여러 면을 바로 이해하는 한 핵심적인 내용이라 해도 좋을 것이다.

① 일반적으로 젊은 층이 언어 변화를 주도한다.
② 언어 변화는 결국 접촉에 의해 진행되는 현상이다.
③ 접촉의 형식도 언어 변화에 영향을 미치는 요소로 지적되고 있다.
④ 매체의 발달이 언어 변화에 중요한 영향을 미치는 것으로 알려져 있다.

03 다음 뉴스의 일부분을 보고 사회자가 출연자에게 질문할 내용으로 가장 적절한 것은?

사회자 : 오죽하면 감사원도 국세청이 제대로 조사했는지 감사하고 있다, 이런 보도도 있었습니다. 그 감사는 지금도 진행 중인 겁니까?

출연자 : 지난해에 감사원 관계자, 실질감사를 하는 관계자와 저희 취재진이 통화를 한 적이 있는 데 특별감사를 했습니다. 국세청에 대한 정기감사가 있는데요. 감사의 목적은 국세청이 이의 제기를 제대로 하지 않는가 그래서 왜 48명만 선별해 조사했는가, 이 부분에 주목해 서 감사를 했다고 그러는데 실제 그 당시까지 감사 상황이 순탄하지 않고 자료만 보관하 고 있는 수준이었다. 그 다음에 뭐 내부에 보니까 추후 조사계획도 뚜렷하게 세워놓지 않 은 것으로 보였다, 이런 이야기를 했습니다. 그래서 감사원이 이 특별감사결과를 빠르면 지난해 11월 말쯤에 발표하기로 했는데 그것도 해를 넘기고 지금까지 상황이 아직 공식발 표가 나오지는 않고 있죠.

사회자 : 그러면 사실 밝혀지기도 어려운 그런 자료를 탐사보도 언론인 회원들의 노력으로 한두 건 발표를 했는데 추후 조치가 지금 제대로 안 이루어지고 있는 상황이군요.

출연자 : 네, 그런 상태죠.

사회자 : _____

출연자 : 기본적으로 의지가 없다고 보고요.

---

① 그 원인이 무엇이라고 생각하십니까?

② 그 다음은 어떻게 진행될 것 같습니까?

③ 국민이 이 사실을 알고 있을까요?

④ 이 문제를 어떻게 해결할 수 있을까요?

04 다음 글을 바탕으로 한 추론으로 가장 적절한 것은?

> 스토리슈머는 이야기를 뜻하는 스토리(Story)와 소비자를 뜻하는 컨슈머(Consumer)가 합쳐져 '이야기를 찾는 소비자'를 지칭하는 말이다. 최근 기업들이 경기불황과 치열한 경쟁 속에서 살아남기 위해 색다른 마케팅 방안을 모색하고 있다. 단순히 이벤트나 제품을 설명하는 기존 방식에서 벗어나 소비자들이 서로 공감하는 이야기로 위로받는 심리를 반영해 마케팅에 활용하는 '스토리슈머 마케팅' 사례가 늘고 있다. 이는 소비자의 구매 요인이 기능에서 감성 중심으로 이동함에 따라 이야기를 소재로 하는 마케팅의 중요성이 늘어난 것을 반영한다. 특히 재미와 감성을 자극하는 콘텐츠 위주로 소비자들 사이에서 자연스럽게 스토리가 공유·확산되도록 유도할 수 있다.

① 스토리슈머 마케팅은 기존 마케팅보다 비용이 더 든다.
② 스토리슈머 마케팅은 재미있는 이야기여야만 마케팅 가치를 가진다.
③ 스토리슈머 마케팅은 제품의 기능을 더욱 강조한다.
④ 스토리슈머 마케팅은 현재 소비자들의 구매 요인을 파악한 마케팅 방안이다.

05 다음 글의 내용에 부합하는 사례로 적절하지 않은 것은?

> 현재 SNS상에서는 인류 역사상 최대의 소통들이 이루어지고 있다. 각종 의견이 자유롭게 오가고 개개인의 일상생활이 실시간으로 공유된다. 인터넷에서 나의 의사를 표현하고 이를 통해 내가 원하는 제품이나 반응, 서비스를 성취한 경험은 역설적으로 오프라인 시장의 비대면 서비스를 키우는 계기가 되었다. 즉, 진짜 사람을 대면하지 않고도 주문하고 받는 방식에 익숙해지게 되었다는 뜻이다.

① M식품매장에서는 키오스크를 통해 원하는 음식을 주문할 수 있다.
② W저축은행은 챗봇을 통한 대출서비스를 제공하고 있다.
③ I화장품은 판매직원의 도움을 부담스러워하는 고객들을 위해 쇼핑백 색깔로 도움 여부를 표시할 수 있도록 하였다.
④ D화장품은 SNS상에 수많은 팔로워를 보유하고 있는 사람을 활용하여 제품을 노출·홍보하도록 하였다.

| 유형분석 |

- 어떠한 견해에 대하여 적절한 반응을 보이거나 타당한 비판을 하는 유형이다.
- 글의 전체적인 주제를 정확히 이해하는 것이 중요하다.
- 특정한 문장에 의해 한쪽으로 치우친 판단을 하지 않는 것이 중요하다.

다음 글을 서두에 배치하여 세태를 비판하는 글을 쓴다고 할 때, 이어질 비판의 내용으로 가장 적절한 것은?

> 순자(荀子)는 "군자의 학문은 귀로 들어와 마음에 붙어서 온몸으로 퍼져 행동으로 나타난다. 소인의 학문은 귀로 들어와 입으로 나온다. 입과 귀 사이에는 네 치밖에 안 되니 어찌 일곱 자나 되는 몸을 아름답게 할 수 있을 것인가?"라고 했다.

① 줏대 없이 이랬다저랬다 하는 행동
② 약삭빠르게 이익만을 추종하는 태도
③ 간에 붙었다 쓸개에 붙었다 하는 행동
④ 실천은 하지 않고 말만 앞세우는 현상

정답 ④

행동으로 나타나는 '군자의 학문'을 먼저 언급한 다음, 실천하지 않는 '소인의 학문'을 비판하는 내용이 이어질 것으로 예상할 수 있다.

30초 컷 풀이 Tip

제시문에 대한 내용이 지나치게 한 편으로 치우친 선택지는 소거한다.

Hard

01 다음 글이 비판하는 주장으로 가장 적절한 것은?

> '모래언덕'이나 '바람' 같은 개념은 매우 모호해 보인다. 작은 모래 무더기가 모래언덕이라고 불리려면 얼마나 높이 쌓여야 하는가? 바람이 되려면 공기는 얼마나 빨리 움직여야 하는가?
> 그러나 지질학자들이 관심이 있는 대부분의 문제 상황에서 이런 개념들은 아무 문제 없이 작동한다. 더 높은 수준의 세분화가 요구될 만한 맥락에서는 그때마다 '30m에서 40m 사이의 높이를 가진 모래언덕'이나 '시속 20km와 시속 40km 사이의 바람'처럼 수식어구가 달린 표현이 과학적 용어의 객관적인 사용을 뒷받침한다.
> 물리학 같은 정밀과학에서도 사정은 비슷하다. 물리학의 한 연구 분야인 저온물리학은 저온현상, 즉 초전도 현상을 비롯하여 절대온도 0도인 $-273.16℃$ 부근의 저온에서 나타나는 흥미로운 현상들을 연구한다. 그렇다면 정확히 몇 도부터 저온인가? 물리학자들은 이 문제를 놓고 다투지 않는다. 때로는 이 말이 헬륨의 끓는점($-268.6℃$) 같은 극저온 근방을 가리키는가 하면, 질소의 끓는점($-195.8℃$)이 기준이 되기도 한다.
> 과학자들은 모호한 것을 싫어한다. 모호성은 과학의 정밀성을 훼손할 뿐만 아니라 궁극적으로 과학의 객관성을 약화하기 때문이다. 그러나 모호성에 대응하는 길은 모든 측정의 오차를 0으로 만드는 데 있는 것이 아니라 대화를 통해 그 상황에 적절한 합의를 하는 데 있다.

① 과학의 정확성은 측정기술의 정확성에 달려 있다.
② 물리학 같은 정밀과학에서도 오차는 발생하기 마련이다.
③ 과학의 발달은 과학적 용어체계의 변화를 유발할 수 있다.
④ 과학적 언어의 객관성은 용어의 엄밀하고 보편적인 정의에 의해서만 보장된다.

02 다음 글에서 지적한 정보화 사회의 문제점에 대한 반대 입장이 아닌 것은?

> 정보화 사회에서 지식과 정보는 부가가치의 원천이다. 지식과 정보에 접근할 수 없는 사람들은 소득을 얻는 데 불리할 수밖에 없다. 고급 정보에 대한 접근이 용이한 사람들은 부를 쉽게 축적하고, 그 부를 바탕으로 고급 정보 획득에 많은 비용을 투입할 수 있다. 이렇게 벌어진 정보 격차는 시간이 갈수록 심화될 가능성이 높아지고 있다. 정보나 지식이 독점되거나 진입 장벽을 통해 이용이 배제되는 경우도 문제이다. 특히 정보가 상품화됨에 따라 정보를 둘러싼 불평등은 더욱 심화될 것이다.

① 인터넷이나 컴퓨터 유지비 측면에서의 격차 발생
② 정보의 확산으로 기존의 자본주의에 의한 격차 완화 가능성
③ 정보 기기의 보편화로 인한 정보 격차 완화
④ 인터넷의 발달에 따라 전 계층의 고급 정보 접근용이

03 다음 글의 주장에 대한 반박으로 가장 적절한 것은?

우리는 우리가 생각한 것을 말로 나타낸다. 또 다른 사람의 말을 듣고, 그 사람이 무슨 생각을 가지고 있는가를 짐작한다. 그러므로 생각과 말은 서로 떨어질 수 없는 깊은 관계를 가지고 있다.

그러면 말과 생각이 얼마만큼 깊은 관계를 가지고 있을까? 이 문제를 놓고 사람들은 오랫동안 여러 가지 생각을 하였다. 그 가운데 가장 두드러진 것이 두 가지 있다. 그 하나는 말과 생각이 서로 꼭 달라붙은 쌍둥이인데 한 놈은 생각이 되어 속에 감추어져 있고 다른 한 놈은 말이 되어 사람 귀에 들리는 것이라는 생각이다. 다른 하나는 생각이 큰 그릇이고 말은 생각 속에 들어가는 작은 그릇이어서 생각에는 말 이외에도 다른 것이 더 있다는 생각이다.

이 두 가지 생각 가운데서 앞의 것은 조금만 깊이 생각해 보면 틀렸다는 것을 즉시 깨달을 수 있다. 우리가 생각한 것은 거의 대부분 말로 나타낼 수 있지만, 누구든지 가슴 속에 응어리진 어떤 생각이 분명히 있기는 한데 그것을 어떻게 말로 표현해야 할지 애태운 경험을 가지고 있을 것이다. 이것 한 가지만 보더라도 말과 생각이 서로 안팎을 이루는 쌍둥이가 아님은 쉽게 판명된다.

인간의 생각이라는 것은 매우 넓고 큰 것이며, 말이란 결국 생각의 일부분을 주워 담는 작은 그릇에 지나지 않는다. 그러나 아무리 인간의 생각이 말보다 범위가 넓고 큰 것이라고 하여도 그것을 가능한 한 말로 바꾸어 놓지 않으면 그 생각의 위대함이나 오묘함이 다른 사람에게 전달되지 않기 때문에 생각이 형님이요, 말이 동생이라고 할지라도 생각은 동생의 신세를 지지 않을 수가 없게 되어 있다.

① 말이 통하지 않아도 생각은 얼마든지 전달될 수 있다.
② 생각을 드러내는 가장 직접적인 수단은 말이다.
③ 말은 생각이 바탕이 되어야 생산될 수 있다.
④ 말과 생각은 서로 영향을 주고받는 긴밀한 관계를 유지한다.

04 다음 글에 나타난 '라이헨바흐의 논증'을 평가·비판한 것으로 적절하지 않은 것은?

> 귀납은 현대 논리학에서 연역이 아닌 모든 추론, 즉 전제가 결론을 개연적으로 뒷받침하는 모든 추론을 가리킨다. 귀납은 기존의 정보나 관찰 증거 등을 근거로 새로운 사실을 추가하는 지식 확장적 특성을 지닌다. 이 특성으로 인해 귀납은 근대 과학 발전의 방법적 토대가 되었지만, 한편으로 귀납 자체의 논리적 한계를 지적하는 문제들에 부딪히기도 한다.
>
> 먼저 흄은 과거의 경험을 근거로 미래를 예측하는 귀납이 정당한 추론이 되려면 미래의 세계가 과거에 우리가 경험해 온 세계와 동일하다는 자연의 일양성(一樣性), 곧 한결같음이 가정되어야 한다고 보았다. 그런데 자연의 일양성은 선험적으로 알 수 있는 것이 아니라 경험에 기대어야 알 수 있는 것이다. 즉, "귀납이 정당한 추론이다."라는 주장은 "자연은 일양적이다."라는 다른 지식을 전제로 하는데, 그 지식은 다시 귀납에 의해 정당화되어야 하는 경험적 지식이므로 귀납의 정당화는 순환 논리에 빠져 버린다는 것이다. 이것이 귀납의 정당화 문제이다.
>
> 귀납의 정당화 문제로부터 과학의 방법인 귀납을 옹호하기 위해 라이헨바흐는 이 문제에 대해 현실적 구제책을 제시한다. 라이헨바흐는 자연이 일양적일 수도 있고 그렇지 않을 수도 있음을 전제한다. 먼저 자연이 일양적일 경우, 그는 지금까지의 우리의 경험에 따라 귀납이 점술술이나 예언 등의 다른 방법보다 성공적인 방법이라고 판단한다. 자연이 일양적이지 않다면, 어떤 방법도 체계적으로 미래 예측에 계속해서 성공할 수 없다는 논리적 판단을 통해 귀납은 최소한 다른 방법보다 나쁘지 않은 추론이라고 확인한다. 결국 자연이 일양적인지 그렇지 않은지 알 수 없는 상황에서는 귀납을 사용하는 것이 옳은 선택이라는 라이헨바흐의 논증은 귀납의 정당화 문제를 현실적 차원에서 해소하려는 시도로 볼 수 있다.

① 귀납이 지닌 논리적 허점을 완전히 극복한 것은 아니라는 비판의 여지가 있다.
② 귀납을 과학의 방법으로 사용할 수 있음을 지지하려는 목적에서 시도하였다는 데 의미가 있다.
③ 귀납과 다른 방법을 비교하기 위해 경험적 판단과 논리적 판단을 모두 활용한 것이 특징이다.
④ 귀납이 현실적으로 옳은 추론 방법임을 밝히기 위해 자연의 일양성이 선험적 지식임을 증명한 데 의의가 있다.

| 유형분석 |

- 글을 읽고 말하고자 하는 주제를 파악할 수 있는지를 평가하는 유형이다.
- 단순한 설명문부터 주장, 반박문까지 다양한 성격의 지문이 제시되므로 글의 성격별 특징을 알아두는 것이 좋다.

다음 글의 중심 내용으로 가장 적절한 것은?

통계는 다양한 분야에서 사용되며 막강한 위력을 발휘하고 있다. 그러나 모든 도구나 방법이 그렇듯이, 통계 수치에도 함정이 있다. 함정에 빠지지 않으려면 통계 수치의 의미를 정확히 이해하고, 도구와 방법을 올바르게 사용해야 한다. 친구 5명이 만나서 이야기를 나누다가 연봉이 화제가 되었다. 2천만 원이 4명, 7천만 원이 1명이었는데, 평균을 내면 3천만 원이다. 이 숫자에 대해 4명은 "나는 봉급이 왜 이렇게 적을까?"하며 한숨을 내쉬었다. 그러나 이 평균값 3천만 원이 5명의 집단을 대표하는 데에 아무 문제가 없을까? 물론 계산 과정에는 하자가 없지만, 평균을 집단의 대푯값으로 사용하는 데에 어떤 한계가 있을 수 있는지 깊이 생각해 보지 않는다면, 우리는 잘못된 생각에 빠질 수도 있다. 평균은 극단적으로 아웃라이어(비정상적인 수치)에 민감하다. 집단 내에 아웃라이어가 하나만 있어도 평균이 크게 바뀐다는 것이다. 위의 예에서 1명의 연봉이 7천만 원이 아니라 100억 원이었다고 하자. 그러면 평균은 20억 원이 넘게 된다.
나머지 4명은 자신의 연봉이 평균치의 100분의 1밖에 안 된다며 슬퍼해야 할까? 연봉 100억 원인 사람이 아웃라이어이듯이 처음의 예에서 연봉 7천만 원인 사람도 아웃라이어인 것이다. 두드러진 아웃라이어가 있는 경우에는 평균보다는 최빈값이나 중앙값이 대푯값으로서 더 나을 수 있다.

① 평균은 집단을 대표하는 수치로서는 매우 부적당하다.
② 통계는 숫자 놀음에 불과하므로 통계 수치에 일희일비할 필요가 없다.
③ 평균보다는 최빈값이나 중앙값을 대푯값으로 사용해야 한다.
④ 통계 수치의 의미와 한계를 정확히 인식하고 사용할 필요가 있다.

제시문은 통계 수치의 의미를 정확하게 이해하고 도구와 방법을 올바르게 사용해야 하며, 특히 아웃라이어의 경우를 생각해야 한다고 주장하고 있다.

오답분석

① · ② 집단을 대표하는 수치로서의 '평균' 자체가 숫자 놀음과 같이 부적당하다고는 언급하지 않았다.

③ 아웃라이어가 있는 경우에는 평균보다는 최빈값이나 중앙값이 대푯값으로 더 적당하다.

30초 컷 풀이 Tip

• 주제가 되는 글 또는 문단의 앞과 뒤에 핵심어가 오는 경우가 있으므로 먼저 글을 읽어 핵심어를 잡아낸 뒤 중심 내용을 파악할 수 있도록 한다. 또한 선택지 중 세부적인 내용을 다루고 있는 것은 정답에서 제외시킨다.

• 글의 전체적인 진행 중에 반전이 되는 내용이나 접속어가 나온다면 그 다음 내용이 중심 내용인 경우가 많다. 따라서 글의 분위기가 반전되는 경우 이에 집중하여 독해한다.

01   다음 글의 제목으로 가장 적절한 것은?

> 딸기에는 비타민 C가 귤의 1.6배, 레몬의 2배, 키위의 2.6배, 사과의 10배 정도 함유되어 있어 딸기 5 ~ 6개를 먹으면 하루에 필요한 비타민 C를 전부 섭취할 수 있다. 비타민 C는 신진대사 활성화에 도움을 줘 원기를 회복하고 체력을 증진시키며, 멜라닌 색소가 축적되는 것을 막아 기미, 주근깨를 예방해준다. 멜라닌 색소가 많을수록 피부색이 검어지므로 미백 효과도 있는 셈이다. 또한 비타민 C는 피부 저항력을 높여줘 알레르기성 피부나 홍조가 짙은 피부에도 좋다. 비타민 C가 내는 신맛은 식욕 증진 효과와 스트레스 해소 효과가 있다.
>
> 한편, 딸기에 비타민 C만큼 풍부하게 함유된 성분이 항산화 물질인데, 이는 암세포 증식을 억제하는 동시에 콜레스테롤 수치를 낮춰주는 기능을 한다. 그래서 심혈관계 질환, 동맥경화 등에 좋고 눈의 피로를 덜어주며 시각기능을 개선해주는 효과도 있다.
>
> 딸기는 식물성 섬유질 함량도 높은 과일이다. 섬유질 성분은 콜레스테롤을 낮추고, 혈액을 깨끗하게 만들어준다. 뿐만 아니라 소화 기능을 촉진하고 장운동을 활발히 해 변비를 예방한다. 딸기 속 철분은 빈혈 예방 효과가 있어 혈색이 좋아지게 한다. 더불어 모공을 축소시켜 피부 탄력도 증진시킨다. 딸기와 같은 붉은 과일에는 라이코펜이라는 성분이 들어있는데, 이 성분은 면역력을 높이고 혈관을 튼튼하게 해 노화 방지 효과를 낸다. 이처럼 딸기는 건강에 무척 좋지만 당도가 높으므로 하루에 5 ~ 10개 정도만 먹는 것이 적당하다. 물론 달달한 맛에 비해 칼로리는 100g당 27kcal로 높지 않아 다이어트 식품으로 선호도가 높다.

① 딸기 속 비타민 C를 찾아라!

② 비타민 C의 신맛의 비밀

③ 제철과일, 딸기 맛있게 먹는 법

④ 다양한 효능을 가진 딸기

02 다음 글의 핵심 내용으로 가장 적절한 것은?

판소리는 한국의 서사무가의 서술원리와 구연방식을 빌려다가 흥미 있는 설화 자료를 각색해, 굿이 아닌 세속의 저잣거리에서 일반 사람들을 상대로 노래하면서 시작되었다. 호남지역에서 대대로 무당을 세습하던 세습 무당 집안에서는 여자 무당이 굿을 담당하고 남자 무당은 여자 무당을 도와 여러 가지 잡일을 했다. 당연히 굿을 해주고 받는 굿값의 분배도 여자 무당을 중심으로 이루어졌고, 힘든 잡일을 담당한 남자 무당은 몫이 훨씬 적었다. 남자 무당이 굿에 참여하고 그 몫의 돈을 받는 경우는 노래를 할 때뿐이었다. 따라서 세습 무당 집안에서 태어난 남자들은 노래를 잘하는 것이 잘 살 수 있는 길이었다. 남자들은 노래 공부를 열심히 했고, 이 과정에서 세습 무당 집안에서는 많은 명창을 배출하였다.

이러한 호남지역의 무속적 특징은 조선 후기 사회 변화와 관련을 맺으면서 판소리의 발생을 자극했다. 조선 후기로 갈수록 지역 마을마다 행하던 주민 공동행사인 마을굿이 제사형태로 바뀌었고, 이에 따라 무당이 참여하지 않는 마을굿이 늘어났다. 정부와 양반 지배층이 유교이념에 입각하여 지속적으로 무속을 탄압하는 정책을 펴왔던 탓이었다. 또한 합리적 사고의 발달에 따라 무속이 사회적 신임을 잃은 탓이기도 하였다.

호남지역의 세습 무당들은 개인의 질병을 치료하는 굿보다는 풍년이나 풍어를 기원하는 정기적인 마을굿을 하여 생계를 유지했다. 이러한 마을굿이 점차 사라지면서 그들은 생계를 위협받게 되었다. 한편 이 시기에는 상업이 발달하면서 상행위가 활발해졌고, 생활이 풍족해짐에 따라 백성들의 문화 욕구가 커지면서 예능이 상품으로 인정받았다. 이에 따라 춤과 소리 등의 예술과 곡예가 구경거리로 부상하였다. 세습 무당 집안 출신의 노래 잘하는 남자 무당들은 무속이라는 속박을 떨쳐 버리고 돈을 벌기 위하여 소리판을 벌이게 되었다. 이들의 소리가 많은 사람에게 환영을 받자 점차 전문 직업인으로서 명창이 등장하게 되었다. 대중적 인기가 자신의 명성과 소득에 직결되었으므로, 이들은 대중이 좋아할 만한 내용을 담은 소리들을 발굴하고 개발하였다.

① 조선 후기 사회 변화는 유교 중심 체제의 쇠퇴와 민중 기반 무속신앙의 성장을 가져 왔다.
② 세습 무당 집안의 남자들이 상업적인 공연에 뛰어들면서 판소리 개발과 전파의 주축이 되었다.
③ 판소리의 발달은 무속신앙의 상업화와 함께 남자 무당들이 대거 성장하는 계기가 되었다.
④ 유교이념의 전파로 전통 무속신앙이 쇠퇴하면서 서사무가가 자취를 감추게 되었다.

03 다음 글의 제목으로 가장 적절한 것은?

제4차 산업혁명은 인공지능이 기존의 자동화 시스템과 연결되어 효율이 극대화되는 산업 환경의 변화를 의미한다.

2016년 세계경제포럼에서 언급되어, 유행처럼 번지는 용어가 되었다. 학자에 따라 바라보는 견해는 다르지만 대체로 기계학습과 인공지능의 발달이 그 수단으로 꼽힌다.

2010년대 중반부터 드러나기 시작한 제4차 산업혁명은 현재진행형이며, 그 여파는 사회 곳곳에서 드러나고 있다. 현재도 사람을 기계와 인공지능이 대체하고 있으며, 현재 일자리의 80 ~ 99%까지 대체될 것이라고 보는 견해도 있다.

만약 우리가 현재의 경제 구조를 유지한 채로 이와 같은 극단적인 노동 수요 감소를 맞게 된다면, 전후 미국의 대공황 등과는 차원이 다른 끔찍한 대공황이 발생할 것이다. 계속해서 일자리가 줄어들수록 중·하위 계층은 사회에서 밀려날 수밖에 없는데, 반면 자본주의 사회의 특성상 많은 비용을 수반하는 과학기술의 연구는 자본에 종속될 수밖에 없기 때문이다. 물론 지금도 이러한 현상이 없는 것은 아니지만, 아직까지는 단순노동이 필요하기 때문에 노동력을 제공하는 중·하위층들도 불합리한 부분들에 파업과 같은 실력행사를 할 수 있었다. 그러나 앞으로 자동화가 더욱 진행되어 노동의 필요성이 사라진다면 그들을 배려해야 할 당위성은 법과 제도가 아닌 도덕이나 인권과 같은 윤리적인 영역에만 남게 되는 것이다.

반면에, 이를 긍정적으로 생각한다면 이처럼 일자리가 없어졌을 때 극소수에 해당하는 경우를 제외한 나머지 사람들은 노동에서 완전히 해방되어, 인공지능이 제공하는 무제한적인 자원을 마음껏 향유할 수도 있을 것이다. 하지만 이러한 미래는 지금의 자본주의보다는 사회주의 경제 체제에 가깝다. 이 때문에 많은 경제학자와 미래학자들은 제4차 산업혁명 이후의 미래를 장밋빛으로 바꿔나가기 위해, 기본소득제 도입 등의 시도와 같은 고민들을 이어가고 있다.

① 제4차 산업혁명의 의의   ② 제4차 산업혁명의 빛과 그늘
③ 제4차 산업혁명의 위험성   ④ 제4차 산업혁명에 대한 준비

04 다음 글의 필자가 주장하는 바로 가장 적절한 것은?

인간과 자연환경의 운명이 순전히 시장 메커니즘 하나에 좌우된다면, 결국 사회는 폐허가 될 것이다. 구매력의 양과 사용을 시장 메커니즘에 따라 결정하는 것도 같은 결과를 낳는다. 이런 체제 아래에서 인간의 노동력을 소유자가 마음대로 처리하다 보면, 노동력이라는 꼬리표를 달고 있는 '인간'이라는 육체적 · 심리적 · 도덕적 실체마저 소유자가 마음대로 처리하게 된다. 인간들은 갖가지 문화적 제도라는 보호막이 모두 벗겨진 채 사회에 알몸으로 노출되고 결국 쇠락해 간다. 그들은 악덕, 범죄, 굶주림 등을 거치면서 격동하는 사회적 혼란의 희생물이 된다. 자연은 그 구성 원소들로 환원되어 버리고, 주거지와 경관은 더럽혀진다. 또 강이 오염되며, 군사적 안보는 위협당하고, 식량과 원자재를 생산하는 능력도 파괴된다.

마지막으로 구매력의 공급을 시장 기구의 관리에 맡기게 되면 영리 기업들은 주기적으로 파산하게 될 것이다. 원시 사회가 홍수나 가뭄으로 인해 피해를 보았던 것처럼 화폐 부족이나 과잉은 경기에 엄청난 재난을 가져올 수 있기 때문이다.

노동 시장, 토지 시장, 화폐 시장이 시장 경제에 필수적이라는 점은 의심할 여지가 없다. 하지만 인간과 자연이라는 사회의 실패와 경제 조직이 보호받지 못한 채 그 '악마의 맷돌'에 노출된다면, 어떤 사회도 무지막지한 상품 허구의 경제 체제가 몰고 올 결과를 한순간도 견뎌내지 못할 것이다.

① 무분별한 환경 파괴를 막기 위해 국가가 시장을 통제해야 한다.
② 구매력의 공급은 시장 기구의 관리에 맡기는 것이 합리적이다.
③ 시장 메커니즘은 인간의 존엄성을 파괴하는 제도이므로 철폐되어야 한다.
④ 시장 메커니즘을 맹신하기보다는 적절한 제도적 보호 장치를 마련하는 것이 바람직하다.

06

응용계산력

■ 합격 Cheat Key

응용계산력은 주로 수의 관계(약수와 배수, 소수, 합성수, 인수분해, 최대공약수·최소공배수 등)를 이용하는 기초적인 계산 문제, 방정식과 부등식을 수립(날짜·요일·시간, 시간·거리·속도, 나이·수량, 원가·정가, 일·일률, 농도, 비율 등)하여 미지수를 계산하는 응용계산 문제, 경우의 수와 확률을 구하는 문제 등이 출제되며 12분 내에 20문제를 해결해야 한다.

수의 관계에 대해 알고 그것을 응용하여 계산할 수 있는지, 그리고 미지수를 구하기 위해 필요한 계산식을 세울 수 있는지를 평가하는 유형이다. 난이도가 쉽지만 상대적으로 시간이 부족한 효성그룹 적성검사에서는 제한된 시간에 정확히 계산할 수 있는 능력이 변별력이 되므로 특히 중요한 영역이라고 할 수 있다.

---| 학습 포인트 |---

• 문제풀이 시간 확보가 관건이므로 이 유형에서 점수를 얻기 위해서는 다양한 문제를 최대한 많이 풀어 봐야 한다.
• 고등학교 시절을 생각하며 오답노트를 만드는 것도 좋은 방법이 될 수 있다.

1. 수의 관계

(1) 약수와 배수

a가 b로 나누어떨어질 때, a는 b의 배수, b는 a의 약수

(2) 소수

1과 자기 자신만을 약수로 갖는 수. 즉, 약수의 개수가 2개인 수

(3) 합성수

1과 자신 이외의 수를 약수로 갖는 수. 즉, 소수가 아닌 수 또는 약수의 개수가 3개 이상인 수

(4) 최대공약수

2개 이상의 자연수의 공통된 약수 중에서 가장 큰 수

(5) 최소공배수

2개 이상의 자연수의 공통된 배수 중에서 가장 작은 수

(6) 서로소

1 이외에 공약수를 갖지 않는 두 자연수. 즉, 최대공약수가 1인 두 자연수

(7) 소인수분해

주어진 합성수를 소수의 거듭제곱의 형태로 나타내는 것

(8) 약수의 개수

자연수 $N = a^m \times b^n$에 대하여, N의 약수의 개수는 $(m+1) \times (n+1)$개

(9) 최대공약수와 최소공배수의 관계

두 자연수 A, B에 대하여, 최소공배수와 최대공약수를 각각 L, G라고 하면 $A \times B = L \times G$가 성립한다.

2. 방정식의 활용

(1) 날짜 · 요일 · 시계

① 날짜 · 요일

ㄱ 1일＝24시간＝1,440분＝86,400초

ㄴ 날짜 · 요일 관련 문제는 대부분 나머지를 이용해 계산한다.

② 시계

ㄱ 시침이 1시간 동안 이동하는 각도 : 30°

ㄴ 시침이 1분 동안 이동하는 각도 : 0.5°

ㄷ 분침이 1분 동안 이동하는 각도 : 6°

(2) 거리 · 속력 · 시간

① (거리)＝(속력)×(시간)

ㄱ 기차가 터널을 통과하거나 다리를 지나가는 경우

- (기차가 움직인 거리)＝(기차의 길이)＋(터널 또는 다리의 길이)

ㄴ 두 사람이 반대 방향 또는 같은 방향으로 움직이는 경우

- (두 사람 사이의 거리)＝(두 사람이 움직인 거리의 합 또는 차)

② $(속력)=\dfrac{(거리)}{(시간)}$

ㄱ 흐르는 물에서 배를 타는 경우

- (하류로 내려갈 때의 속력)＝(배 자체의 속력)＋(물의 속력)
- (상류로 올라갈 때의 속력)＝(배 자체의 속력)－(물의 속력)

③ $(시간)=\dfrac{(거리)}{(속력)}$

(3) 나이 · 인원 · 개수

구하고자 하는 것을 미지수로 놓고 식을 세운다. 동물의 경우 다리의 개수에 유의해야 한다.

(4) 원가 · 정가

① (정가)＝(원가)＋(이익), (이익)＝(정가)－(원가)

② $(a원에서 \; b\% \; 할인한 \; 가격)=a\times\left(1-\dfrac{b}{100}\right)$

(5) 일률 · 톱니바퀴

① 일률

전체 일의 양을 1로 놓고, 시간 동안 한 일의 양을 미지수로 놓고 식을 세운다.

- $(일률)=\dfrac{(작업량)}{(작업기간)}$

- $(작업기간)=\dfrac{(작업량)}{(일률)}$

- (작업량)＝(일률)×(작업기간)

② 톱니바퀴

(톱니 수)×(회전수)＝(총 맞물린 톱니 수)

즉, A, B 두 톱니에 대하여, (A의 톱니 수)×(A의 회전수)＝(B의 톱니 수)×(B의 회전수)가 성립한다.

(6) 농도

① $(농도)=\dfrac{(용질의\ 양)}{(용액의\ 양)}\times 100$

② $(용질의\ 양)=\dfrac{(농도)}{100}\times(용액의\ 양)$

(7) 수 I

① 연속하는 세 자연수 : $x-1,\ x,\ x+1$

② 연속하는 세 짝수(홀수) : $x-2,\ x,\ x+2$

(8) 수 II

① 십의 자릿수가 x, 일의 자릿수가 y인 두 자리 자연수 : $10x+y$

이 수에 대해, 십의 자리와 일의 자리를 바꾼 수 : $10y+x$

② 백의 자릿수가 x, 십의 자릿수가 y, 일의 자릿수가 z인 세 자리 자연수 : $100x+10y+z$

(9) 증가 · 감소

① x가 $a\%$ 증가 : $\left(1+\dfrac{a}{100}\right)x$

② y가 $b\%$ 감소 : $\left(1-\dfrac{b}{100}\right)y$

3. 경우의 수 · 확률

(1) 경우의 수

① 경우의 수 : 어떤 사건이 일어날 수 있는 모든 가짓수

② 합의 법칙

㉠ 두 사건 A, B가 동시에 일어나지 않을 때, A가 일어나는 경우의 수를 m, B가 일어나는 경우의 수를 n이라고 하면, 사건 A 또는 B가 일어나는 경우의 수는 $m+n$이다.

㉡ '또는', '~이거나'라는 말이 나오면 합의 법칙을 사용한다.

③ 곱의 법칙

㉠ A가 일어나는 경우의 수를 m, B가 일어나는 경우의 수를 n이라고 하면, 사건 A와 B가 동시에 일어나는 경우의 수는 $m\times n$이다.

㉡ '그리고', '동시에'라는 말이 나오면 곱의 법칙을 사용한다.

④ 여러 가지 경우의 수

 ㉠ 동전 n개를 던졌을 때, 경우의 수 : 2^n

 ㉡ 주사위 m개를 던졌을 때, 경우의 수 : 6^m

 ㉢ 동전 n개와 주사위 m개를 던졌을 때, 경우의 수 : $2^n \times 6^m$

 ㉣ n명을 한 줄로 세우는 경우의 수 : $n! = n \times (n-1) \times (n-2) \times \cdots \times 2 \times 1$

 ㉤ n명 중, m명을 뽑아 한 줄로 세우는 경우의 수 : ${}_nP_m = n \times (n-1) \times \cdots \times (n-m+1)$

 ㉥ n명을 한 줄로 세울 때, m명을 이웃하여 세우는 경우의 수 : $(n-m+1)! \times m!$

 ㉦ 0이 아닌 서로 다른 한 자리 숫자가 적힌 n장의 카드에서, m장을 뽑아 만들 수 있는 m자리 정수의 개수 : ${}_nP_m$

 ㉧ 0을 포함한 서로 다른 한 자리 숫자가 적힌 n장의 카드에서, m장을 뽑아 만들 수 있는 m자리 정수의 개수 : $(n-1) \times {}_{n-1}P_{m-1}$

 ㉨ n명 중, 자격이 다른 m명을 뽑는 경우의 수 : ${}_nP_m$

 ㉩ n명 중, 자격이 같은 m명을 뽑는 경우의 수 : ${}_nC_m = \dfrac{{}_nP_m}{m!}$

 ㉪ 원형 모양의 탁자에 n명을 앉히는 경우의 수 : $(n-1)!$

⑤ 최단거리 문제 : A에서 B 사이에 P가 주어져 있다면, A와 P의 최단거리, B와 P의 최단거리를 각각 구하여 곱한다.

(2) 확률

① (사건 A가 일어날 확률)$= \dfrac{(사건\ A가\ 일어나는\ 경우의\ 수)}{(모든\ 경우의\ 수)}$

② 여사건의 확률

 ㉠ 사건 A가 일어날 확률이 p일 때, 사건 A가 일어나지 않을 확률은 $(1-p)$이다.

 ㉡ '적어도'라는 말이 나오면 주로 사용한다.

③ 확률의 계산

 ㉠ 확률의 덧셈

  두 사건 A, B가 동시에 일어나지 않을 때, A가 일어날 확률을 p, B가 일어날 확률을 q라고 하면, 사건 A 또는 B가 일어날 확률은 $p+q$이다.

 ㉡ 확률의 곱셈

  A가 일어날 확률을 p, B가 일어날 확률을 q라고 하면, 사건 A와 B가 동시에 일어날 확률은 $p \times q$이다.

④ 여러 가지 확률

 ㉠ 연속하여 뽑을 때, 꺼낸 것을 다시 넣고 뽑는 경우 : 처음과 나중의 모든 경우의 수는 같다.

 ㉡ 연속하여 뽑을 때, 꺼낸 것을 다시 넣지 않고 뽑는 경우 : 나중의 모든 경우의 수는 처음의 모든 경우의 수보다 1만큼 작다.

 ㉢ (도형에서의 확률)$= \dfrac{(해당하는\ 부분의\ 넓이)}{(전체\ 넓이)}$

| 유형분석 |

- (거리)=(속력)×(시간) 공식을 활용한 문제이다.

  $(속력)=\dfrac{(거리)}{(시간)}$, $(시간)=\dfrac{(거리)}{(속력)}$

- 기차와 터널의 길이, 물과 같이 속력이 있는 장소 등 추가적인 거리나 속력 시간에 관한 조건과 결합하여 난이도 높은 문제로 출제된다.

S사원은 회사 근처 카페에서 거래처와 미팅을 갖기로 했다. 처음에는 4km/h로 걸어가다가 약속 시간에 늦을 것 같아서 10km/h로 뛰어서 24분 만에 미팅 장소에 도착했다. 회사에서 카페까지의 거리가 2.5km일 때, S사원이 뛴 거리는?

① 0.6km
② 0.9km
③ 1.2km
④ 1.5km

정답 ④

S사원이 회사에서 카페까지 걸어간 거리를 $x$km, 뛴 거리를 $y$km라고 하자.

회사에서 카페까지의 거리는 2.5km이므로 걸어간 거리 $x$km와 뛴 거리 $y$km를 합하면 2.5km이다.

$x+y=2.5$ ⋯ ㉠

S사원이 회사에서 카페까지 24분이 걸렸으므로 걸어간 시간$\left(\dfrac{x}{4}\ 시간\right)$과 뛰어간 시간$\left(\dfrac{y}{10}\ 시간\right)$을 합치면 24분이다. 이때 속력은

시간 단위이므로 분으로 바꾸어 계산한다.

$\dfrac{x}{4}\times60+\dfrac{y}{10}\times60=24 \rightarrow 5x+2y=8$ ⋯ ㉡

㉡$-2\times$㉠을 하여 ㉠과 ㉡을 연립하면 $x=1$이고, 구한 x의 값을 ㉠에 대입하면 $y=1.5$이다.

따라서 S사원이 뛴 거리는 1.5km이다.

30초 컷 풀이 Tip

1. 미지수를 정할 때에는 문제에서 묻는 것을 정확하게 파악해야 한다.
2. 속력과 시간의 단위를 처음에 정리하여 계산하면 계산 실수 없이 풀이할 수 있다.
   - 1시간=60분=3,600초
   - 1km=1,000m=100,000cm

01 A대리는 회사에서 거래처까지 갈 때는 국도를 이용하여 속력 80km/h로, 회사로 다시 돌아갈 때는 고속도로를 이용하여 속력 120km/h로 왔다. 1시간 이내로 왕복하려면 거래처는 회사에서 최대 몇 km 떨어진 곳에 있어야 하는가?

① 44km   ② 46km

③ 48km   ④ 50km

02 A신입사원은 집에서 거리가 10km 떨어진 회사에 근무하고 있다. 출근할 때는 자전거를 타고 1시간이 걸린다. 퇴근할 때는 회사에서 4km 떨어진 헬스장을 들렀다가 운동 후 7km 거리를 이동하여 집에 도착한다. 퇴근할 때 회사에서 헬스장까지 30분, 헬스장에서 집까지 1시간 30분이 걸린다면 A신입사원이 출·퇴근하는 평균속력은 몇 km/h인가?

① 5km/h   ② 6km/h

③ 7km/h   ④ 8km/h

Easy

03 서울에서 부산까지의 거리는 400km이고 서울에서 부산까지 가는 기차는 120km/h의 속력으로 달리며, 역마다 10분씩 정차한다. 서울에서 9시에 출발하여 부산에 13시 10분에 도착했다면, 기차는 가는 도중 몇 개의 역에 정차하였는가?

① 4개   ② 5개

③ 6개   ④ 7개

| 유형분석 |

- (농도)$=\dfrac{(\text{용질의 양})}{(\text{용액의 양})}\times100$ 공식을 활용한 문제이다.
- (소금물의 양)=(물의 양)+(소금의 양)이라는 것에 유의하고, 더해지거나 없어진 것을 미지수로 두고 풀이한다.

소금물 500g이 있다. 이 소금물에 농도가 3%인 소금물 200g을 온전히 섞었더니 소금물의 농도는 7%가 되었다. 500g의 소금물에 녹아 있던 소금의 양은?

① 31g   ② 37g

③ 43g   ④ 49g

정답 ③

500g의 소금물에 녹아 있던 소금의 양을 xg이라고 하자.

소금물 500g에 농도 3%인 소금물 200g을 섞었을 때 소금물의 농도가 주어졌으므로 농도를 기준으로 식을 세우면 다음과 같다.

$\dfrac{x+6}{500+200}\times100=7 \rightarrow (x+6)\times100=7\times(500+200) \rightarrow (x+6)\times100=4,900 \rightarrow 100x+600=4,900$

$\therefore x=43$

따라서 500g의 소금물에 녹아 있던 소금의 양은 43g이다.

30초 컷 풀이 Tip

간소화

숫자의 크기를 최대한 간소화해야 한다. 특히, 농도의 경우 분수와 정수가 같이 제시되고, 최근에는 비율을 활용한 문제가 많이 출제되고 있으므로 통분이나 약분을 통해 수를 간소화시켜 계산 실수를 줄일 수 있도록 한다.

주의사항

항상 미지수를 구해서 그 값을 계산하여 풀이해야 하는 것은 아니다. 문제에서 원하는 값은 정확한 미지수를 구하지 않아도 풀이과정에서 답이 제시되는 경우가 있으므로 문제에서 묻는 것을 명확히 해야 한다.

01 농도가 8%인 600g의 소금물에서 일정량의 소금물을 퍼내고, 80g의 물을 붓고 소금을 20g 넣었다. 소금물의 농도가 10%가 되었다면 처음 퍼낸 소금물의 양은 얼마인가?

① 50g
② 100g
③ 150g
④ 200g

02 20%의 소금물 100g이 있다. 소금물 xg을 덜어내고, 덜어낸 양만큼의 소금을 첨가하였다. 거기에 11%의 소금물 yg을 섞었더니 26%의 소금물 300g이 되었다. 이때 $x + y$의 값은?

① 195
② 213
③ 235
④ 245

Hard

03 농도가 각각 10%, 6%인 설탕물을 섞어서 300g의 설탕물을 만들었다. 여기에 설탕 20g을 더 넣었더니 농도가 12%인 설탕물이 되었다면 6% 설탕물의 양은 얼마인가?

① 10g
② 20g
③ 280g
④ 290g

03 일률

| 유형분석 |

- 전체 일의 양을 1로 두고 풀이하는 유형이다.
- 분이나 초 단위 계산이 가장 어려운 유형으로 출제되고 있다.
- $(일률) = \dfrac{(작업량)}{(작업기간)}$, $(작업기간) = \dfrac{(작업량)}{(일률)}$, $(작업량) = (일률) \times (작업기간)$

한 공장에서는 기계 2대를 운용하고 있다. 이 공장의 전체 작업을 수행할 때 A기계로는 12시간이 걸리며, B기계로는 18시간이 걸린다. 이미 절반의 작업이 수행된 상태에서, A기계로 4시간 동안 작업하다가 이후로는 A, B 두 기계를 모두 동원해 작업을 수행했다면 남은 절반의 작업을 완료하는 데 소요되는 총 시간은?

① 1시간
② 1시간 12분
③ 1시간 20분
④ 1시간 30분

정답 ②

전체 일의 양을 1이라고 하자. A기계가 한 시간 동안 작업할 수 있는 일의 양은 $\dfrac{1}{12}$ 이고, B기계가 한 시간 동안 작업할 수 있는 일의 양은 $\dfrac{1}{18}$ 이다.

이미 절반의 작업이 진행되었으므로 남은 일의 양은 $1 - \dfrac{1}{2} = \dfrac{1}{2}$ 이다. 이 중 A기계로 4시간 동안 작업을 진행했으므로 A기계와 B기계가 함께 작업해야 하는 일의 양은 $\dfrac{1}{2} - \left(\dfrac{1}{12} \times 4 \right) = \dfrac{1}{6}$ 이다.

따라서 남은 $\dfrac{1}{6}$ 을 수행하는 데 걸리는 시간은 $\dfrac{\dfrac{1}{6}}{\left(\dfrac{1}{12} + \dfrac{1}{18} \right)} = \dfrac{\dfrac{1}{6}}{\dfrac{5}{36}} = \dfrac{6}{5}$ 시간, 즉 1시간 12분이다.

30초 컷 풀이 Tip

1. 전체의 값을 모르는 상태에서 비율을 묻는 문제의 경우 전체를 1이라고 하면 쉽게 풀이할 수 있다.

   예 S가 1개의 빵을 만드는 데 3시간이 걸린다. 1개의 빵을 만드는 일의 양을 1이라고 하면 S는 한 시간에 $\dfrac{1}{3}$ 만큼의 빵을 만든다.

2. 난이도가 있는 일의 양 문제를 접근할 때 전체 일의 양을 막대 그림으로 표현하면서 풀이하면 한눈에 파악할 수 있다.

   예
$\dfrac{1}{2}$ 수행됨	A기계로 4시간 동안 작업	A, B 두 기계를 모두 동원해 작업

01 A와 B가 같이 일을 하면 12일이 걸리고, B와 C가 같이 일을 하면 6일, C와 A가 같이 일을 하면 18일이 걸리는 일이 있다. 만약 A, B, C 모두 함께 72일 동안 일을 하면 기존에 했던 일의 몇 배의 일을 할 수 있는가?

① 9배　　　　　　　　　　　　　　② 10배
③ 11배　　　　　　　　　　　　　　④ 12배

Hard

02 물이 가득 차 있는 물통의 밑변이 각각 5cm×4cm이고 높이는 12cm이다. 갑자기 바닥에 구멍이 나서 5mL/s의 물이 빠져 나가게 되었다. 물이 완전히 다 빠지고 난 직후 15mL/s의 속도로 다시 물을 채워 넣는다면 물통에 물이 다시 가득 차게 될 때까지 몇 초가 걸리겠는가?(단, 물통에 물이 빠지는 시간도 포함한다)

① 36초　　　　　　　　　　　　　　② 48초
③ 60초　　　　　　　　　　　　　　④ 72초

03 두 개의 톱니바퀴 A, B가 맞물려 회전하고 있다. A의 톱니가 25개이고 B의 톱니가 35개라면 지금 맞물려 있는 톱니가 다시 만나기 위해서는 A가 몇 바퀴 회전해야 하는가?

① 7바퀴　　　　　　　　　　　　　② 8바퀴
③ 9바퀴　　　　　　　　　　　　　④ 10바퀴

04 금액

| 유형분석 |

- 원가, 정가, 할인가, 판매가 등의 개념을 명확히 한다.
  (정가)=(원가)+(이익)
  (이익)=(정가)-(원가)

  a원에서 b% 할인한 가격=$a \times \left(1-\dfrac{b}{100}\right)$

- 난이도가 어려운 편은 아니지만 비율을 활용한 계산 문제이기 때문에 실수하기 쉽다.
- 경우의 수와 결합하여 출제되기도 한다.

종욱이는 25,000원짜리 피자 두 판과 8,000원짜리 샐러드 세 개를 주문했다. 통신사 멤버십 혜택으로 피자는 15%, 샐러드는 25%를 할인 받을 수 있고, 이벤트로 통신사 멤버십 혜택을 적용한 금액의 10%를 추가 할인받았다고 한다. 종욱이가 할인받은 금액은?

① 12,150원 ② 13,500원
③ 18,600원 ④ 19,550원

정답 ④

할인받기 전 종욱이가 지불할 금액은 $25,000 \times 2 + 8,000 \times 3 = 74,000$원이다.
통신사 할인과 이벤트 할인을 적용한 금액은 $(25,000 \times 2 \times 0.85 + 8,000 \times 3 \times 0.75) \times 0.9 = 54,450$원이다.
따라서 종욱이가 할인받은 금액은 $74,000 - 54,450 = 19,550$원이다.

30초 컷 풀이 Tip

전체 금액을 구하는 것이 아니라 할인된 금액을 구하면 수의 크기도 작아지고, 풀이 과정을 단축시킬 수 있다.
예를 들어 위의 문제에서 피자는 15%, 샐러드는 25%를 할인받았으므로 할인받은 금액은 각각 7,500원, 6,000원이다.
할인받은 금액의 합을 원래 지불했어야 하는 금액에서 빼면 60,500원이고, 이의 10%는 6,050원이므로 종욱이가 할인받은 총 금액은 $7,500 + 6,000 + 6,050 = 19,550$원이다.

01 영화관에서 영화를 보는 데 티켓 가격이 성인은 12,000원이고 청소년은 성인의 0.7배이다. 9명이 관람을 하는 데 90,000원을 지불하였다면 청소년은 몇 명인가?

① 3명   ② 4명
③ 5명   ④ 6명

`Hard`

02 어느 문구점에서 연필 2자루의 가격과 지우개 1개의 가격을 더하면 공책 1권의 가격과 같고, 지우개 1개의 가격과 공책 1권의 가격을 더하면 연필 5자루의 가격과 같다. 이 문구점에서 연필 10자루의 가격과 공책 4권의 가격을 더하면 지우개 몇 개의 가격과 같은가?(단, 이 문구점에서 동일한 종류의 문구 가격은 같은 것으로 한다)

① 15개   ② 16개
③ 17개   ④ 18개

03 조각 케이크 1조각을 정가로 팔면 3,000원의 이익을 얻는다. 장사가 되지 않아 정가보다 20%를 할인하여 5개 팔았을 때 순이익과 조각 케이크 1개당 정가에서 2,000원씩 할인하여 4개를 팔았을 때의 매출액이 같다면 이 상품의 정가는 얼마인가?

① 4,000원   ② 4,200원
③ 4,400원   ④ 4,600원

| 유형분석 |

- 순열(P)과 조합(C)을 활용한 문제이다.

$$_n\mathrm{P}_m = n \times (n-1) \times \cdots \times (n-m+1)$$

$$_n\mathrm{C}_m = \frac{_n\mathrm{P}_m}{m!} = \frac{n \times (n-1) \times \cdots \times (n-m+1)}{m!}$$

- 벤다이어그램을 활용한 문제가 출제되기도 한다.

10명의 학생들 중 2명의 임원을 뽑고 남은 학생들 중 2명의 주번을 뽑는다고 할 때, 나올 수 있는 경우의 수는?

① 1,024가지

② 1,180가지

③ 1,260가지

④ 1,320가지

정답 ③

10명의 학생들 중 2명의 임원을 뽑는 경우의 수는 $_{10}\mathrm{C}_2 = \frac{10 \times 9}{2 \times 1} = 45$가지이다.

남은 8명의 학생들 중 2명의 주번을 뽑는 경우의 수는 $_8\mathrm{C}_2 = \frac{8 \times 7}{2 \times 1} = 28$가지이다.

따라서 총 경우의 수는 $_{10}\mathrm{C}_2 \times _8\mathrm{C}_2 = \frac{10 \times 9}{2 \times 1} \times \frac{8 \times 7}{2 \times 1} = 45 \times 28 = 1,260$가지이다.

30초 컷 풀이 Tip

경우의 수의 합의 법칙과 곱의 법칙 등에 관해 명확히 한다.

합의 법칙
㉠ 두 사건 A, B가 동시에 일어나지 않을 때, A가 일어나는 경우의 수를 m, B가 일어나는 경우의 수를 n이라고 하면, A 또는 B가 일어나는 경우의 수는 $m+n$이다.
㉡ '또는', '~이거나'라는 말이 나오면 합의 법칙을 사용한다.

곱의 법칙
㉠ A가 일어나는 경우의 수를 m, B가 일어나는 경우의 수를 n이라고 하면, A와 B가 동시에 일어나는 경우의 수는 $m \times n$이다.
㉡ '그리고', '동시에'라는 말이 나오면 곱의 법칙을 사용한다.

01 빨강, 파랑, 노랑, 검정의 4가지 색을 다음 ㄱ, ㄴ, ㄷ, ㄹ에 칠하려고 한다. 같은 색을 여러 번 사용해도 상관없으나, 같은 색을 이웃하여 칠하면 안 된다. 색칠하는 전체 경우의 수는?

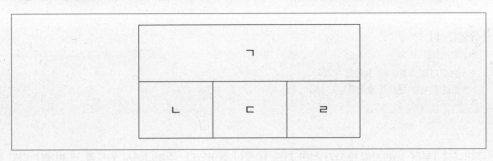

① 24가지
② 48가지
③ 64가지
④ 72가지

Easy

02 할아버지와 할머니, 아버지와 어머니, 그리고 3명의 자녀로 이루어진 가족이 있다. 이 가족이 일렬로 서서 가족사진을 찍으려고 한다. 할아버지가 맨 앞, 할머니가 맨 뒤에 위치할 때, 가능한 경우의 수는?

① 120가지
② 125가지
③ 130가지
④ 135가지

03 H기업의 친목회에서 임원진(회장, 부회장, 총무)을 새롭게 선출하려고 한다. 친목회 전체 인원이 17명일 때, 회장, 부회장, 총무를 각 1명씩 뽑는 경우의 수는 몇 가지인가?(단, 작년에 임원진이었던 3명은 연임하지 못한다)

① 728가지
② 1,360가지
③ 2,184가지
④ 2,730가지

| 유형분석 |

- 순열(P)과 조합(C)을 활용한 문제이다.
- 조건부 확률 문제가 출제되기도 한다.

주머니에 1부터 10까지의 숫자가 적힌 카드 10장이 들어있다. 주머니에서 카드를 세 번 뽑는다고 할 때, 1, 2, 3이 적힌 카드 중 하나 이상을 뽑을 확률은?(단, 꺼낸 카드는 다시 넣지 않는다)

① $\dfrac{5}{8}$

② $\dfrac{17}{24}$

③ $\dfrac{7}{24}$

④ $\dfrac{7}{8}$

정답 ②

(1, 2, 3이 적힌 카드 중 하나 이상을 뽑을 확률)=1-(세 번 모두 4~10이 적힌 카드를 뽑을 확률)

- 세 번 모두 4~10이 적힌 카드를 뽑을 확률 : $\dfrac{7}{10} \times \dfrac{6}{9} \times \dfrac{5}{8} = \dfrac{7}{24}$

∴ 1, 2, 3이 적힌 카드 중 하나 이상을 뽑을 확률 : $1 - \dfrac{7}{24} = \dfrac{17}{24}$

30초 컷 풀이 Tip

여사건의 확률
㉠ 사건 A가 일어날 확률이 p일 때, 사건 A가 일어나지 않을 확률은 $(1-p)$이다.
㉡ '적어도'라는 말이 나오면 주로 사용한다.

확률의 덧셈
두 사건 A, B가 동시에 일어나지 않을 때, A가 일어날 확률을 p, B가 일어날 확률을 q라고 하면, 사건 A 또는 B가 일어날 확률은 $p+q$이다.

확률의 곱셈
A가 일어날 확률을 p, B가 일어날 확률을 q라고 하면, 사건 A와 B가 동시에 일어날 확률은 $p \times q$이다.

Hard

01 동전을 던져 앞면이 나오면 A가 B에게 1원을 주고, 뒷면이 나오면 B가 A에게 1원을 주는 게임을 하고 있다. 둘 중에서 한 명이 가진 돈이 0원이 되면 게임이 끝난다고 한다. 현재 A는 2원을, B는 1원을 가지고 있을 때, 동전을 세 번 이하로 던져 게임이 끝날 확률은 얼마인가?

① 0

② $\dfrac{1}{2}$

③ $\dfrac{3}{4}$

④ $\dfrac{7}{8}$

02 ○○영화관에서 관객 50명에게 A, B영화 관람여부를 조사한 결과, 두 영화를 모두 관람한 관객은 20명이고, 영화를 하나도 보지 않은 사람은 15명이다. A영화를 관람한 관객이 28명일 때, 모든 관객 중 관객 한 명을 택할 경우 그 관객이 B영화만 관람한 관객일 확률은 얼마인가?

① $\dfrac{22}{50}$

② $\dfrac{3}{10}$

③ $\dfrac{13}{50}$

④ $\dfrac{7}{50}$

Easy

03 1에서 10까지 적힌 숫자카드를 임의로 두 장을 동시에 뽑을 때, 뽑은 두 카드에 적힌 수의 곱이 홀수일 확률은?

① $\dfrac{5}{7}$

② $\dfrac{7}{8}$

③ $\dfrac{5}{9}$

④ $\dfrac{2}{9}$

수추리력

합격 Cheat Key

수추리력은 일정한 규칙에 따라 나열된 수를 보고 규칙을 찾아 빈칸에 들어가는 수를 찾아내는 유형이다. 기본적인 등차, 등비, 계차수열과 관련하여 이를 응용한 문제와 건너뛰기 수열(홀수 항, 짝수 항에 규칙이 따로 적용되는 수열)이 많이 출제되는 편이며, 군수열이 출제되기도 한다. 또한 나열되는 수는 자연수뿐만 아니라 분수, 소수, 정수 등 다양하게 제시된다. 수가 변화하는 규칙을 빠르게 파악하는 것이 관건이므로, 많은 문제를 풀어보며 유형을 익히는 것이 중요하다. 총 20문제를 10분 내에 해결해야 한다.

대부분 기업의 적성검사에서 흔히 볼 수 있는 수열추리 유형이다. 나열된 수열을 보고 규칙을 찾아서 빈칸에 들어갈 알맞은 숫자를 고르는 유형으로, 간단해 보이지만 실제 수험생들의 후기를 보면 가장 어려운 영역이라고 말한다. 기본적인 수열뿐 아니라 복잡한 형태의 종잡을 수 없는 규칙도 나오는데다가 제한시간도 매우 짧기 때문이다.

┤ 학습 포인트 ├

- 눈으로만 규칙을 찾고자 할 경우 변화된 값을 모두 외우기 어려우므로 나열된 수의 변화된 값을 적어두면 규칙을 발견하기 용이하다.
- 규칙이 발견되지 않는 경우에는 홀수 항과 짝수 항을 분리해서 파악하거나 군수열을 생각해본다.

(1) 등차수열 : 앞의 항에 일정한 수를 더해 이루어지는 수열

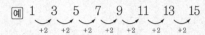

(2) 등비수열 : 앞의 항에 일정한 수를 곱해 이루어지는 수열

(3) 계차수열 : 앞의 항과의 차가 일정하게 증가하는 수열

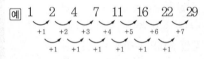

(4) 피보나치 수열 : 앞의 두 항의 합이 그 다음 항의 수가 되는 수열

$$a_n = a_{n-1} + a_{n-2} \ (n \geq 3, \ a_n = 1, \ a_2 = 1)$$

예 $1 \quad 1 \quad \underset{1+1}{2} \quad \underset{1+2}{3} \quad \underset{2+3}{5} \quad \underset{3+5}{8} \quad \underset{5+8}{13} \quad \underset{8+13}{21}$

(5) 건너뛰기 수열 : 두 개 이상의 수열이 일정한 간격을 두고 번갈아가며 나타나는 수열

예 1 1 3 7 5 13 7 19

• 홀수 항 : 1   3   5   7
        +2   +2   +2

• 짝수 항 : 1   7   13   19
        +6   +6   +6

(6) 군수열 : 일정한 규칙성으로 몇 항씩 묶어 나눈 수열

[예] • 1 1 2 1 2 3 1 2 3 4

$\Rightarrow$ $\underline{1}$ $\underline{1\ 2}$ $\underline{1\ 2\ 3}$ $\underline{1\ 2\ 3\ 4}$

• 1 3 4 6 5 11 2 6 8 9 3 12

$\Rightarrow$ $\underline{1\ 3\ 4}$ $\underline{6\ 5\ 11}$ $\underline{2\ 6\ 8}$ $\underline{9\ 3\ 12}$
   $_{1+3=4}$ $_{6+5=11}$ $_{2+6=8}$ $_{9+3=12}$

• 1 3 3 2 4 8 5 6 30 7 2 14

$\Rightarrow$ $\underline{1\ 3\ 3}$ $\underline{2\ 4\ 8}$ $\underline{5\ 6\ 30}$ $\underline{7\ 2\ 14}$
   $_{1\times3=3}$ $_{2\times4=8}$ $_{5\times6=30}$ $_{7\times2=14}$

01 수추리

| 유형분석 |

- 나열된 수를 분석하여 그 안의 규칙을 찾고 적용할 수 있는지를 평가하는 유형이다.
- 규칙에 분수나 소수가 나오면 어려운 문제인 것처럼 보이지만 오히려 규칙은 단순한 경우가 많다.
- 일반적인 방법으로 규칙이 보이지 않는다면 홀수 항과 짝수 항을 분리해서 파악하거나, 군수열을 의심하고 n개의 항을 묶어 생각한다.

일정한 규칙으로 수를 나열할 때, 빈칸에 들어갈 알맞은 수는?

	3	7	15	31	63	( )

① 109
③ 119

② 117
④ 127

정답 ④

(앞의 항)×2+1=(뒤의 항)인 수열이다.

따라서 ( )=63×2+1=127이다.

30초 컷 풀이 Tip

한 번에 여러 개의 수열을 보는 것보다 하나의 수열을 찾아서 규칙을 찾은 후 다른 것에 적용시켜보는 것이 빠른 방법일 수 있다.

※ 일정한 규칙으로 수를 나열할 때, 빈칸에 들어갈 알맞은 수를 고르시오. [1~11]

01

$$3 \quad 8 \quad 25 \qquad 4 \quad 5 \quad 21 \qquad 5 \quad 6 \quad (\quad)$$

① 28 　　　　　　　　　　　　② 29
③ 30 　　　　　　　　　　　　④ 31

02

$$4 \quad 25 \quad 11 \qquad 6 \quad 49 \quad 29 \qquad 8 \quad 81 \quad (\quad)$$

① 35 　　　　　　　　　　　　② 43
③ 47 　　　　　　　　　　　　④ 55

Hard

03

$$\frac{39}{16} \qquad \frac{13}{8} \qquad \frac{13}{12} \qquad \frac{13}{18} \qquad (\quad) \qquad \frac{26}{81}$$

① $\dfrac{13}{9}$ 　　　　　　　　　　② $\dfrac{14}{18}$

③ $\dfrac{13}{27}$ 　　　　　　　　　　④ $\dfrac{14}{9}$

−20	−10	10	40	80	130	190	( )		

① 250 ② 260

③ 270 ④ 280

05

( )	−76	−58	−4	158	644

① −80 ② −82

③ −84 ④ −86

$$-23 \quad 1 \quad -\frac{13}{2} \quad -10 \quad \frac{7}{4} \quad 100 \quad (\ ) \quad -1{,}000$$

① −13 ② $\frac{3}{8}$

③ $\frac{47}{8}$ ④ −500

07

$$\frac{14}{3} \quad 12 \quad 34 \quad (\ ) \quad 298 \quad 892 \quad 2{,}674$$

① 90 ② 100

③ 110 ④ 120

08

| 1 | 2 | 3 | 5 | 8 | 13 | ( ) |

① 15   ② 17
③ 19   ④ 21

09

| 84 | 80 | 42 | 20 | 21 | ( ) | 10.5 | 1.25 |

① 7   ② 6
③ 5   ④ 4

10

$$2 \quad 3 \quad 1 \quad -0.7 \quad (\ \ ) \quad -4.9 \quad \frac{1}{4} \quad -9.6$$

① $\dfrac{1}{2}$ ② -1
③ -2.5 ④ -3

11

| 0.4 | 0.5 | 0.65 | 0.85 | 1.1 | ( ) |

① 1.35   ② 1.4
③ 1.45   ④ 1.5

CHAPTER 08

창의력

합격 Cheat Key

창의력은 남들과 차별화된 아이디어를 주어진 시간 안에 얼마만큼 도출해내는지 평가하는 영역
이다.

제시되는 그림이나 상황을 보고 짧은 시간 안에 자신의 생각을 최대한 많이 쓰는 유형이다. 글 또는 그림은 간단하게 주어지지만 그에 대해 짧은 시간에 많은 내용을 쓰는 것은 결코 쉽지 않다. 객관적인 답안이 존재하지 않기 때문에 얼마나 많은, 남들과 차별화된 아이디어를 빠른 시간 안에 도출해 낼 수 있는지가 중요한데, 실제로 이 파트에 관한 후기를 찾아보면 사람마다 작성한 내용과 개수는 대부분 다르며, 많은 수험생이 어려움을 느낀다.

┤ 학습 포인트 ├

• 임의의 특징을 가진 사물에 고정관념을 갖지 않고 다양한 생각을 표출해 내는 연습을 할 필요가 있다.
• 답이 따로 제시되지 않는 영역이기 때문에 어떠한 생각이든지 답이 될 수 있다.

※ 창의력 문제는 정답을 따로 제공하지 않는 영역입니다.

※ 제시된 상황에 대한 자신의 생각을 40가지 서술하시오. [1~4]

01

지구에 있는 모든 산이 사라지고 모두 평지가 되었다.

02

시간이 화폐의 단위가 되었다.

03

> 나무가 말을 할 수 있게 되었다.

_____
_____
_____
_____
_____

04

> 모든 사람의 입과 코의 위치가 바뀌었다.

_____
_____
_____
_____

※ 주어진 그림의 용도를 40가지 쓰시오. **[5~8]**

05

06

07

_____

_____

_____

_____

_____

08

_____

_____

_____

_____

_____

성공은 자신의 한계를 넘어서는 과정에서 찾아진다.

- 마이클 조던 -

PART 3

최종점검 모의고사

최종점검 모의고사

모바일 OMR

⏱ 응시시간 : 64분　📋 문항 수 : 151문항　　　　　　　　　정답 및 해설 p.060

01　지각정확력

※ 다음 제시된 문자 또는 기호와 같은 것의 개수를 구하시오. [1~15]

01

탕

탕	컹	펑	켱	탕	컹	형	팽	탱	켬
팽	탱	형	탱	텅	펄	캥	행	헝	떰
켬	형	펑	평	행	뎅	팽	펑	평	헝
펄	탕	켱	텅	평	켱	탕	펑	컹	펄

① 2개　　　　　　　　　② 3개
③ 4개　　　　　　　　　④ 5개
⑤ 6개

02

H

J	K	I	H	T	F	E	I	F	K	T	J
T	F	I	E	K	T	K	H	E	J	I	K
I	T	F	J	E	F	I	T	H	I	E	T
K	J	E	T	F	H	J	K	T	H	F	H

① 2개　　　　　　　　　② 3개
③ 4개　　　　　　　　　④ 5개
⑤ 6개

03

						즌					

즉	즛	즐	즘	즈	즞	즙	즫	즛	즉	즒	즜
즙	즞	즛	즚	즘	즞	즐	즌	증	즐	즚	즞
즉	즞	즘	즞	즉	즖	즈	즞	즚	즖	잡	접
즉	즐	즞	즉	즚	즞	즉	즫	즌	층	특	쯧

① 1개　　　　　　　　② 2개
③ 3개　　　　　　　　④ 4개
⑤ 5개

04

						國					

圖	四	圓	口	國	日	日	匚	畵	區	匚	四
日	匚	國	圓	口	四	圓	圖	圓	四	圓	日
國	圓	圖	日	日	匚	畵	圖	四	圓	圖	四
四	圓	口	國	日	日	匚	圖	畵	區	四	匚

① 3개　　　　　　　　② 4개
③ 5개　　　　　　　　④ 6개
⑤ 7개

05

						589					

610	587	331	356	408	631	602	90	635	301	201	101
220	730	196	589	600	589	306	102	37	580	669	89
58	796	589	633	580	710	635	663	578	598	895	598
310	566	899	588	769	586	486	789	987	169	323	115

① 1개　　　　　　　　② 2개
③ 3개　　　　　　　　④ 4개
⑤ 5개

06

♨

① 2개　　　　　　　　　② 3개
③ 4개　　　　　　　　　④ 5개
⑤ 6개

07

XO

XQ	XG	XL	XD	XE	XV	XI	XO	XG	XX	X0	X7
XO	X0	X8	XD	XQ	XV	XE	XD	XX	XG	XL	XD
XL	XE	XD	XG	XO	XA	Xo	XQ	XC	XC	XD	XK
XK	XG	XQ	XD	Xo	XO	XG	XK	XL	XA	XT	X5

① 1개　　　　　　　　　② 2개
③ 3개　　　　　　　　　④ 4개
⑤ 5개

08

실내

신내	실래	실네	신네	실내	실나	신내	실레	신래	살내
신네	실나	신너	신레	실네	싯내	실나	신라	실내	설네
실나	실너	신나	실네	싯나	신래	실라	실내	신라	실내

① 3개　　　　　　　　　② 4개
③ 5개　　　　　　　　　④ 6개
⑤ 7개

09

66	06	68	60	96	76	64	66	66	56	66	66
66	96	06	67	65	62	36	16	06	96	69	86
96	86	67	69	68	56	26	67	64	68	06	60
06	56	96	66	86	68	06	60	66	46	65	26

① 5개 ② 6개
③ 7개 ④ 8개
⑤ 9개

10

間

闡	江	匣	家	歌	柯	茄	感	敢	坎	却	覺
件	簡	間	改	記	開	起	杆	呵	俱	求	勾
臼	擧	聞	客	鉀	葛	問	꺌	間	訶	竿	澗
間	妓	機	錮	告	磧	賈	坎	岡	舡	間	磩

① 3개 ② 4개
③ 5개 ④ 6개
⑤ 7개

11

YOL

YIA	YHI	YOL	YGG	YKL	YIOL	YGG	YCO	YHI	YIOL	YGG	YHI
YGG	YIOL	YCO	YHI	YHI	YGG	YOL	YIA	YOL	YCO	YIA	YKL
YIOL	YHI	YGG	YKL	YIA	YIOL	YGG	YKL	YHI	YHI	YIOL	YCO
YIA	YKL	YIOL	YHI	YCO	YKL	YIA	YIOL	YGG	YIA	YKL	YGG

① 2개 ② 3개
③ 5개 ④ 6개
⑤ 7개

12

쨍

쨍	캬	퓨	껀	짱	멩	걍	먄	녜	쨍	해	예
퓨	얘	뿌	쨍	멸	뚜	냥	압	럄	뻳	쓴	빵
짱	멸	녜	뿌	해	쨍	컁	얘	쨍	뚜	볗	뺀
예	쨍	냥	먄	걍	퓨	쓴	껀	취	빵	쟁	썜

① 1개   ② 2개
③ 3개   ④ 4개
⑤ 5개

Hard

13

◪

① 10개   ② 11개
③ 12개   ④ 13개
⑤ 14개

14

6812

8739	5710	1638	7839	7812	1739	3289	1938	4622	6812	8193	9182
7921	1435	2461	5879	1487	6812	4819	8593	8729	8271	8264	4784
8472	6812	1489	4178	8729	1487	4781	4197	6287	6124	2892	7923
6824	3278	1265	1468	4178	7128	3157	3268	3598	8213	2164	4187

① 1개   ② 2개
③ 3개   ④ 4개
⑤ 6개

15

r

n	m	j	d	u	n	o	l	b	d	e	s
r	a	l	p	q	x	z	w	i	v	a	b
c	u	v̌	ě	k	j	t	ł	h	r	x	m
b	y	g	z	t	n	e	k	d	s	j	p

① 1개   ② 2개
③ 3개   ④ 4개
⑤ 5개

※ 다음 표에 제시되지 않은 문자 또는 기호를 고르시오. [16~30]

16

ラ	ザ	ギ	ヤ	コ	チ	ラ	レ	ザ	ギ	ラ	コ
ギ	レ	ラ	チ	レ	ト	ギ	コ	ヤ	ネ	ヘ	ザ
ザ	ナ	コ	ザ	ギ	コ	ヤ	ヘ	ラ	ザ	ギ	ア
ヤ	チ	ヤ	レ	ザ	ラ	ネ	ザ	レ	チ	ヤ	オ

① カ   ② ト
③ ア   ④ ナ
⑤ オ

17

498	237	853	362	986	682	382	925	683	942	347	375
794	826	569	510	593	483	779	128	753	908	628	261
569	237	347	593	382	908	483	853	794	986	128	942
362	826	261	683	779	498	375	628	753	261	682	925

① 682   ② 382
③ 510   ④ 717
⑤ 628

18

독재	독도	독감	독주	독배	독일	독사	독니	독창	독단	독채	독진
독자	독학	독점	독대	독고	독거	독초	독무	독서	독백	독탕	독특
독촉	독방	독해	독락	독설	독도	독주	독려	독점	독초	독파	독채
독단	독채	독배	독무	독니	독종	독자	독도	독락	독고	독진	독촉

① 독립　　　　　　　② 독해
③ 독일　　　　　　　④ 독서
⑤ 독학

19

gold	gene	gate	gell	give	golf	goat	grow	get	gap	gilt	girl
gist	geek	ghost	gite	girth	gene	get	give	gilt	gist	geek	goal
gene	give	gite	gap	geek	grow	gell	girl	goat	goal	girth	gilt
gell	girl	ghost	golf	goal	gold	gate	gap	gite	gold	gap	gist

① give　　　　　　　② gate
③ geek　　　　　　　④ grew
⑤ girl

Easy

20

17	26	64	14	82	10	42	19	67	88	28	45
61	71	30	76	93	54	75	29	16	43	83	98
99	47	69	52	62	25	38	66	30	50	21	80
79	55	34	61	90	83	49	23	22	39	11	95

① 17　　　　　　　② 25
③ 30　　　　　　　④ 72
⑤ 98

21

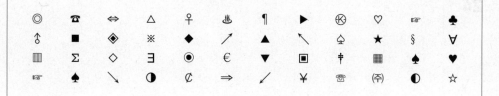

◎	☎	⇔	△	♀	♨	¶	▶	Ⓚ	♡	☞	♣
↥	■	◈	※	◆	↗	▲	↘	♤	★	§	∀
▥	Σ	◇	Ǝ	⊙	€	▼	▣	♯	▦	♠	♥
☞	♠	↘	◑	¢	⇒	↙	¥	☏	㈜	◐	☆

① ☎ ② ☜

③ ◑ ④ ♤

⑤ ♨

22

圭	奎	規	珪	揆	糾	硅	鵲	達	叫	葵	窺
赳	槻	竅	均	菌	鈞	龜	昀	谷	穀	曲	哭
梏	斛	昀	叫	均	圭	槻	奎	竅	揆	鈞	達
菌	硅	規	曲	赳	龜	珪	穀	葵	斛	糾	窺

① 揆 ② 鵲

③ 赳 ④ 竅

⑤ 閨

23

홍	경	묘	청	래	이	재	순	조	사	고	종
방	김	삿	랑	인	시	갓	구	대	위	충	절
보	은	속	리	대	청	한	타	국	금	아	태
짬	탕	짜	단	짠	고	감	래	진	상	왕	전

① 홍 ② 속

③ 무 ④ 짠

⑤ 탕

24

d	m	h	c	m	i	c	s	h	l	q	s
r	i	q	s	e	m	h	d	u	h	m	l
m	t	i	k	c	s	p	s	g	s	h	s
r	z	p	i	z	h	u	m	u	r	m	x

① e　　　　　　　　　　　　② g
③ x　　　　　　　　　　　　④ k
⑤ n

25

643	352	637	156	965	135	437	324	275	432	974	235
125	463	374	943	436	324	866	223	525	634	536	453
733	342	215	326	525	256	325	623	743	129	345	743
354	162	743	522	326	437	754	341	275	108	740	262

① 125　　　　　　　　　　　② 215
③ 965　　　　　　　　　　　④ 727
⑤ 943

26

♀	∂	÷	℀	∂	▽	♀	⊥	÷	∂	¿	№
№	⊥	×	÷	¿	×	∂	▽	№	¿	×	♀
℃	♂	▽	№	♀	¿	№	¥	¿	♀	∂	⊥
×	№	♀	∂	÷	⊥	♀	×	∂	▽	№	≒

① ℃　　　　　　　　　　　　② ¥
③ ℀　　　　　　　　　　　　④ Å
⑤ ♂

27

욜로	울루	울라	알래	욜로	알래	얄라	일리	얄라	얼라	얼로	욜로
알리	얼러	알라	엘레	엘르	얼로	앨래	앨레	욜로	일라	월래	열러
알려	올려	율려	울루	엘리	열라	알라	얄라	얄라	일라	욜로	알롸
울려	으르	앨래	앨리	앨레	울루	울라	알래	일라	울라	을라	을래

① 알라   ② 얼로
③ 얼러   ④ 앨리
⑤ 엘리

28

rger	hjgf	rkim	fdsh	fdhe	dscg	eyth	edsd	dxca	tryt	edsd	dgsd
dsga	fvcs	cgfd	tryt	ewgf	dvdg	iyhe	dxca	ajyu	ogsi	jfdh	bleo
fdhe	iyhe	eyth	dvdg	rger	rkim	dsga	jfdh	dscg	dgfd	ewgf	fkut
fvcs	hjgf	ajyu	dfwg	ogsi	cyyd	hgfr	fdsh	fkut	dgsd	cfwg	hgfr

① rkim   ② fkut
③ ewgf   ④ cjsu
⑤ bleo

29

ㄲ	ㄾ	ㄿ	ㅀ	ㄾ	ㄻ	ㅃ	ㄿ	ㅉ	ㅀ	ㄲ	ㄻ
ㄻ	ㄺ	ㄸ	ㄵ	ㅃ	ㄸ	ㄿ	ㅉ	ㅄ	ㅃ	ㄸ	ㅃ
ㄿ	ㅉ	ㅆ	ㄾ	ㄻ	ㅆ	ㄾ	ㅀ	ㄾ	ㄻ	ㅉ	ㄾ
ㄲ	ㄸ	ㄾ	ㅃ	ㄲ	ㄳ	ㅉ	ㄸ	ㄿ	ㅆ	ㅀ	ㄲ

① ㄳ   ② ㅄ
③ ㄶ   ④ ㄺ
⑤ ㄵ

30

㉦	ⓑ	㉣	㉮	Ⓖ	Ⓛ	Ⓐ	Ⓔ	㉯	㉢	ⓖ	Ⓕ
㉨	ⓒ	㉯	Ⓓ	ⓓ	㉦	ⓔ	Ⓒ	Ⓒ	㉮	㉡	Ⓑ
ⓕ	㉯	Ⓑ	ⓖ	㉠	㉯	㉤	ⓕ	Ⓖ	ⓐ	㉮	ⓔ
ⓓ	㉨	Ⓕ	Ⓔ	㉢	㉯	ⓕ	Ⓒ	㉠	㉧	ⓑ	㉢

① ㉦   ② 라
③ Ⓔ   ④ Ⓕ
⑤ ㉮

※ 제시된 낱말의 대응 관계로 볼 때, 빈칸에 들어가기에 알맞은 것을 고르시오. [1~10]

01

요리사 : 주방 = 학생 : (　　)

① 교복　　　　　　　　② 책
③ 공부　　　　　　　　④ 선생님
⑤ 학교

`Easy`
02

한옥 : 대들보 = 나무 : (　　)

① 장작　　　　　　　　② 가지
③ 의자　　　　　　　　④ 돌
⑤ 바람

`Hard`
03

침착하다 : 경솔하다 = 섬세하다 : (　　)

① 찬찬하다　　　　　　② 조악하다
③ 감분하다　　　　　　④ 치밀하다
⑤ 신중하다

04

책 : 독후감 = 일상 : (　　)

① 대본　　　　　　　　② 일기
③ 시　　　　　　　　　④ 편지
⑤ 기행문

05

| 근심 : 걱정 = ( ) : 얼굴 |

① 신체　　　　　　　　② 안면
③ 입술　　　　　　　　④ 키
⑤ 외모

06

| 별세 : 하직 = 선생 : ( ) |

① 태생　　　　　　　　② 학생
③ 학교　　　　　　　　④ 교사
⑤ 교실

07

| 마이크 : 스피커 = 키보드 : ( ) |

① 키보드 덮개　　　　　② 마우스
③ 모니터　　　　　　　④ 이어폰
⑤ 스캐너

08

| 엔진 : 자동차 = 배터리 : ( ) |

① 충전기　　　　　　　② 전기
③ 동력기　　　　　　　④ 휴대전화
⑤ 콘센트

09

| 긴장 : 청심환 = ( ) : 지사제 |

① 출혈　　　　　　　　② 설사
③ 변비　　　　　　　　④ 감염
⑤ 암

10

열 : 스티로폼 = (   ) : 고무

① 온도   ② 보온
③ 보냉   ④ 전기
⑤ 온돌

※ 다음 제시된 낱말의 대응 관계로 볼 때 빈칸에 들어가기에 알맞은 것끼리 짝지어진 것을 고르시오.
[11~20]

Easy
11

(A) : 거대하다 = (B) : 감퇴하다

	A	B
①	미세하다	수축하다
②	왜소하다	증진하다
③	우람하다	나아가다
④	광활하다	증가하다
⑤	높다랗다	전진하다

12

서적 : (A) = (B) : 냉장고

	A	B
①	양서	가전
②	도서	보관
③	소설	냉장
④	고서	TV
⑤	신간	전기

13

우유 : (A) = (B) : 만두

	A	B
①	버터	밀가루
②	음료	음식
③	액체	고체
④	종이	피
⑤	아이	어른

PART 3

14

처서 : (A) = 단오 : (B)

	A	B
①	추석	청명
②	설날	곡우
③	연휴	동지
④	절기	명절
⑤	곡식	망종

`Easy`

15

시력 : (A) = 청력 : (B)

	A	B
①	서클렌즈	보청기
②	안경	보청기
③	라식	귀걸이
④	안경	귀걸이
⑤	서클렌즈	귀걸이

16

명절 : (A) = 양식 : (B)

	A	B
①	추석	어묵
②	설날	스테이크
③	세배	짬뽕
④	새해	불고기
⑤	광복절	우동

17

(A) : 근면 = 부정 : (B)

	A	B
①	근로	부인
②	나태	수긍
③	성격	실패
④	성실	납득
⑤	자만	투정

18

(A) : 이름 = 인연 : (B)

	A	B
①	나이	관계
②	개명	원인
③	작명	연인
④	존함	연분
⑤	작명	관계

19

테니스 : (A) = (B) : 배트

	A	B
①	탁구	그물
②	라켓	야구
③	외래어	크리켓
④	코트	타자
⑤	선수	심판

20

(A) : 차갑다 = 온도 : (B)

	A	B
①	칼	뜨겁다
②	공간	빠르다
③	수갑	따뜻하다
④	허리	뜨겁다
⑤	성격	내려가다

※ 다음 제시문을 읽고 각 문제가 항상 참이면 ①, 거짓이면 ②, 알 수 없으면 ③을 고르시오. [1~3]

- A가 베트남으로 출장을 가면 B는 태국으로 출장을 간다.
- B가 태국으로 출장을 가면 C는 대만으로 출장을 간다.
- D가 싱가포르로 출장을 가지 않으면 C는 대만으로 출장을 가지 않는다.
- E가 홍콩으로 출장을 가면 D는 싱가포르로 출장을 간다.

01 B가 태국으로 출장을 가면 D는 싱가포르로 출장을 간다.

① 참   ② 거짓   ③ 알 수 없음

02 A가 베트남으로 출장을 가면 B, C, D 모두 해외로 출장을 간다.

① 참   ② 거짓   ③ 알 수 없음

03 A가 베트남으로 출장을 가지 않으면 D는 싱가포르로 출장을 가지 않는다.

① 참   ② 거짓   ③ 알 수 없음

※ 다음 제시문을 읽고 각 문제가 항상 참이면 ①, 거짓이면 ②, 알 수 없으면 ③을 고르시오. [4~5]

- 시계 초침 소리는 20db이다.
- 라디오 음악 소리는 시계 초침 소리의 2배이다.
- 일상 대화 소리는 라디오 음악 소리보다 크다.
- 전화벨 소리는 70db로 일상 대화 소리보다 크다.
- 비행기 소리는 라디오 음악 소리의 3배이다.

04 시계 초침 소리가 가장 작다.

① 참   ② 거짓   ③ 알 수 없음

05 일상 대화 소리는 시계 초침 소리의 3배이다.

① 참   ② 거짓   ③ 알 수 없음

※ 다음 제시문을 읽고 각 문제가 항상 참이면 ①, 거짓이면 ②, 알 수 없으면 ③을 고르시오. [6~7]

- 흥민, 성용, 현우, 영권, 우영이가 수영 시합을 하였다.
- 성용이는 흥민이보다 늦게, 영권이보다 빨리 들어왔다.
- 현우는 성용이보다 늦게 들어왔지만 5등은 아니었다.
- 우영이는 흥민이보다 먼저 들어왔다.

06 우영이가 1등이다.

① 참 　　　　　　　② 거짓 　　　　　　　③ 알 수 없음

07 현우는 흥민이보다 먼저 들어왔다.

① 참 　　　　　　　② 거짓 　　　　　　　③ 알 수 없음

※ 다음 제시문을 읽고 각 문제가 항상 참이면 ①, 거짓이면 ②, 알 수 없으면 ③을 고르시오. [8~10]

- 어느 커피숍의 오전 판매량은 아메리카노 1잔, 카페라테 2잔, 카푸치노 2잔, 카페모카 1잔이고, 손님은 총 4명이었다.
- 모든 손님은 1잔 이상의 커피를 마셨다.
- A는 카푸치노를 마셨다.
- B와 C 중 한 명은 카푸치노를 마셨다.
- B는 아메리카노를 마셨다.

08 B가 추가로 카페모카를 마셨다면 D는 카페라테를 마셨을 것이다.

① 참 　　　　　　　② 거짓 　　　　　　　③ 알 수 없음

09 커피를 가장 적게 마신 손님은 D이다.

① 참 　　　　　　　② 거짓 　　　　　　　③ 알 수 없음

10 주어진 조건에서 한 손님이 마실 수 있는 커피의 최대량은 2잔이다.

① 참 　　　　　　　② 거짓 　　　　　　　③ 알 수 없음

※ 다음 제시문을 읽고 각 문제가 항상 참이면 ①, 거짓이면 ②, 알 수 없으면 ③을 고르시오. [11~12]

- A의 시력은 B의 시력보다 0.3 높다.
- A의 시력은 1.0이다.
- B의 시력은 A보다 낮고 C보다 높다.
- D의 시력은 0.5이다.
- E의 시력은 0.5보다 낮다.

11 시력이 가장 높은 사람은 A이다.

① 참   ② 거짓   ③ 알 수 없음

12 시력이 가장 낮은 사람은 E이다.

① 참   ② 거짓   ③ 알 수 없음

※ 다음 제시문을 읽고 각 문제가 항상 참이면 ①, 거짓이면 ②, 알 수 없으면 ③을 고르시오. [13~15]

- A는 아이스크림 2개를 구매하였다.
- B는 아이스크림 5개를 구매하였다.
- C는 아이스크림을 A보다 많이 구매하였지만, B보다는 적게 구매하였다.
- D는 아이스크림을 B보다 많이 구매하였다.
- E는 아이스크림을 6개 구매하였지만, 5명 중 가장 많이 구매한 것은 아니다.

13 C는 아이스크림 3개를 구매하였다.

① 참   ② 거짓   ③ 알 수 없음

14 가장 많은 아이스크림을 구매한 사람은 D이다.

① 참   ② 거짓   ③ 알 수 없음

15 E가 아이스크림을 2개 더 구매했다면, 가장 많은 아이스크림을 구매한 사람은 E이다.

① 참   ② 거짓   ③ 알 수 없음

※ 다음 제시문을 읽고 각 문제가 항상 참이면 ①, 거짓이면 ②, 알 수 없으면 ③을 고르시오. [16~18]

- A가게의 매출액은 1,500만 원이다.
- B가게의 매출액은 A가게의 매출액보다 500만 원이 많다.
- C가게의 매출액은 A가게의 매출액보다 많고 D가게의 매출액보다 적다.
- D가게의 매출액은 B가게의 매출액보다 200만 원이 적다.

16 A가게의 매출액이 가장 적다.

① 참　　　　　　　　② 거짓　　　　　　　　③ 알 수 없음

17 B가게의 매출액이 가장 많다.

① 참　　　　　　　　② 거짓　　　　　　　　③ 알 수 없음

18 C가게의 정확한 매출액은 알 수 없다.

① 참　　　　　　　　② 거짓　　　　　　　　③ 알 수 없음

※ 다음 제시문을 읽고 각 문제가 항상 참이면 ①, 거짓이면 ②, 알 수 없으면 ③을 고르시오. [19~20]

- A, B, C, D 네 사람이 각각 빨간색, 파란색, 노란색, 초록색의 모자, 티셔츠, 바지를 입고 있다.
- 한 사람이 입고 있는 모자, 티셔츠, 바지의 색깔은 서로 겹치지 않는다.
- 네 가지 색깔의 의상들은 각각 한 벌씩밖에 없다.
- A는 빨간색을 입지 않았다.
- C는 초록색을 입지 않았다.
- D는 노란색 티셔츠를 입었다.
- C는 빨간색 바지를 입었다.

Hard

19 A의 티셔츠와 C의 모자의 색상은 서로 같다.

① 참　　　　　　　　② 거짓　　　　　　　　③ 알 수 없음

20 B의 모자와 D의 바지의 색상은 서로 같다.

① 참　　　　　　　　② 거짓　　　　　　　　③ 알 수 없음

※ 다음 제시된 전개도를 접었을 때 나타나는 입체도형으로 알맞은 것을 고르시오. [1~20]

01

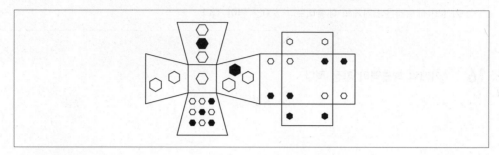

①

②

③

④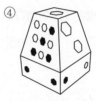

02

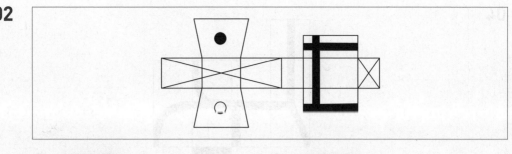

①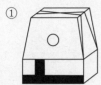

②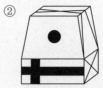

③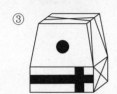

④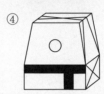

03

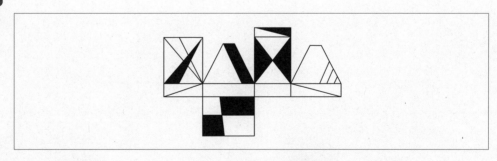

①

②

③

④

04

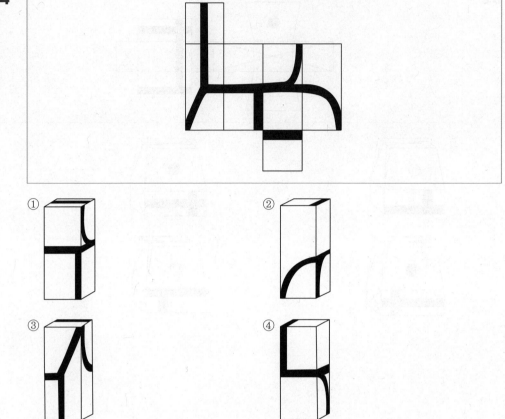

05

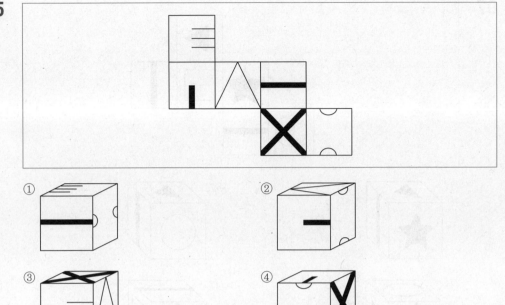

① ② ③ ④

Hard

06

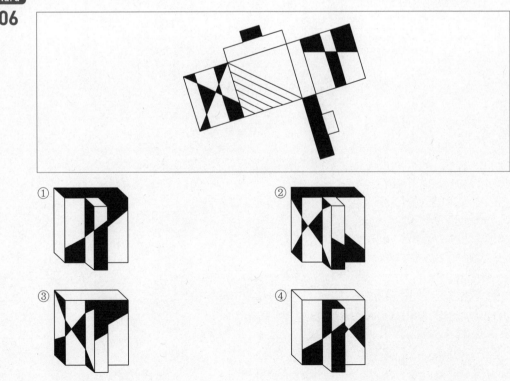

① ② ③ ④

PART 3

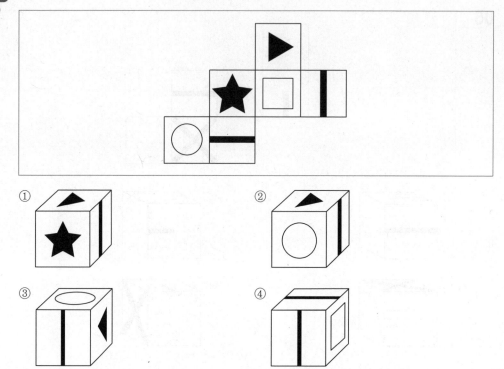

①
②
③
④

08

①

②

③

④

09

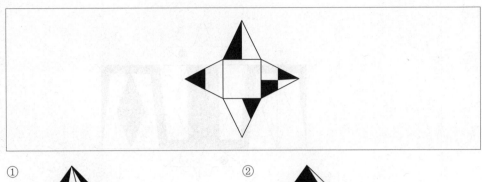

① 　　　　②

③ 　　　　④

10

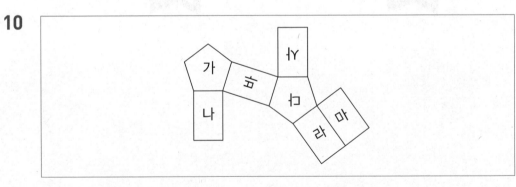

① 　　　　②

③ 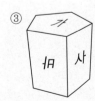　　　　④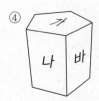

11

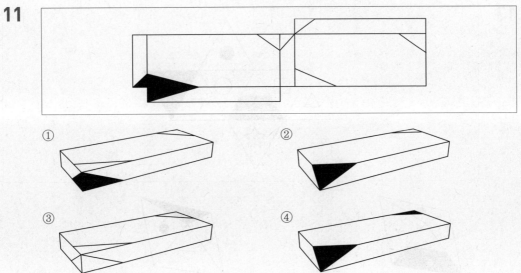

12

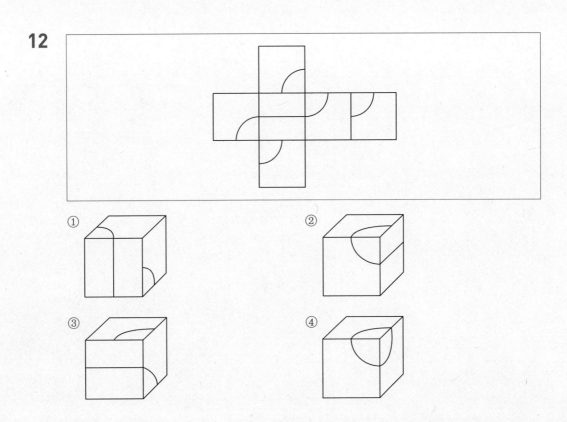

13

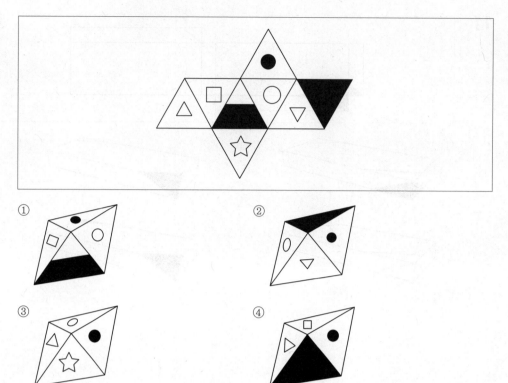

①
②
③
④

14

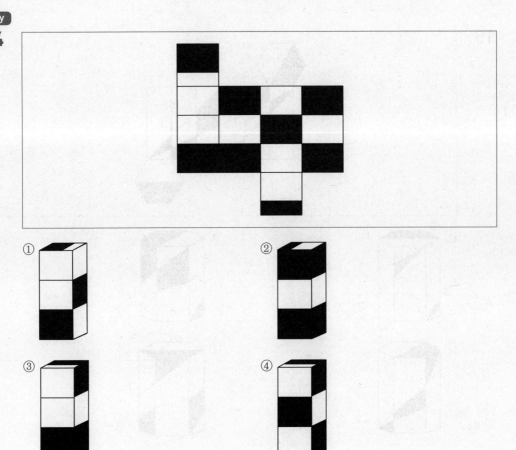

15

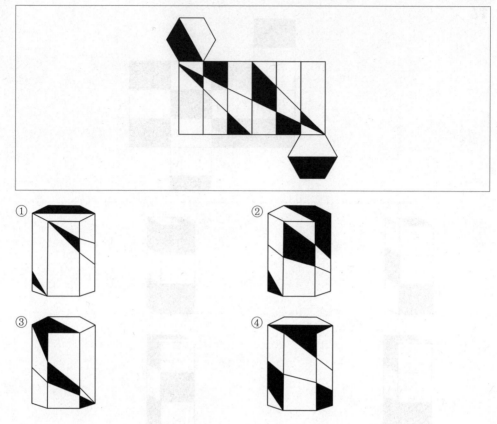

16

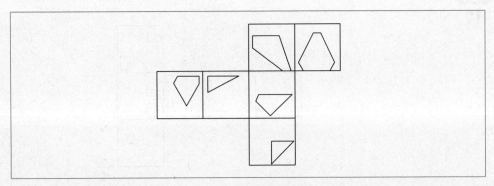

①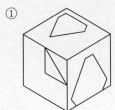

②

③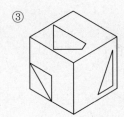

④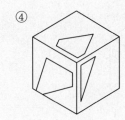

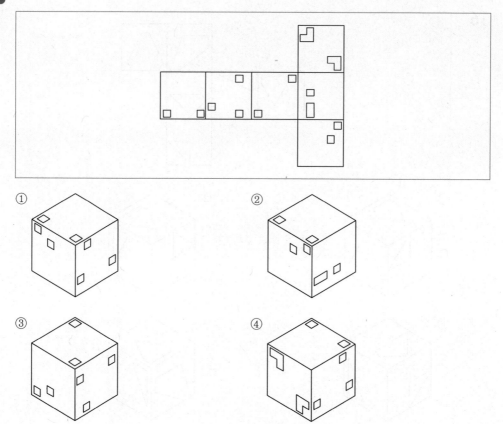

18

①

②

③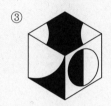

④

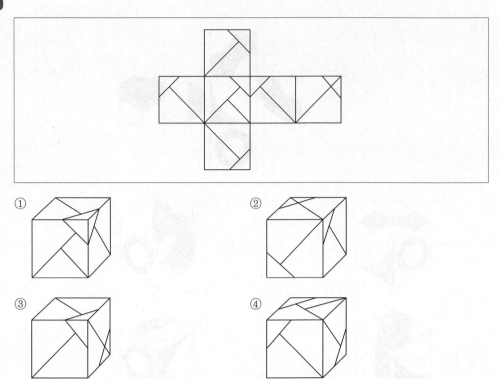

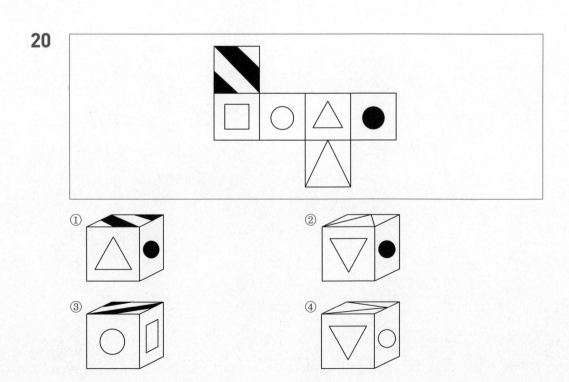

※ 다음 제시된 문단을 논리적 순서대로 바르게 나열한 것을 고르시오. [1~5]

01

(가) 이번에 개소한 은퇴연구소는 연구조사팀, 퇴직연금팀 등 5개팀 외에 학계 인사와 전문가로 구성된 10명 내외의 외부 자문위원단도 포함된다.

(나) 은퇴연구소를 통해 일반인들의 안정된 노후준비를 돕는 지식 기반으로서, 은퇴 이후의 건강한 삶에 대한 다양한 정보를 제공하는 쌍방향의 소통 채널로 적극 활용할 계획이다.

(다) A회사는 10일, 우리나라의 급격한 고령화 진전상황에 따라 범사회적으로 바람직한 은퇴준비의 필요성을 부각하고, 선진형 은퇴설계 모델의 개발과 전파를 위한 국내 최대 규모의 '은퇴연구소'를 개소했다.

(라) 마지막으로 은퇴연구소는 은퇴 이후의 생활에 대한 의식과 준비 수준이 아직 선진국에 비해 크게 취약한 우리의 인식 변화를 위해 사회적 관심과 참여를 유도할 계획이다.

① (다) – (가) – (나) – (라) 　② (다) – (나) – (라) – (가)
③ (나) – (가) – (라) – (다) 　④ (라) – (다) – (가) – (나)

Easy

02

(가) 인간이 타고난 그대로의 자연스러운 본능이 성품이며, 인간이 후천적인 노력을 통하여 만들어 놓은 것이 인위이다.

(나) 따라서 인간의 성품은 악하나, 인위로 인해 선하게 된다.

(다) 즉, 배고프면 먹고 싶고 피곤하면 쉬고 싶은 것이 성품이라면, 배고파도 어른에게 양보하고 피곤해도 어른을 대신해 일하는 것은 인위이다.

(라) 그러므로 자연스러운 본능을 따르게 되면 반드시 다투고 빼앗는 결과를 초래하게 되지만, 스승의 교화를 받아 예의 법도를 따르게 되면 질서가 유지된다.

① (가) – (나) – (라) – (다) 　② (가) – (다) – (나) – (라)
③ (가) – (다) – (라) – (나) 　④ (나) – (라) – (다) – (가)

03

(가) 교정 중에는 치아뿐 아니라 교정장치를 부착하고 있기 때문에 교정장치까지 닦아주어야 하는데요. 교정용 칫솔은 가운데 홈이 있어 장치와 치아를 닦을 수 있는 칫솔을 선택해야 하고, 가운데 파여진 곳을 교정장치에 위치시킨 후 옆으로 왔다 갔다 전체적으로 닦아줍니다. 그다음 칫솔을 비스듬히 하여 장치의 위아래를 꼼꼼하게 닦아줍니다.

(나) 치아를 가지런하게 하기 위해 교정하시는 분들 중에 간혹 교정 중에 칫솔질이 잘 되지 않아 충치가 생기고 잇몸이 내려가 버리는 경우를 종종 보곤 합니다. 그러므로 교정 중에는 더 신경 써서 칫솔질을 해야 하죠.

(다) 마지막으로 칫솔질을 할 때 잊지 말아야 할 것은 우리 입안에 치아만 있는 것이 아니므로 혀와 잇몸에 있는 플라그들도 제거해주셔야 입 냄새도 예방할 수 있다는 것입니다. 올바른 칫솔질 방법으로 건강한 치아를 잘 유지하시길 바랍니다.

(라) 또 장치 때문에 닦이지 않는 부위는 치간칫솔을 이용해 위아래 오른쪽 왼쪽 넣어 잘 닦아줍니다. 치실은 치아에 C자 모양으로 감아준 후 치아 방향으로 쓸어내려 줍니다. 그리고 교정 중에는 워터픽이라는 물분사장치를 이용해 양치해 주시는 것도 많은 도움이 됩니다. 잘하실 수 있으시겠죠?

① (나) – (라) – (다) – (가) ② (나) – (가) – (라) – (다)
③ (가) – (라) – (나) – (다) ④ (가) – (나) – (라) – (다)

Hard

04

(가) 이들의 주장한 바로는 아이들의 언어 습득은 '자극 – 반응 – 강화'의 과정을 통해 이루어진다. 즉, 행동주의 학자들은 후천적인 경험이나 학습을 언어 습득의 요인으로 본다.

(나) 이러한 촘스키의 주장은 아이들이 선천적으로 지니고 태어나는 언어 능력에 주목함으로써 행동주의 학자들의 주장만으로는 설명할 수 없었던 복잡한 언어 습득 과정을 효과적으로 설명해 주고 있다.

(다) 그러나 이러한 행동주의 학자들의 주장은 아이들의 언어 습득 과정을 후천적인 요인으로만 파악하려 한다는 점에서 비판을 받는다.

(라) 아이들은 어떻게 언어를 습득하는 걸까? 이 물음에 대해 행동주의 학자들은 아이들이 다른 행동을 배울 때와 마찬가지로 지속적인 모방과 학습을 통해 언어를 습득한다고 주장한다.

(마) 미국의 언어학자 촘스키는 아이들이 의식적인 노력이나 훈련 없이도 모국어를 완벽하게 구사하는 이유가 태어나면서부터 두뇌 속에 '언어습득장치(LAD)'라는 것을 가지고 있기 때문이라고 주장한다.

① (다) – (라) – (가) – (나) – (마) ② (다) – (가) – (라) – (나) – (마)
③ (라) – (가) – (다) – (마) – (나) ④ (라) – (다) – (가) – (마) – (나)

05

> (가) 대서양 중앙 해령의 일부분이 해수면 위로 노출된 부분인 아이슬란드는 서쪽은 북아메리카 판, 동쪽은 유라시아 판에 속해 있어 지리적으로는 한 나라이지만, 지질학적으로는 두 개의 서로 다른 판 위에 놓여 있는 것이다.
> (나) 먼저 지구의 표면은 크고 작은 10여 개의 판으로 이루어져 있다.
> (다) 판구조론의 관점에서 보면, 아이슬란드의 지질학적인 위치는 매우 특수하다.
> (라) 아이슬란드는 그중 북아메리카 판과 유라시아 판의 경계선인 대서양 중앙 해령에 위치해 있다.

① (가) – (라) – (나) – (다)　　　② (다) – (나) – (라) – (가)
③ (가) – (라) – (다) – (나)　　　④ (다) – (가) – (나) – (라)

06 다음 글의 내용으로 적절하지 않은 것은?

> 간디는 절대로 몽상가는 아니다. 그가 말한 것은 폭력을 통해서는 인도의 해방도, 보편적인 인간 해방도 없다는 것이었다. 민족 해방은 단지 외국 지배자의 퇴각을 의미하는 것일 수는 없다. 참다운 해방은 지배와 착취와 억압의 구조를 타파하고 그 구조에 길들여져 온 심리적 습관과 욕망을 뿌리로부터 변화시키는 일 – 다시 말하여 일체의 '칼의 교의(教義)' – 로부터의 초월을 실현하는 것이다. 간디의 관점에서 볼 때, 무엇보다 큰 폭력은 인간의 근원적인 영혼의 요구에 대해서는 조금도 고려하지 않고, 물질적 이득의 끊임없는 확대를 위해 착취와 억압의 구조를 제도화한 서양의 산업 문명이었다.

① 간디는 비폭력주의자이다.
② 간디는 산업 문명에 부정적이었다.
③ 간디는 반외세 사회주의자이다.
④ 간디는 외세가 인도를 착취하였다고 보았다.

07 다음 중 '빌렌도르프의 비너스'에 대한 설명으로 적절한 것은?

> 1909년 오스트리아 다뉴브 강가의 빌렌도르프 근교에서 철도 공사를 하던 중 구석기 유물이 출토되었다. 이 중 눈여겨볼 만한 것이 '빌렌도르프의 비너스'라 불리는 여성 모습의 석상이다. 대략 기원전 2만 년의 작품으로 추정되나 구체적인 제작연대나 용도 등에 대해 알려진 바가 거의 없다. 높이 11.1cm의 이 작은 석상은 굵은 허리와 둥근 엉덩이에 커다란 유방을 늘어뜨리는 등 여성 신체가 과장되어 묘사되어 있다. 가슴 위에 올려놓은 팔은 눈에 띄지 않을 만큼 작으며, 땋은 머리에 가려 얼굴이 보이지 않는다. 출산, 다산의 상징으로 주술적 숭배의 대상이 되었던 것이라는 의견이 지배적이다. 태고의 이상적인 여성을 나타내는 것이라고 보는 의견이나, 선사 시대 유럽의 풍요와 안녕의 상징이었다고 보는 의견도 있다.

① 팔은 떨어져 나가고 없다.
② 빌렌도르프라는 사람에 의해 발견되었다.
③ 부족장의 부인을 모델로 만들어졌다.
④ 구석기 시대의 유물이다.

08 다음 글의 주장에 대한 반박으로 가장 적절한 것은?

> 최근 불안감을 느끼는 현대인들이 점점 많아져 사회 문제가 되고 있다. 경쟁이 심화된 성과 중심의 사회에서 사람들은 직장 내 다른 사람과 자신을 비교하면서 혹시 자신이 뒤처지고 있는 것은 아닌지 불안해한다. 심지어 사람들은 일어나지도 않을 일에 대해 불안감을 느끼기도 한다. 청소년도 예외는 아니다. 성장기에 있는 청소년들은 다양한 고민을 하게 되는데, 이것이 심해져 불안감을 느끼는 원인이 되곤 한다. 특히 학업에 대한 지나친 고민으로 생긴 과도한 불안은 학업에 집중하는 것을 방해하여 학업 수행에 부정적으로 작용한다.

① 상대적 평가 방식은 청소년이 불안감을 느끼는 원인이 된다.
② 친구나 부모와의 상담을 통해 고민을 해결해야 한다.
③ 청소년기의 지나친 고민은 건강을 해칠 수 있다.
④ 시험 기간에 느끼는 약간의 불안감은 성적이 향상되는 결과를 내는 경우도 있다.

09 다음 글의 중심 내용으로 가장 적절한 것은?

> 분노는 공격과 복수의 행동을 유발한다. 분노 감정의 처리에는 '눈에는 눈, 이에는 이'라는 탈리오 법칙이 적용된다. 분노의 감정을 느끼게 되면 상대방에 대해 공격적인 행동을 하고 싶은 공격 충동이 일어난다. 동물의 경우, 분노를 느끼면 이빨을 드러내게 되고 발톱을 세우는 등 공격을 위한 준비 행동을 나타내게 된다. 사람의 경우에도 분노를 느끼면 자율신경계가 활성화되고 눈매가 시니워지며 이를 꽉 깨물고 주먹을 불끈 쥐는 등 공격 행위와 관련된 행동들이 나타나게 된다. 특히 분노 감정이 강하고 상대방이 약할수록 공격 충동은 행동화되는 경향이 있다.

① 공격을 유발하게 되는 원인
② 분노가 야기하는 행동의 변화
③ 탈리오 법칙의 정의와 실제 사례
④ 동물과 인간의 분노 감정의 차이

`Hard`
10 다음 글을 읽은 독자의 반응으로 적절하지 않은 것은?

> 우주로 쏘아진 인공위성들은 지구 주위를 돌며 저마다의 임무를 충실히 수행한다. 이들의 수명은 얼마나 될까? 인공위성들은 태양 전지판으로 햇빛을 받아 전기를 발생시키는 태양전지와 재충전용 배터리를 장착하여 지구와의 통신은 물론 인공위성의 온도를 유지하고 자세와 궤도를 조정하는데, 이러한 태양전지와 재충전용 배터리의 수명은 평균 15년 정도이다.
> 방송 통신 위성은 원활한 통신을 위해 안테나가 늘 지구의 특정 위치를 향해 있어야 하는데, 안테나 자세 조정을 위해 추력기라는 작은 로켓에서 추진제를 소모한다. 자세 제어용 추진제가 모두 소진되면 인공위성은 자세를 유지할 수 없기 때문에 더 이상의 임무 수행이 불가능해지고 자연스럽게 수명을 다하게 된다.
> 첩보 위성의 경우는 임무의 특성상 아주 낮은 궤도를 비행한다. 하지만 낮은 궤도로 비행하게 될 경우 인공위성은 공기의 저항 때문에 마모가 훨씬 빨라지므로 수명이 몇 개월에서 몇 주일까지 짧아진다. 게다가 운석과의 충돌 등 예기치 못한 사고로 인하여 부품이 훼손되어 수명이 다하는 경우도 있다.

① 수명이 다 된 인공위성들은 어떻게 되는 걸까?
② 첩보 위성을 높은 궤도로 비행시키면 더욱 오래 임무를 수행할 수 있을 거야.
③ 안테나가 특정 위치를 향하지 않더라도 통신이 가능하도록 만든다면 방송 통신 위성의 수명을 늘릴 수 있을지도 모르겠군.
④ 별도의 충전 없이 오래가는 배터리를 사용한다면 인공위성의 수명을 더 늘릴 수 있지 않을까?

11 다음 글이 설명하고자 하는 것은?

구비문학에서는 기록문학과 같은 의미의 단일한 작품 내지 원본이라는 개념이 성립하기 어렵다. 윤선도의 '어부사시사'와 채만식의 '태평천하'는 엄밀하게 검증된 텍스트를 놓고 이것이 바로 그 작품이라 할 수 있지만, '오누이 장사 힘내기' 전설이라든가 '진주 낭군' 같은 민요는 서로 조금씩 다른 종류의 구연물이 다 그 나름의 개별적 작품이면서 동일 작품의 변이형으로 인정되기도 하는 것이다. 이야기꾼은 그의 개인적 취향이나 형편에 따라 설화의 어떤 내용을 좀 더 실감 나게 손질하여 구연할 수 있으며, 때로는 그 일부를 생략 혹은 변경할 수 있다. 모내기할 때 부르는 '모노래'는 전승적 가사를 많이 이용하지만, 선창자의 재간과 그때그때의 분위기에 따라 새로운 노래 토막을 끼워 넣거나 일부를 즉흥적으로 개작 또는 창작하는 일도 흔하다.

① 구비문학의 현장성   ② 구비문학의 유동성
③ 구비문학의 전승성   ④ 구비문학의 구연성

12 다음 글에 대한 추론으로 가장 적절한 것은?

예술의 각 사조는 특정한 역사적 현실 위에서, 특정한 이데올로기를 표현하기 위하여 등장한다. 따라서 특정한 예술 사조를 받아들일 때, 그 예술의 형식 뒤에 숨은 이데올로기를 충분히 소화하고 있느냐가 문제가 된다. 그렇지 못한 모방행위는 형식 미학 또는 관념 미학이 갖는 오류에서 벗어나지 못한다. 가령 어느 예술가가 인상파의 영향을 받았다면, 동시에 그는 그것의 시대적 한계와 약점까지 추적해야 한다. 그리고 그것을 자신이 사는 시대에 접목하였을 경우 현실의 문화적 풍토 위에서 성장할 수 있는가를 가늠해야 한다.

① 모방행위는 예술 사조에 포함되지 않는다.
② 예술 사조는 역사적 현실과 불가분의 관계이다.
③ 예술 사조는 현실적 가치만을 반영한다.
④ 예술 사조는 예술가가 현실과 조율한 타협점이다.

13 다음 글의 바로 뒤에 이어질 내용으로 가장 적절한 것은?

> 정체성이란 자신의 존재 의의를 부여해 주는 의미체계라 할 수 있다. 그것은 대개 타인과의 관계를 통한 사회적 자아를 구성함으로써 획득된다. 거기서 얻어지는 소속감은 개개인의 안정된 삶과 사회적 통합에 매우 중요한 심리적 자원이 된다. 그런데 세계화가 전개됨에 따라 정체성의 위기를 겪는 사람이나 집단이 점점 많아지고 있다.

① 사람, 상품, 정보 등이 국경을 자유롭게 넘나들면서 일정한 사회적 · 지리적 경계로 형성되어 있던 공동체적 동질성을 유지하기가 어려워졌기 때문이다.
② 정체성은 환경의 변화에 영향을 받지 않는 속성을 가졌기 때문이다.
③ 정체성의 위기는 쉽게 극복할 수 있기 때문에 큰 문제가 되지 않는다.
④ 우리는 정체성을 바탕으로 해방 이후에 급속한 산업화를 달성하였다.

14 다음 글의 빈칸에 들어갈 내용으로 가장 적절한 것은?

> 자율주행차란 운전자가 핸들과 가속페달, 브레이크 등을 조작하지 않아도 정밀한 지도, 위성항법시스템(GPS) 등 차량의 각종 센서로 상황을 파악해 스스로 목적지까지 찾아가는 자동차를 말한다. 국토교통부는 자율주행차의 상용화를 위해 '부분자율주행차(레벨 3)' 안전기준을 세계 최초로 도입했다고 밝혔다. 이에 따라 7월부터는 자동으로 차로를 유지하는 기능이 탑재된 레벨 3 자율주행차의 출시와 판매가 가능해진다. 국토부가 마련한 안전기준에 따르면 레벨 3 부분자율주행차는 운전자 탑승이 확인된 후에만 작동할 수 있다. 자동 차로 유지기능은 운전자가 직접 운전하지 않아도 자율주행시스템이 차선을 유지하면서 주행하고 긴급 상황 등에 대응하는 기능이다. 기존 '레벨 2'는 차로 유지기능을 작동했을 때 차량이 차선을 이탈하면 경고 알람이 울리는 정도여서 운전자가 직접 운전을 해야 했지만, 레벨 3 안전기준이 도입되면 지정된 작동영역 안에서는 자율주행차의 책임 아래 _____

① 운전자가 탑승하지 않더라도 자율주행이 가능해진다.
② 운전자가 직접 조작하지 않더라도 자동으로 속도 조절이 가능해진다.
③ 운전자가 운전대에서 손을 떼고도 차로를 유지하며 자율주행이 가능해진다.
④ 운전자가 직접 조작하지 않더라도 차량 간 일정한 거리 유지가 가능해진다.

15 다음 글의 ㉠에 대해 제기할 수 있는 반론으로 가장 적절한 것은?

기업은 상품의 사회적 마모를 촉진시키는 주체이다. 생산과 소비가 지속되어야 이윤을 남길 수 있기 때문에, 하나의 상품을 생산해서 그 상품의 물리적 마모가 끝날 때까지를 기다렸다가는 그 기업은 망하기 십상이다. 이러한 상황에서 늘 수요에 비해서 과잉 생산을 하는 기업이 살아남을 수 있는 길은 상품의 사회적 마모를 짧게 해서 사람들로 하여금 계속 소비하게 만드는 것이다.

그래서 ㉠ 기업들은 더 많은 이익을 내기 위해서는 상품의 성능을 향상시키기보다는 디자인을 변화시키는 것이 더 바람직하다고 생각한다. 산업이 발달하여 상품의 성능이나 기능, 내구성이 이전보다 더욱 향상되었는데도 불구하고 상품의 생명이 이전보다 더 짧아지는 것은 어떻게 생각하면 자본주의 상품이 지닌 모순이라고 할 수 있다. 섬유의 질은 점점 좋아지지만 그 옷을 입는 기간은 이에 비해서 점점 짧아지게 되는 것이 바로 자본주의 상품이 지니고 있는 모순이다. 산업이 계속 발달하여 상품의 성능이 향상되는데도 상품의 사회적인 마모 기간이 누군가에 의해서 엄청나게 짧아지고 있다. 상품의 질은 향상되고 내가 버는 돈은 늘어가는 것 같은데 늘 무엇인가 부족한 듯한 느낌이 드는 것도 이것과 관련이 있다.

① 상품의 성능은 그대로 두어도 향상될 수 있는가?
② 디자인에 관한 소비자들의 취향이 바뀌는 것을 막을 방안은 있는가?
③ 상품의 성능 향상을 등한시하며 디자인만 바꾼다고 소비가 증가할 것인가?
④ 사회적 마모 기간이 점차 짧아지면 디자인을 개발하는 것이 기업에 도움이 되겠는가?

16 다음 글을 읽고 〈보기〉를 해석한 것으로 가장 적절한 것은?

뇌가 받아들인 기억 정보는 그 유형에 따라 각각 다른 장소에 저장된다. 우리가 기억하는 것들은 크게 서술 정보와 비서술 정보로 나뉜다. 서술 정보란 학교 공부, 영화의 줄거리, 장소나 위치, 사람의 얼굴처럼 말로 표현할 수 있는 정보이다. 이 중에서 서술 정보를 처리하는 중요한 기능을 담당하는 것은 뇌의 내측두엽에 있는 해마로 알려져 있다. 교통사고를 당해 해마 부위가 손상된 이후 서술 기억 능력이 손상된 사람의 예가 그 사실을 뒷받침한다. 그렇지만 그는 교통사고 이전의 오래된 기억을 모두 회상해냈다. 해마가 장기 기억을 저장하는 장소는 아닌 것이다.

서술 정보가 오랫동안 저장되는 곳으로 많은 학자들은 대뇌피질을 들고 있다. 내측두엽으로 들어온 서술 정보는 해마와 그 주변 조직들에서 일시적으로 머무는 동안 쪼개져 신경정보 신호로 바뀌고 어떻게 나누어 저장될 것인지가 결정된다. 내측두엽은 대뇌피질의 광범위한 영역과 신경망을 통해 연결되어 이런 기억 정보를 대뇌피질의 여러 부위로 전달한다. 다음 단계에서는 기억과 관련된 유전자가 발현되어 단백질이 만들어지면서 기억 내용이 공고해져 오랫동안 저장된 상태를 유지한다. 그러면 비서술 정보는 어디에 저장될까? 운동 기술은 대뇌의 선조체나 소뇌에 저장되며, 계속적인 자극에 둔감해지는 '습관화'나 한 번 자극을 받은 뒤 그와 비슷한 자극에 계속 반응하는 '민감화' 기억은 감각이나 운동 체계를 관장하는 신경망에 저장된다고 알려져 있다. 감정이나 공포와 관련된 기억은 편도체에 저장된다.

보기

얼마 전 교통사고로 뇌가 손상된 김씨는 뇌의 내측두엽 절제 수술을 받았다. 수술을 받고 난 뒤 김씨는 새로 바뀐 휴대폰 번호를 기억하지 못하고 수술 전의 기존 휴대폰 번호만을 기억하는 등 금방 확인한 내용은 몇 분 동안밖에 기억하지 못했다. 그러나 수술 후 배운 김씨의 탁구 실력은 제법 괜찮았다. 비록 언제 어떻게 누가 가르쳐 주었는지 전혀 기억하지는 못했지만……

① 김씨는 어릴 적 놀이기구를 타면서 느꼈던 공포감이나 감정 등을 기억하지 못할 것이다.

② 김씨가 수술 후에도 기억하는 수술 전의 기존 휴대폰 번호는 서술 정보에 해당하지 않을 것이다.

③ 김씨는 교통사고로 내측두엽의 해마와 함께 대뇌의 선조체가 모두 손상되었을 것이다.

④ 김씨에게 탁구를 가르쳐 준 사람에 대한 정보는 서술 정보이므로 내측두엽의 해마에 저장될 것이다.

17 다음 글을 읽고 이해한 것으로 가장 적절한 것은?

> 세계 식품 시장의 20%를 차지하는 할랄식품(Halal Food)은 '신이 허용한 음식'이라는 뜻으로 이슬람 율법에 따라 생산, 처리, 가공되어 무슬림들이 먹거나 사용할 수 있는 식품을 말한다. 이런 기준이 적용된 할랄식품은 엄격하게 생산되고 유통과정이 투명하기 때문에 일반 소비자들에게도 좋은 평을 얻고 있다.
> 할랄식품 시장은 최근들어 급격히 성장하고 있는데 이의 가장 큰 원인은 무슬림 인구의 증가이다. 무슬림은 최근 20년 동안 5억 명 이상의 인구증가를 보이고 있어서 많은 유통업계들이 할랄식품을 위한 생산라인을 설치하는 등의 노력을 하고 있다.
> 그러나 할랄식품을 수출하는 것은 쉬운 일이 아니다. 신이 '부정한 것'이라고 하는 모든 것으로부터 분리돼야 하기 때문이다. 또한, 국제적으로 표준화된 기준이 없다는 것도 할랄식품 시장의 성장을 방해하는 요인이다. 세계 할랄 인증 기준만 200종에 달하고 수출업체는 각 무슬림 국가마다 별도의 인증을 받아야 한다. 전문가들은 이대로라면 할랄 인증이 무슬림 국가들의 수입장벽이 될 수 있다고 지적한다.

① 할랄식품은 무슬림만 먹어야 하는 식품이다.
② 할랄식품의 이미지 때문에 소비자들에게 인기가 좋다.
③ 할랄식품 시장의 급격한 성장으로 유통업계에서 할랄식품을 위한 생산라인을 설치 중이다.
④ 표준화된 할랄 인증 기준을 통과하면 무슬림 국가에 수출이 가능하다.

18 다음 글의 제목으로 가장 적절한 것은?

> 모르는 게 약이고 아는 게 병이라는 말은 언제 사용될까? 언제 몰라야 좋은 것이고, 알면 나쁜 것일까? 모든 것을 다 안다고 좋은 것은 아니다. 몰랐으면 아무 문제되지 않았을 텐데 알아서 문제가 발생하는 경우도 많다. 어떤 때는 정확히 알지 않고 어슴푸레한 지식으로 알고 있어서 고통스러운 경우도 있다. 예를 들어 우리가 모든 것을 알고 있으면 행복할까? 손바닥에 수많은 균이 있다는 것을 늘 인식하고 산다면 어떨까? 내가 먹는 음식의 성분들이나 위해성을 안다면 더 행복할까? 물건에서 균이 옮을까봐 다른 사람들이 쓰던 물건을 만지지 않는 사람도 있다. 이런 것이 괜히 알아서 생긴 병이다. 흔히 예전에는 이런 경우를 노이로제라고 부르기도 했다.

① 노이로제, 아는 것이 힘이다
② 선무당이 사람 잡는다, 노이로제
③ 모르는 게 약이다, 노이로제
④ 노이로제, 돌다리도 두드려보고 건너라

19 다음 글의 관점에서 볼 때, 가장 긍정적으로 볼 수 있는 대상은?

> 근대 산업 문명은 사람들의 정신을 병들게 하고, 끊임없이 이기심을 자극하며, 금전과 물건의 노예로 타락시킬 뿐만 아니라 내면적인 평화와 명상의 생활을 불가능하게 만든다. 그로 인하여 유럽의 노동 계급과 빈민에게 사회는 지옥이 되고, 비서구 지역의 수많은 민중은 제국주의의 침탈 밑에서 허덕이게 되었다. 여기에서 간디는 모든 인도 사람들이 매일 한두 시간만이라도 물레질을 할 것을 권유하였다. 물레질의 가치는 경제적 필요 이상의 것이라고 생각한 것이다.
>
> – 김종철, 『간디의 물레』

① 일에 쫓겨 살아가고 있지만, 생계에 불편함을 겪지 않는 사람
② 내면의 여유를 잃지 않으면서 자신의 일에서 보람을 찾는 사람
③ 단순하고 반복적인 일을 하므로 정신적인 노동을 하지 않아도 되는 사람
④ 사회의 발전을 위하여 자신의 몸을 아끼지 않고 혼신의 노력을 다하는 사람

Hard

20 다음 글의 주장에 대한 비판으로 가장 적절한 것은?

> 전통적인 경제학에 따른 통화 정책에서는 정책 금리를 활용하여 물가를 안정시키고 경제 안정을 도모하는 것을 목표로 한다. 중앙은행은 경기가 과열되었을 때 정책 금리 인상을 통해 경기를 진정시키고자 한다. 정책 금리 인상으로 시장 금리도 높아지면 가계 및 기업에 대한 대출 감소로 신용 공급이 축소된다. 신용 공급의 축소는 경제 내 수요를 줄여 물가를 안정시키고 경기를 진정시킨다. 반면 경기가 침체되었을 때는 반대의 과정을 통해 경기를 부양시키고자 한다.
>
> 금융을 통화 정책의 전달 경로로만 보는 전통적인 경제학에서는 금융감독 정책이 개별 금융 회사의 건전성 확보를 통해 금융 안정을 달성하고자 하는 미시 건전성 정책에 집중해야 한다고 보았다. 이러한 관점은 금융이 직접적인 생산 수단이 아니므로 단기적일 때와는 달리 장기적으로는 경제 성장에 영향을 미치지 못한다는 인식과 자산 시장에서는 가격이 본질적 가치를 초과하여 폭등하는 버블이 존재하지 않는다는 효율적 시장 가설에 기인한다. 미시 건전성 정책은 개별 금융 회사의 건전성에 대한 예방적 규제 성격을 가진 정책 수단을 활용하는데, 그 예로는 향후 손실에 대비하여 금융 회사의 자기자본 하한을 설정하는 최저 자기자본 규제를 들 수 있다.

① 중앙은행의 정책이 자산 가격 버블에 따른 금융 불안을 야기하여 경제 안정이 훼손될 수 있다.
② 시장의 물가가 지나치게 상승할 경우 국가는 적극적으로 개입하여 물가를 안정시켜야 한다.
③ 경기가 침체된 상황에서는 처방적 규제보다 예방적 규제에 힘써야 한다.
④ 금융은 단기적일 때와 달리 장기적으로는 경제 성장에 별다른 영향을 미치지 못한다.

01 8%의 설탕물 300g에서 설탕물을 조금 퍼내고 퍼낸 설탕물만큼의 물을 부은 후 4%의 설탕물을 섞어 6%의 설탕물 400g을 만들었다. 처음 퍼낸 설탕물의 양은 몇 g인가?

① 35g   ② 40g

③ 45g   ④ 50g

02 A, B는 오후 1시부터 오후 6시까지 근무를 한다. A는 310개의 제품을 포장하는 데 1시간이 걸리고, B는 작업속도가 1시간마다 바로 전 시간의 2배가 된다. 두 사람이 받는 하루 임금이 같다고 할 때, B는 처음 시작하는 1시간 동안에 몇 개의 제품을 포장하는가?(단, 일급은 그날 포장한 제품의 개수에 비례한다)

① 25개   ② 50개

③ 75개   ④ 100개

03 2월 5일이 수요일이라고 할 때, 8월 15일은 무슨 요일인가?(단, 2월은 29일까지이다)

① 토요일   ② 일요일

③ 월요일   ④ 화요일

04 KTX와 새마을호가 서로 마주 보며 오고 있다. 속력은 7 : 5의 비로 운행하고 있으며 현재 두 열차 사이의 거리는 6km이다. 두 열차가 서로 만났을 때 새마을호가 이동한 거리는?

① 2km   ② 2.5km

③ 3km   ④ 3.5km

05 아버지와 어머니의 나이 차는 4세이고 형과 동생의 나이 차는 2세이다. 또한, 아버지와 어머니의 나이의 합은 형의 나이보다 6배 많다고 한다. 형과 동생의 나이의 합이 40세라면 아버지의 나이는 몇 세인가?(단, 아버지가 어머니보다 나이가 더 많다)

① 59세 ② 60세
③ 63세 ④ 65세

06 원가가 600원인 물품에 20%의 이익을 붙여서 정가를 정했지만, 물품이 팔리지 않아서 정가에서 20%를 할인하여 판매했다. 손실액은 얼마인가?(단, 손실액은 원가에서 판매가를 뺀 금액이다)

① 15원 ② 18원
③ 21원 ④ 24원

07 십의 자리 숫자와 일의 자리 숫자의 합은 10이고, 십의 자리 숫자와 일의 자리 숫자의 자리를 바꾼 수를 2로 나눈 값은 원래 숫자보다 14만큼 작다. 처음 숫자는 얼마인가?

① 43 ② 44
③ 45 ④ 46

08 A는 혼자 6일 만에 끝내고, B는 8일 만에 끝내는 일이 있다. 같은 일을 A가 먼저 혼자 일을 시작하여 하루 동안 일을 하였고, 그 다음날부터는 A와 B가 같이 이틀 동안 일을 하였다. 나머지 일을 B 혼자 끝내려고 할 때, B 혼자 일해야 하는 기간은 며칠인가?

① 1일
② 2일
③ 3일
④ 4일

09 경품 추첨 바구니 A와 B에 경품권이 들어있다. B바구니에서 경품권 2장을 빼서 A바구니에 넣으면, A바구니에는 B바구니 2배 만큼의 경품권이 생긴다. 반대로 A바구니에서 경품권 2장을 빼서 B바구니에 넣으면 A바구니와 B바구니의 경품권 수가 같아진다. A, B바구니에 들어있는 경품권은 모두 몇 장인가?

① 20장
② 22장
③ 24장
④ 26장

10 어느 미술관의 관람료는 5,000원이고, 50명 이상의 단체일 경우 전체 요금의 25%가 할인된다고 한다. 50명 미만의 단체가 관람하려고 할 때, 50명 이상의 단체관람권을 구입하는 것이 유리해지는 최소 인원은?

① 36명
② 37명
③ 38명
④ 39명

11 양궁 대회에 참여한 진수, 민영, 지율, 보라 네 명의 최고점이 모두 달랐다. 진수의 최고점과 민영이 최고점의 2배를 합한 점수가 10점이었고, 지율이의 최고점과 보라 최고점의 2배를 합한 점수 35점 이었다. 진수의 2배, 민영이의 4배와 지율이의 5배를 한 총점이 85점이었다면 보라의 최고점은 몇 점인가?

① 8점

② 9점

③ 10점

④ 11점

12 가로의 길이가 95cm, 세로의 길이가 38cm인 직사각형 모양의 변두리에 나무를 심고자 한다. 네 변의 꼭짓점에는 반드시 나무가 심어져 있어야 하고 네 변 모두 같은 간격으로 나무를 심고자 할 때, 최소한으로 필요한 나무는 몇 그루인가?

① 7그루

② 9그루

③ 11그루

④ 14그루

13 10%의 소금물 100g과 25%의 소금물 200g을 섞으면, 몇 %의 소금물이 되겠는가?

① 15%

② 20%

③ 25%

④ 30%

Easy

14 어떤 물통에 물을 가득 채우는 데 A관은 10분, B관은 15분이 걸린다. A관으로 4분 동안 채운 후, 남은 양을 B관으로 채우려 할 때, B관은 얼마나 틀어야 하는가?

① 7분

② 8분

③ 9분

④ 10분

15 서로 다른 소설책 7권과 시집 5권이 있다. 이 중에서 소설책 3권과 시집 2권을 선택하는 경우의 수는?(단, 소설책과 시집은 각각 선택한다)

① 350가지　　　　　　　　　　　　② 360가지
③ 370가지　　　　　　　　　　　　④ 380가지

16 A는 지난 주말 집에서 128km 떨어진 거리에 있는 할머니 댁을 방문했다. 차량을 타고 중간에 있는 휴게소까지는 시속 40km로 이동하였고, 휴게소부터 할머니 댁까지는 시속 60km로 이동하여 총 3시간 만에 도착하였다면, 집에서 휴게소까지의 거리는 얼마인가?(단, 휴게소에서 머문 시간은 포함하지 않는다)

① 24km　　　　　　　　　　　　② 48km
③ 72km　　　　　　　　　　　　④ 104km

Hard

17 어느 서점에서는 책을 정가보다 10% 할인 가격으로 판매하고 있다. 만약이 원가가 정가의 20% 낮은 가격이라 한다면, 이 서점은 원가의 몇 % 이윤을 남기고 있는가?

① 11%　　　　　　　　　　　　② 11.5%
③ 12%　　　　　　　　　　　　④ 12.5%

18 산을 올라갈 때는 $a$km/h, 내려올 때는 $b$km/h로 걸어갔다고 한다. 그런데 내려올 때는 올라갈 때보다 3km가 더 긴 등산로여서 내려올 때와 올라갈 때 같은 시간이 걸려 총 6시간이 걸렸다. 내려올 때의 속력을 a에 관해 올바르게 나타낸 것은?

① $(a+1)$km/h

② $(a+2)$km/h

③ $(a+3)$km/h

④ $2a$km/h

19 효민이가 오늘 밥을 먹을 확률은 $\dfrac{4}{5}$이고, 밥을 먹었을 때 설거지를 할 확률은 $\dfrac{3}{7}$, 밥을 먹지 않았을 때 설거지를 할 확률은 $\dfrac{2}{7}$이다. 효민이가 오늘 설거지를 할 확률은?

① $\dfrac{11}{35}$

② $\dfrac{12}{35}$

③ $\dfrac{13}{35}$

④ $\dfrac{14}{35}$

20 누리와 수연이는 같이 운동을 하기로 했다. 누리는 걸어서, 수연이는 자전거를 타고 운동을 했으며, 운동을 시작한 위치는 같았다. 누리가 15km를 먼저 이동했고, 수연이는 자전거를 이용해서 누리보다 10km/h 빠르게 움직인다. 수연이가 자전거를 타고 40km를 이동해서 누리를 만났다면, 두 사람이 함께 운동한 시간은 얼마인가?

① 1시간

② 1시간 30분

③ 2시간

④ 2시간 30분

※ 일정한 규칙으로 수를 나열할 때, 빈칸에 들어갈 알맞은 숫자를 고르시오. [1~20]

01

| 0.8 | 2.0 | 1.0 | 2.2 | 1.1 | ( ) | 1.15 |

① 2.0   ② 2.3
③ 2.6   ④ 2.9

Easy

02

| 1 | ( ) | -5 | 44 | 25 | 22 | -125 | 11 |

① 64   ② 66
③ 88   ④ 122

Hard

03

| 4 | 2 | 6 | -2 | 14 | -18 | ( ) |

① 46   ② -46
③ 52   ④ -52

04

| 2 | 512 | 20 | 512 | 200 | 256 | 2,000 | ( ) |

① 60   ② 64
③ 128   ④ 164

05

| -20 | -15 | ( ) | -5 | -2 | 5 | 7 |

① -15 ② -13
③ -11 ④ -10

06

3	( )	4	12.5	6	125	9	1,875	13		

① 1.1 ② 1.3
③ 2.5 ④ 3.9

07

$\frac{5}{3}$　( )　$\frac{8}{48}$　$\frac{11}{192}$　$\frac{15}{768}$　$\frac{20}{3,072}$

① $\frac{5}{6}$ ② $\frac{6}{12}$

③ $\frac{6}{24}$ ④ $\frac{7}{36}$

08

<u>32 22 16 6</u> <u>66 60 33 27</u> <u>72 67 31 26</u> <u>25 16 ( ) 9</u>

① 12 ② 14
③ 16 ④ 18

09

27 86 23 79 ( ) 72 15 65

① 75 ② 20
③ 78 ④ 19

10

7 8 9.1 11.1 13.3 16.3 19.6 23.6 ( )

① 28 ② 28.3
③ 28.6 ④ 29.1

11

$$10 \quad 5 \quad \frac{5}{3} \quad \frac{5}{12} \quad \frac{1}{12} \quad (\quad)$$

① $\dfrac{3}{12}$ ② $\dfrac{1}{3}$

③ $\dfrac{1}{60}$ ④ $\dfrac{1}{72}$

12

$$78 \quad 87 \quad 111 \quad 129 \quad 144 \quad (\quad) \quad 177 \quad 213 \quad 210 \quad 255$$

① 170   ② 171
③ 172   ④ 173

13

$$9 \quad 10 \quad 13 \quad 18 \quad (\quad) \quad 34 \quad 45$$

① 19   ② 20
③ 25   ④ 28

14

$$11 \quad 21 \quad 10 \quad 10 \quad 36 \quad 8 \quad 8 \quad (\quad) \quad 5$$

① 12   ② 13
③ 36   ④ 39

15

$$-5 \quad 5 \quad 9 \quad -9 \quad -1 \quad (\quad) \quad 13$$

① 1   ② 2
③ -1 ④ -2

16

		1	3	8	24	29	( )	92	276

① 34   ② 46

③ 69   ④ 87

17

$$\underline{3 \quad 2 \quad 8} \qquad \underline{4 \quad 3 \quad 11} \qquad \underline{5 \quad 4 \quad (\quad)}$$

① 9   ② 12

③ 14   ④ 20

Easy

18

$$\frac{1}{1} \quad \frac{1}{2} \quad \frac{2}{2} \quad \frac{1}{3} \quad \frac{2}{3} \quad \frac{3}{3} \quad (\quad)$$

① $\dfrac{4}{3}$ ② $\dfrac{1}{4}$

③ $\dfrac{2}{4}$ ④ $\dfrac{1}{5}$

19

$$7 \quad 2 \quad 4 \quad 13 \quad 19 \quad 36 \quad 68 \quad (\quad)$$

① 123   ② 125

③ 127   ④ 129

20

$$30 \quad 12 \quad 20 \quad 14 \quad 11 \quad 16 \quad 3 \quad 18 \quad (\quad) \quad 20$$

① −4   ② 4

③ −5   ④ 5

01 제시된 상황에 대한 자신의 생각을 40가지 서술하시오.

> 모든 사람의 손가락이 5개가 아닌 6개가 되었다.

_____

_____

_____

_____

_____

PART 4

인성검사

개인이 업무를 수행하면서 능률적인 성과물을 만들기 위해서는 개인의 능력과 경험 그리고 회사에서의 교육 및 훈련 등이 필요하지만, 개인의 성격이나 성향 역시 중요하다. 여러 직무분석 연구에서 나온 결과들에 따르면, 직무에서의 성공과 관련된 특성들 중 최고 70% 이상이 능력보다는 성격과 관련이 있다고 한다. 따라서 최근 기업들은 인성검사의 비중을 높이고 있는 추세이다.

현재 기업들은 인성검사를 KIRBS(한국행동과학연구소)나 SHR(에스에이치알) 등의 전문기관에 의뢰해서 시행하고 있다. 전문기관에 따라서 인성검사 방법에 차이가 있고, 보안을 위해서 인성검사를 의뢰한 기업을 공개하지 않아 특정 기업의 인성검사를 정확하게 판단할 수 없지만, 지원자들이 후기에 올린 문제를 통해 인성검사 유형을 예상할 수 있다. 본서는 효성그룹의 인성검사와 수검요령 및 검사 시 유의사항에 대해 간략하게 정리하였으며, 인성검사 모의연습을 통해 실제 시험 유형을 확인할 수 있도록 하였다.

01 인성검사의 개요

효성그룹의 인재상과 적합한 인재인지 평가하는 테스트로, 지원자의 개인 성향이나 인성에 관한 질문으로 구성되어 있다.

(1) 문항수 : 350문항

(2) 시간 : 40분

(3) 유형 : 각 문항에 대해, 자신의 성격에 맞게 '예', '아니요'를 선택하는 문제가 출제된다.

02 　인성검사 수검요령

인성검사는 특별한 수검요령이 없다. 다시 말하면 모범답안이 없고, 정답이 없다는 이야기이다. 국어 문제처럼 말의 뜻을 풀이하는 것도 아니다. 굳이 수검요령을 말하자면, 진실하고 솔직한 자신의 생각이 최고의 답변이라고 할 수 있을 것이다.

인성검사에서 가장 중요한 것은 첫째, 솔직한 답변이다. 지금까지의 경험을 통해서 축적해 온 자신의 생각과 행동을 거짓 없이 솔직하게 기재를 하는 것이다. 예를 들어, '나는 타인의 물건을 훔치고 싶은 충동을 느껴본 적이 있다.'란 질문에 지원자들은 많은 생각을 하게 된다. 생각해 보라. 유년기에 또는 성인이 되어서도 타인의 물건을 훔치는 일을 저지른 적은 없더라도, 훔치고 싶은 충동은 누구나 조금이라도 느껴보았을 것이다. 그런데 이 질문에 고민을 하는 사람이 간혹 있다. 이 질문에 '예'라고 대답하면 담당 검사관들이 나를 사회적으로 문제가 있는 사람으로 여기지는 않을까 하는 생각에 '아니요'라는 답을 기재하게 된다. 이런 솔직하지 않은 답변이 답변의 신뢰와 솔직함을 나타내는 타당성 척도에 좋지 않은 점수를 주게 된다.

둘째, 일관성 있는 답변이다. 인성검사의 수많은 질문 문항 중에는 비슷한 뜻의 질문이 여러 개 숨어 있는 경우가 많다. 그 질문들은 지원자의 솔직한 답변과 심리적인 상태를 알아보기 위해 내포되어 있는 문항들이다. 예컨대 '나는 유년시절 타인의 물건을 훔친 적이 있다.'라는 질문에 '예'라고 대답했는데, '나는 유년시절 타인의 물건을 훔쳐보고 싶은 충동을 느껴본 적이 있다.'라는 질문에는 '아니요'라는 답을 기재한다면 어떻겠는가. 일관성 없이 '대충 기재하자.'라는 식의 심리적 무성의성 답변이 되거나, 정신적으로 문제가 있는 사람으로 보일 수 있다.

인성검사는 많은 문항을 풀어야하므로 지원자들은 지루함과 따분함, 반복된 뜻의 질문에 의한 인내력 상실 등이 나타날 수 있다. 인내를 가지고 솔직하게 내 생각을 대답하는 것이 무엇보다 중요한 요령이 될 것이다.

03 　인성검사 시 유의사항

(1) 충분한 휴식으로 불안을 없애고 정서적인 안정을 취한다. 심신이 안정되어야 자신의 마음을 표현할 수 있다.

(2) 생각나는 대로 솔직하게 응답한다. 자신을 너무 과대포장하지도, 너무 비하하지 않도록 한다. 답변을 꾸며서 하면 앞뒤가 맞지 않게끔 구성돼 있어 불리한 평가를 받게 되므로 솔직하게 답하도록 한다.

(3) 검사문항에 대해 지나치게 골똘히 생각해서는 안 된다. 지나치게 몰두하면 엉뚱한 답변이 나올 수 있으므로 불필요한 생각은 삼간다.

(4) 인성검사는 대개 문항수가 많기에 자칫 건너뛰는 경우가 있는데, 가능한 모든 문항에 답해야 한다. 응답하지 않은 문항이 많을 경우 평가자가 정확한 평가를 내리지 못해 불리한 평가를 받을 수 있기 때문이다.

※ 인성검사는 정답이 따로 없는 유형의 검사이므로 결과지를 제공하지 않습니다.

※ 다음 질문내용을 읽고 본인에 해당하는 응답의 '예', '아니요'에 ○표 하시오. [1~350]

번호	문항	응답	
01	필요 이상으로 고민하는 것이 별로 없다.	예	아니요
02	다른 사람을 가르치는 일을 좋아한다.	예	아니요
03	특이한 일을 하는 것이 좋고 착장도 독창적이다.	예	아니요
04	주변 사람들의 평가에 신경이 쓰인다.	예	아니요
05	견문을 간략한 문장으로 정리해 표현하는 것을 좋아한다.	예	아니요
06	우산 없이 외출해도 비나 눈이 올까봐 불안하지 않다.	예	아니요
07	많은 사람들과 함께 있으면 쉽게 피곤을 느낀다.	예	아니요
08	활자가 많은 기사나 도서를 집중해서 읽는 편이다.	예	아니요
09	단체 관광할 기회가 생긴다면 기쁘게 참여하겠다.	예	아니요
10	거래 내역 계산, 출납부 기록·정리 등이 귀찮지 않다.	예	아니요
11	온종일 책상 앞에만 있어도 우울하지 않은 편이다.	예	아니요
12	학창시절에 도서부장보다는 체육부장을 선호했다.	예	아니요
13	감각이 민감하고 감성도 날카로운 편이다.	예	아니요
14	주변 사람들과 함께 고민할 때 보람을 느낀다.	예	아니요
15	여행을 위해 계획을 짜는 것을 좋아한다.	예	아니요
16	일이 실패한 원인을 찾아내지 못하면 스트레스를 받는다.	예	아니요
17	파티에서 장기자랑을 하는 것에 거리낌이 없는 편이다.	예	아니요
18	미적 감각을 활용해 좋은 소설을 쓸 수 있을 것 같다.	예	아니요
19	남에게 보이는 것을 중시하고 경쟁에서 꼭 이겨야 한다.	예	아니요
20	자료를 종류대로 정리하고 통계를 작성하는 일이 싫지 않다.	예	아니요
21	노심초사하거나 애태우는 일이 별로 없다.	예	아니요
22	타인들에게 지시를 하며 그들을 통솔하고 싶다.	예	아니요
23	기행문 등을 창작하는 것을 좋아한다.	예	아니요
24	남을 위해 선물을 사는 일이 성가시게 느껴진다.	예	아니요
25	제품 설명회에서 홍보하는 일도 잘할 자신이 있다.	예	아니요
26	타인의 비판을 받아도 여간해서 스트레스를 받지 않는다.	예	아니요

27	대중에게 신상품을 홍보하는 일에 활력과 열정을 느낀다.	예	아니요
28	나의 먼 미래에 대해 상상할 때가 자주 있다.	예	아니요
29	나 자신의 이익을 꼭 지키려는 편이다.	예	아니요
30	발전이 적고 많이 노력해야 하는 일도 잘할 자신이 있다.	예	아니요
31	장래의 일을 생각하면 불안해질 때가 종종 있다.	예	아니요
32	홀로 지내는 일에 능숙한 편이다.	예	아니요
33	연극배우나 탤런트가 되고 싶다는 꿈을 꾼 적이 있다.	예	아니요
34	타인과 싸움을 한 적이 별로 없다.	예	아니요
35	항공기 시간표에 늦지 않고 도착할 자신이 있다.	예	아니요
36	소외감을 느낄 때가 있다.	예	아니요
37	자신을 둘러싼 주위의 여건에 흡족하고 즐거울 때가 많다.	예	아니요
38	제품 구입 시에 색상, 디자인처럼 미적 요소를 중시한다.	예	아니요
39	다른 사람의 충고를 기분 좋게 듣는 편이다.	예	아니요
40	언행이 조심스러운 편이다.	예	아니요
41	어떠한 경우에도 희망이 있다는 낙관론자이다.	예	아니요
42	고객을 끌어모으기 위해 호객 행위도 잘할 자신이 있다.	예	아니요
43	학창 시절에는 미술과 음악 시간을 좋아했다.	예	아니요
44	다른 사람에게 의존적으로 될 때가 많다.	예	아니요
45	남에게 설명할 때 이해하기 쉽게 핵심을 간추려 말한다.	예	아니요
46	병이 아닌지 걱정이 들 때가 많다.	예	아니요
47	소수의 사적인 모임에서 총무를 맡기를 좋아하는 편이다.	예	아니요
48	예쁜 인테리어 소품이나 장신구 등에 흥미를 느낀다.	예	아니요
49	다른 사람이 내가 하는 일에 참견하는 게 몹시 싫다.	예	아니요
50	어떤 일에 얽매여 융통성을 잃을 때가 종종 있다.	예	아니요
51	자의식 과잉이라는 생각이 들 때가 있다.	예	아니요
52	자연 속에서 혼자 명상하는 것을 좋아한다.	예	아니요
53	발명품 전시회에 큰 흥미를 느낀다.	예	아니요
54	'모난 돌이 정 맞는다'는 핀잔을 들을 때가 종종 있다.	예	아니요
55	연습하면 복잡한 기계 조작도 잘할 자신이 있다.	예	아니요
56	희망이 보이지 않을 때도 낙담한 적이 별로 없다.	예	아니요
57	모임에서 가능한 먼저 많은 사람들과 인사를 나누는 편이다.	예	아니요
58	전통 공예품을 판매하는 새로운 방법을 궁리하곤 한다.	예	아니요

59	단순한 게임이라도 이기지 못하면 의욕을 잃는 편이다.	예	아니요
60	잘못이나 실수를 하지 않으려고 매우 신중한 편이다.	예	아니요
61	필요 이상으로 걱정할 때가 종종 있다.	예	아니요
62	온종일 돌아다녀도 별로 피로를 느끼지 않는다.	예	아니요
63	시계태엽 등 기계의 작동 원리를 궁금해 한 적이 많다.	예	아니요
64	타인의 욕구를 알아채는 감각이 날카로운 편이다.	예	아니요
65	어떤 일을 대할 때 심사숙고하는 편이다.	예	아니요
66	매사에 얽매인다.	예	아니요
67	공동 작업보다는 혼자서 일하는 것이 더 재미있다.	예	아니요
68	창의적으로 혁신적인 신상품을 만드는 일에 흥미를 느낀다.	예	아니요
69	토론에서 이겨야 직성이 풀린다.	예	아니요
70	포기하지 않고 착실하게 노력하는 것이 가장 중요하다.	예	아니요
71	쉽게 침울해한다.	예	아니요
72	몸가짐이 민첩한 편이라고 생각한다.	예	아니요
73	능숙하지 않은 일도 마다하지 않고 끝까지 하는 편이다.	예	아니요
74	다른 사람들의 험담을 하는 것을 꺼리지 않는다.	예	아니요
75	일주일 단위의 단기 목표를 세우는 것을 좋아한다.	예	아니요
76	쉽게 권태를 느끼는 편이다.	예	아니요
77	의견이나 생각을 당당하고 강하게 주장하는 편이다.	예	아니요
78	새로운 환경으로 옮겨가는 것을 싫어한다.	예	아니요
79	다른 사람의 일에 관심이 없다.	예	아니요
80	눈에 보이지 않는 노력보다는 가시적인 결과가 중요하다.	예	아니요
81	불만 때문에 화를 낸 적이 별로 없다.	예	아니요
82	사람들을 떠나 혼자 여행을 가고 싶을 때가 많다.	예	아니요
83	옷을 고르는 취향이 여간해서 변하지 않는다.	예	아니요
84	다른 사람으로부터 지적받는 것이 몹시 싫다.	예	아니요
85	융통성이 부족해 신속하게 판단을 하지 못할 때가 많다.	예	아니요
86	모든 일에 여유롭고 침착하게 대처하려고 노력한다.	예	아니요
87	대인관계가 성가시게 느껴질 때가 있다.	예	아니요
88	슬픈 내용의 소설을 읽으면 눈물이 잘 나는 편이다.	예	아니요
89	타인이 나에게 왜 화를 내는지 모를 때가 많다.	예	아니요
90	어떤 취미 활동을 장기간 유지하는 편이다.	예	아니요

91	어려운 상황에서도 평정심을 지키며 직접 맞서는 편이다.	예	아니요
92	타인에게 나의 의사를 잘 내세우지 못하는 편이다.	예	아니요
93	1년 후에는 현재보다 변화된 다른 삶을 살고 싶다.	예	아니요
94	타인에게 위해를 가할 것 같은 기분이 들 때가 있다.	예	아니요
95	일단 시작한 일은 끝까지 해내려고 애쓰는 편이다.	예	아니요
96	당황하면 갑자기 땀이 나서 신경 쓰일 때가 있다.	예	아니요
97	친구들과 수다 떠는 것을 좋아한다.	예	아니요
98	항상 새로운 흥미를 추구하며 개성적이고 싶다.	예	아니요
99	진정으로 마음을 허락할 수 있는 사람은 거의 없다.	예	아니요
100	결심한 것을 실천하는 데 시간이 다소 걸리는 편이다.	예	아니요
101	감정적으로 될 때가 많다.	예	아니요
102	주변 사람들은 내가 활동적인 사람이라고 평가하곤 한다.	예	아니요
103	타인의 설득을 수용해 자신의 생각을 바꿀 때가 많다.	예	아니요
104	줏대가 없고 너무 의존적이라는 말을 들을 때가 많다.	예	아니요
105	나는 타인들이 불가능하다고 생각하는 일을 하고 싶다.	예	아니요
106	친구들은 나를 진지한 사람이라고 생각하고 있다.	예	아니요
107	나는 성공해서 대중의 주목을 끌고 싶다.	예	아니요
108	나의 성향은 보수보다는 진보에 가깝다고 생각한다.	예	아니요
109	갈등 상황에서 갈등을 해소하기보다는 기피하곤 한다.	예	아니요
110	반드시 해야 하는 일은 먼저 빨리 마무리하려 한다.	예	아니요
111	지루하면 마구 떠들고 싶어진다.	예	아니요
112	옆에 사람이 있으면 성가심을 느껴 피하게 된다.	예	아니요
113	낯선 음식에 도전하기보다는 좋아하는 음식만 먹는다.	예	아니요
114	타인의 기분을 배려하려고 주의를 기울이는 편이다.	예	아니요
115	막무가내라는 말을 들을 때가 많다.	예	아니요
116	괴로움이나 어려움을 잘 참고 견디는 편이다.	예	아니요
117	집에서 아무것도 하지 않고 있으면 마음이 답답해진다.	예	아니요
118	예술 작품에 대한 새로운 해석에 더 큰 관심이 간다.	예	아니요
119	남들은 내가 남을 염려하는 마음씨가 있다고 평가한다.	예	아니요
120	사물과 현상을 꿰뚫어보는 능력이 있다고 자부한다.	예	아니요
121	천재지변을 당하지 않을까 항상 걱정하고 있다.	예	아니요
122	권력자가 되기를 바라지 않는 사람은 없다고 생각한다.	예	아니요

123	조직의 분위기 쇄신에 빨리 적응하지 못하는 편이다.	예	아니요
124	남들이 내 생각에 찬성하지 않아도 내 생각을 고수한다.	예	아니요
125	좋은 생각도 실행하기 전에 여러 방면으로 따져본다.	예	아니요
126	곤란한 상황에서도 담대하게 행동하는 편이다.	예	아니요
127	윗사람에게 자신의 감정을 표현한 적이 한 번도 없다.	예	아니요
128	새로운 사고방식과 참신한 생각에 민감하게 반응한다.	예	아니요
129	누구와도 편하게 이야기할 수 있다.	예	아니요
130	잘 아는 일이라도 세심하게 주의를 기울이는 편이다.	예	아니요
131	후회할 때가 자주 있다.	예	아니요
132	겉으로 드러내기보다는 마음속으로만 생각하는 편이다.	예	아니요
133	고졸 채용의 확산 등 학력 파괴는 매우 좋은 제도이다.	예	아니요
134	다른 사람을 싫어한 적이 한 번도 없다.	예	아니요
135	전망에 따라 행동할 때가 많다.	예	아니요
136	어떤 사람이나 일을 기다리다가 역정이 날 때가 많다.	예	아니요
137	행동거지에 거침이 없고 활발한 편이다.	예	아니요
138	새로운 제도의 도입에 방해되는 것은 얼마든지 폐지할 수 있다.	예	아니요
139	별다른 까닭 없이 타인과 마찰을 겪을 때가 있다.	예	아니요
140	규범의 엄수보다는 기대한 결과를 얻는 것이 중요하다.	예	아니요
141	불안 때문에 침착함을 유지하기 어려울 때가 많다.	예	아니요
142	대인관계가 닫혀 있다는 말을 종종 듣는다.	예	아니요
143	현재의 시류에 맞지 않는 전통적 제도는 시급히 폐지해야 한다고 생각한다.	예	아니요
144	타인의 일에는 별로 관여하고 싶지 않다.	예	아니요
145	모든 일에 진중하며 세심한 편이라고 생각한다.	예	아니요
146	가만히 있지 못할 정도로 침착하지 못할 때가 있다.	예	아니요
147	잠자리에서 일어나는 즉시 외출할 준비를 시작한다.	예	아니요
148	지금까지 감정적이 된 적은 거의 없다.	예	아니요
149	나의 존재를 남들보다 크게 나타내어 보이고 싶다.	예	아니요
150	일을 하다가 장해를 만나도 이겨내기 위해 매진한다.	예	아니요
151	내 성격이 온순하고 얌전하다는 평가를 자주 받는다.	예	아니요
152	지도자로서 긍정적인 평가를 받고 싶다.	예	아니요
153	때로는 다수보다 소수의 의견이 최선에 가깝다고 생각한다.	예	아니요
154	자신의 우쭐대는 언행을 뉘우치는 일이 별로 없다.	예	아니요

155	일을 실제로 수행하기 전에 거듭해서 확인하는 편이다.	예	아니요
156	사소한 일로 우는 일이 많다.	예	아니요
157	조직 내에서 다른 사람의 주도에 따라 행동할 때가 많다.	예	아니요
158	'악법도 법'이라는 말에 전적으로 동의한다.	예	아니요
159	나에 대한 집단의 평가를 긍정적으로 이해한다.	예	아니요
160	일을 추진할 때는 항상 의지를 갖고 정성을 들인다.	예	아니요
161	자신감이 부족해 좌절을 느낄 때가 종종 있다.	예	아니요
162	선망의 대상이 되는 유명한 사람이 되고 싶은 적이 있다.	예	아니요
163	타인의 주장에서 '사실'과 '의견'을 꼼꼼히 구분한다.	예	아니요
164	친구와 갈등을 빚을 때 친구를 원망할 때가 많다.	예	아니요
165	과제 수행을 위해 자주 깊은 생각에 잠긴다.	예	아니요
166	자신이 무기력하다고 느껴질 때가 종종 있다.	예	아니요
167	휴일에는 외출해 등산 같은 야외 활동을 즐긴다.	예	아니요
168	정치권의 선거 후보 단일화 움직임은 다양성을 훼손할 수 있으므로 민주주의 실현을 저해한다고 생각한다.	예	아니요
169	다른 사람의 의견을 긍정적인 방향으로 받아들인다.	예	아니요
170	사람들이 꺼려하는 일도 혼자서 열심히 할 자신이 있다.	예	아니요
171	타인이 나에게 상처를 주면 몹시 화가 난다.	예	아니요
172	사람을 많이 만나는 것을 좋아한다.	예	아니요
173	디자인을 다듬는 것보다는 실용성을 높이는 것이 중요하다고 생각한다.	예	아니요
174	어떤 경우에도 다른 사람의 생각을 고려하지 않는다.	예	아니요
175	그날그날의 구체적 수행 목표에 따라 생활하려 노력한다.	예	아니요
176	사전 계획에 없는 지출을 하고 나면 불안해진다.	예	아니요
177	주변 사람들은 내가 말수가 적다고 평가한다.	예	아니요
178	익숙하지 않은 일을 할 때 새로운 자극을 느낀다.	예	아니요
179	여성 할당제 등 상대적 약자를 위한 제도는 반드시 필요하다.	예	아니요
180	자신이 남들보다 무능력하다고 느껴질 때가 많다.	예	아니요
181	환경에 따라 감정이 잘 바뀌는 편이다.	예	아니요
182	소수의 사람들하고만 사귀는 편이다.	예	아니요
183	낭만적인 소설보다는 현실적인 소설에서 감동을 받는다.	예	아니요
184	상호 신뢰와 조화가 반드시 최우선이라고 생각한다.	예	아니요
185	무슨 일이든 일단 시도를 해야 이룰 수 있다고 생각한다.	예	아니요
186	내가 가지고 있는 물건은 남의 것보다 나빠 보인다.	예	아니요

187	내가 먼저 친구에게 말을 거는 편이다.	예	아니요
188	부모님의 권위를 존중해 그분들의 의견에 거의 반대하지 않는다.	예	아니요
189	다른 사람의 마음에 상처를 준 일이 별로 없다.	예	아니요
190	게으름 부리는 것을 몹시 싫어한다.	예	아니요
191	유명인이 입은 옷을 보면 그 옷을 꼭 사고 싶어진다.	예	아니요
192	친구만 있어도 행복할 수 있다고 생각한다.	예	아니요
193	감상자와 시대에 따라 음악의 의미는 변한다고 생각한다.	예	아니요
194	일사일촌(一社一村) 운동은 매우 필요하다고 생각한다.	예	아니요
195	복잡한 문제가 생기면 뒤로 미루는 편이다.	예	아니요
196	세상과 인생에는 희망적인 면이 더 많다고 생각한다.	예	아니요
197	여러 사람들 앞에서 발표하는 것에 능숙하지 않다.	예	아니요
198	모험적인 것보다는 현실적인 가능성에 관심이 더 끌린다.	예	아니요
199	금융 소외 계층을 위한 개인 회생 제도는 반드시 필요하다고 생각한다.	예	아니요
200	자신을 유능하지 못한 인간이라고 생각할 때가 있다.	예	아니요
201	걱정거리가 있어도 대수롭지 않게 생각한다.	예	아니요
202	송년회 같은 소모임에서 자주 책임을 맡는다.	예	아니요
203	세상에 불변하는 가치는 하나도 없다고 생각한다.	예	아니요
204	조직을 위해 자신을 희생할 수 있다.	예	아니요
205	다른 사람의 능력을 부러워한 적이 거의 없다.	예	아니요
206	어려운 일에 낙담하지 않고 자신감을 가지고 행동한다.	예	아니요
207	누구와도 허물없이 가까이 지낼 수 있다.	예	아니요
208	단조로운 추상화는 몹시 따분하게 느껴진다.	예	아니요
209	다수의 반대가 있더라도 자신의 생각대로 행동한다.	예	아니요
210	다른 사람보다 자신이 더 잘한다고 느낄 때가 많다.	예	아니요
211	소심한 탓에 작은 소리도 신경 쓰인다.	예	아니요
212	에스컬레이터에서는 걷지 않고 가만히 있는 편이다.	예	아니요
213	슬픈 드라마를 보아도 감정이 무딘 편이다.	예	아니요
214	전통 시장이 생존하려면 대형마트의 주말 강제휴무가 필요하다고 생각한다.	예	아니요
215	경솔하게 속이 훤히 보이는 거짓말을 한 적이 거의 없다.	예	아니요
216	자질구레한 걱정이 많다.	예	아니요
217	다른 사람과 동떨어져 있는 것이 편안하다.	예	아니요
218	과제 완수를 위해서는 전문가들의 의견만 확인하면 된다.	예	아니요

219	다른 사람보다 쉽게 우쭐해진다.	예	아니요
220	다른 사람보다 뛰어나다고 생각한다.	예	아니요
221	이유 없이 화가 치밀 때가 있다.	예	아니요
222	유명인과 서로 아는 사람이 되고 싶다.	예	아니요
223	실종자 찾기 전단지를 볼 때 내 일처럼 느껴진다.	예	아니요
224	다른 사람을 의심한 적이 거의 없다.	예	아니요
225	경솔한 행동을 할 때가 많다.	예	아니요
226	다른 사람을 부러워한 적이 거의 없다.	예	아니요
227	다른 사람보다 기가 센 편이다.	예	아니요
228	정해진 용도 외에 무엇을 할 수 있을지 궁리하곤 한다.	예	아니요
229	남과 다투면 관계를 끊고 싶을 때가 종종 있다.	예	아니요
230	약속을 어긴 적이 거의 없다.	예	아니요
231	침울해지면 아무것도 손에 잡히지 않는다.	예	아니요
232	아는 사람을 발견해도 피해버릴 때가 있다.	예	아니요
233	새로운 지식을 쌓는 것은 언제나 즐겁다.	예	아니요
234	다른 사람과 교섭을 잘 하지 못한다.	예	아니요
235	나는 자신을 신뢰하고 있다.	예	아니요
236	성격이 대담하며 낙천적이라는 말을 듣곤 한다.	예	아니요
237	자극적인 것을 좋아한다.	예	아니요
238	이미 검증된 것과 보편적인 것을 선호하는 편이다.	예	아니요
239	너그럽다는 말을 자주 듣는다.	예	아니요
240	정돈을 잘해 물건을 잃어버린 적이 거의 없다.	예	아니요
241	문제를 만나면 타인에게 의지하지 않고 대범하게 행동한다.	예	아니요
242	혼자 있는 것이 여럿이 있는 것보다 마음이 편하다.	예	아니요
243	전통과 권위에 대한 존중은 사회를 규제하는 제1의 원칙이라고 생각한다.	예	아니요
244	타인이 불순한 의도로 내게 접근했는지 의심할 때가 있다.	예	아니요
245	융통성이 없다고 비판받더라도 완벽주의자가 되고 싶다.	예	아니요
246	자제력을 잃고 행동이 산만해질 때가 많다.	예	아니요
247	농담으로 다른 사람에게 즐거움을 줄 때가 많다.	예	아니요
248	판타지 영화의 특수 효과는 비현실적이라서 싫다.	예	아니요
249	주위 사람에게 정이 떨어질 때가 많다.	예	아니요
250	일에서 동기를 찾지 못할 때 나태해지는 경향이 있다.	예	아니요

251	매일 자신을 위협하는 일이 자주 일어나는 것 같다.	예	아니요
252	다른 사람을 설득해 내 주장을 따르게 할 자신이 있다.	예	아니요
253	밤하늘을 보면서 공상에 잠길 때가 종종 있다.	예	아니요
254	다른 사람에게 훈계를 듣는 것이 싫다.	예	아니요
255	어질러진 내 방에서 필요한 물건을 찾느라 시간을 허비할 때가 종종 있다.	예	아니요
256	아무 이유 없이 물건을 부수고 싶어진다.	예	아니요
257	다른 사람과 교제하는 것이 귀찮다.	예	아니요
258	감정보다는 이성적·객관적 사고에 따라 행동하는 편이다.	예	아니요
259	중요한 일을 할 때 남들을 믿지 못해 혼자 해결하려 한다.	예	아니요
260	시험기간에도 공부하기보다는 한가하게 보낼 때가 많았다.	예	아니요
261	사람들 앞에서 얼굴이 붉어지지 않는지 자주 걱정한다.	예	아니요
262	때로는 고독한 것도 나쁘지 않다고 생각한다.	예	아니요
263	상상력은 내 삶을 풍요롭게 하는 원동력이라고 생각한다.	예	아니요
264	다른 사람에게 친절한 편이다.	예	아니요
265	준비가 부족해 일을 그르치고 회피할 때가 종종 있다.	예	아니요
266	이유 없이 소리 지르고 떠들고 싶어질 때가 있다.	예	아니요
267	나를 따르는 사람이 많은 편이다.	예	아니요
268	내면의 목소리와 감정에 충실하게 행동하는 편이다.	예	아니요
269	타인을 원망하거나 미워한 적이 별로 없다.	예	아니요
270	목표 완수를 위해 자신을 채찍질하는 편이다.	예	아니요
271	우울해질 때가 많다.	예	아니요
272	화려하며 다소 자극적인 복장을 좋아한다.	예	아니요
273	이미 결정된 사안도 언제든 재검토해야 한다고 생각한다.	예	아니요
274	자존심이 세다는 말을 들을 때가 많다.	예	아니요
275	남들로부터 책임감이 높다는 평가를 받을 때가 많다.	예	아니요
276	사건을 지나치게 비관적으로 해석할 때가 자주 있다.	예	아니요
277	혼자 있으면 마음이 뒤숭숭해진다.	예	아니요
278	단조롭더라도 익숙한 길로 가는 것을 선호한다.	예	아니요
279	타인에게 결점을 지적받으면 계속해서 짜증이 난다.	예	아니요
280	다소 경솔한 행동 때문에 자신을 책망할 때가 종종 있다.	예	아니요
281	친구들로부터 싫증을 잘 낸다는 말을 듣는다.	예	아니요
282	주위로부터 주목을 받으면 기분이 좋다.	예	아니요

283	한 종류의 꽃다발보다는 여러 가지 꽃을 묶은 부케를 사겠다.	예	아니요
284	비록 다른 사람이 이해해 주지 않아도 상관없다.	예	아니요
285	일의 진행 단계마다 질서 있게 정리하고 다음 단계로 넘어가는 편이다.	예	아니요
286	잠이 잘 오지 않아서 힘들 때가 많다.	예	아니요
287	자기주장이 강하고 지배적인 편이다.	예	아니요
288	남들보다 감정을 강렬하게 느끼는 편이다.	예	아니요
289	의견이 대립되었을 때 조정을 잘한다.	예	아니요
290	이루기 힘들수록 더 큰 흥미를 느껴 열의를 갖는 편이다.	예	아니요
291	사물을 불리한 쪽으로 생각할 때가 많다.	예	아니요
292	언제나 주변의 시선을 끌고 싶은 마음이 있다.	예	아니요
293	밝게 타오르는 촛불을 보면 감정이 북받칠 때가 있다.	예	아니요
294	타사와 경쟁할 때는 자사의 이익을 지키는 것이 최우선이다.	예	아니요
295	자신을 통제하지 못해 소란을 일으킨 적이 많다.	예	아니요
296	내 맘대로 지내고 싶다고 생각할 때가 있다.	예	아니요
297	떠들썩한 연회를 좋아한다.	예	아니요
298	친숙한 것을 선호하고 새로운 것에 흥미가 적은 편이다.	예	아니요
299	나는 비유적이기보다는 단도직입적으로 말하는 편이다.	예	아니요
300	자신이 무엇을 잘할 수 있는지 잘 알고 있다고 생각한다.	예	아니요
301	잠자코 있지를 못한다.	예	아니요
302	감기에 걸려도 실외활동에 적극적이다.	예	아니요
303	자신이 잘 모른다는 사실을 흔쾌하게 받아들이는 편이다.	예	아니요
304	부탁을 받으면 내가 하던 일을 즉시 멈추고 그를 돕는다.	예	아니요
305	업무 수칙을 따르지 않는 동료를 보면 수칙을 따르라고 주의를 주는 편이다.	예	아니요
306	다른 사람에게 말 못할 창피한 것을 생각한 적이 있다.	예	아니요
307	무엇이든 털어놓을 수 있는 상대가 없다.	예	아니요
308	변화를 인지하고 그것에 따른 다양한 가능성을 검토하길 좋아한다.	예	아니요
309	TV 토론 프로그램을 볼 때 논쟁에서 누가 승리했는지 따지기를 좋아한다.	예	아니요
310	남들로부터 충동적이며 세심하지 못하다는 핀잔을 자주 듣는다.	예	아니요
311	무언가 불안감을 가지고 있다.	예	아니요
312	집에 다른 사람을 부르는 것을 좋아한다.	예	아니요
313	감정이 메말라 무미건조하다는 평가를 종종 받는다.	예	아니요
314	대개의 사람들은 착한 의도로 대인관계에 임한다고 본다.	예	아니요

315	사명감이 있으면 일을 반드시 이룰 수 있다고 생각한다.	예	아니요
316	그때그때의 기분으로 행동할 때가 있다.	예	아니요
317	몸에 열이 좀 나도 개의치 않고 실외 활동을 즐긴다.	예	아니요
318	전통 회화, 도자기 등을 볼 때마다 장인의 숨결을 느낀다.	예	아니요
319	타인과 갈등을 빚을 때 공격적인 자세로 대화에 임하는 편이다.	예	아니요
320	난관에 빠졌을 때 무리수를 두는 경우가 많다.	예	아니요
321	웬만한 일은 잘 극복할 수 있으리라 생각한다.	예	아니요
322	안전하지만 돌아가는 길과 위험하지만 빨리 가는 길 중에 후자를 선호한다.	예	아니요
323	미래를 대비할 때 현실성과 실용성을 가장 중시한다.	예	아니요
324	남에게 내 속마음을 들키는 것이 싫어 거짓말을 할 때가 종종 있다.	예	아니요
325	그때그때의 상황에 맞춰 유연하게 대처하려 노력한다.	예	아니요
326	쉽게 흥분하는 편이다.	예	아니요
327	조직의 지도자에게 권한을 더 주어야 한다고 생각한다.	예	아니요
328	독서의 가장 큰 목적은 간접적으로나마 견문을 넓히는 것이다.	예	아니요
329	다른 사람과의 시빗거리에 관련되는 것이 몹시 싫다.	예	아니요
330	능력 밖의 일에는 의욕을 느끼지 못해 단념할 때가 종종 있다.	예	아니요
331	작은 일에도 민감하여 힘들다.	예	아니요
332	혼자 할 수 있는 일도 가능한 한 남들과 함께 하는 편이다.	예	아니요
333	책을 읽을 때 작가가 처한 상황을 마음속으로 그려볼 때가 많다.	예	아니요
334	처음 보는 사람을 경계하는 편이다.	예	아니요
335	복잡하게 어질러진 방을 정리할 때 즐거움을 느낀다.	예	아니요
336	상황이 나빠지면 무기력해진다.	예	아니요
337	리더의 책임을 자처하기보다는 리더를 보좌하는 편이다.	예	아니요
338	진보보다는 보수 세력의 주장이 더 현실적이라고 생각한다.	예	아니요
339	말다툼을 일으킬 만한 소문을 옮기기를 좋아하는 사람과는 전혀 말하고 싶지 않다.	예	아니요
340	예측하기 어려운 일을 하는 도중에 계획을 변경해 성과를 내는 일에 자신감을 느낀다.	예	아니요
341	비교적 화를 잘 내는 편이다.	예	아니요
342	가능한 한 다수의 사람들에게 영향을 끼치는 일을 하고 싶다.	예	아니요
343	새로운 관점을 제시하는 사람들이 많으면 오히려 일을 그르치기 쉽다고 생각한다.	예	아니요
344	정치인들의 미소가 가식적으로 느껴져 의심이 들 때가 종종 있다.	예	아니요
345	목표를 이루기 위해 금욕적인 생활도 감내할 수 있다.	예	아니요
346	굳이 말하자면 마음이 어수선해지기 쉬운 편이다.	예	아니요

347	간담을 서늘하게 하는 공포 영화를 싫어한다.	예	아니요
348	권위에 대한 도전이 불쾌하게 느껴질 때가 많다.	예	아니요
349	사람들은 누구나 속내를 들키지 않으려고 가면을 쓰고 있다고 생각한다.	예	아니요
350	체중 조절을 위해 식욕을 스스로 억제하는 편이다.	예	아니요

불가능한 것이라고 생각하는 순간, 그것은 당신을 멈추게 만들 것이다.

– 알버트 아인슈타인 –

PART 5

면접

01 면접 주요사항

면접의 사전적 정의는 면접관이 지원자를 직접 만나보고 인품(人品)이나 언행(言行) 따위를 시험하는 일로, 흔히 필기시험 후에 최종적으로 심사하는 방법이다.

최근 주요 기업의 인사담당자들을 대상으로 채용 시 면접이 차지하는 비중을 설문조사했을 때, 50 ~ 80% 이상이라고 답한 사람이 전체 응답자의 80%를 넘었다. 이와 대조적으로 지원자들을 대상으로 취업 시험에서 면접을 준비하는 기간을 물었을 때, 대부분의 응답자가 2 ~ 3일 정도라고 대답했다.

지원자가 일정 수준의 스펙을 갖추기 위해 자격증 시험과 토익을 치르고 이력서와 자기소개서까지 쓰다 보면 면접까지 챙길 여유가 없는 것이 사실이다. 그리고 서류전형과 인적성검사를 통과해야만 면접을 볼 수 있기 때문에 자연스럽게 면접은 취업시험 과정에서 그 비중이 작아질 수밖에 없다. 하지만 아이러니하게도 실제 채용 과정에서 면접이 차지하는 비중은 절대적이라고 해도 과언이 아니다.

기업들은 채용 과정에서 토론 면접, 인성 면접, 프레젠테이션 면접, 역량 면접 등의 다양한 면접을 실시한다. 1차 커트라인이라고 할 수 있는 서류전형을 통과한 지원자들의 스펙이나 능력은 서로 엇비슷하다고 판단되기 때문에 서류상 보이는 자격증이나 토익 성적보다는 지원자의 인성을 파악하기 위해 면접을 더욱 강화하는 것이다. 일부 기업은 의도적으로 압박 면접을 실시하기도 한다. 지원자가 당황할 수 있는 질문을 던져서 그것에 대한 지원자의 반응을 살펴보는 것이다.

면접은 다르게 생각한다면 '나는 누구인가'에 대한 물음에 해답을 줄 수 있는 가장 현실적이고 미래적인 경험이 될 수 있다. 취업난 속에서 자격증을 취득하고 토익 성적을 올리기 위해 앞만 보고 달려온 지원자들은 자신에 대해서 고민하고 탐구할 수 있는 시간을 평소 쉽게 가질 수 없었을 것이다. 자신을 잘 알고 있어야 자신에 대해서 자신감 있게 말할 수 있다. 대체로 사람들은 자신에게 관대한 편이기 때문에 자신에 대해서 어떤 기대와 환상을 가지고 있는 경우가 많다. 하지만 면접은 제삼자에 의해 개인의 능력을 객관적으로 평가받는 시험이다. 어떤 지원자들은 다른 사람에게 자신을 표현하는 것을 어려워한다. 평소에 잘 사용하지 않는 용어를 내뱉으면서 거창하게 자신을 포장하는 지원자도 많다. 면접에서 가장 기본은 자기 자신을 면접관에게 알기 쉽게 표현하는 것이다.

이러한 표현을 바탕으로 자신이 앞으로 하고자 하는 것과 그에 대한 이유를 설명해야 한다. 최근에는 자신감을 향상시키거나 말하는 능력을 높이는 학원도 많기 때문에 얼마든지 자신의 단점을 극복할 수 있다.

1. 자기소개의 기술

자기소개를 시키는 이유는 면접자가 지원자의 자기소개서를 압축해서 듣고, 지원자의 첫인상을 평가할 시간을 가질 수 있기 때문이다. 면접을 위한 워밍업이라고 할 수 있으며, 첫인상을 결정하는 과정이므로 매우 중요한 순간이다.

(1) 정해진 시간에 자기소개를 마쳐야 한다.

쉬워 보이지만 의외로 지원자들이 정해진 시간을 넘기거나 혹은 빨리 끝내서 면접관에게 지적을 받는 경우가 많다. 본인이 면접을 받는 마지막 지원자가 아닌 이상, 정해진 시간을 지키지 않는 것은 수많은 지원자를 상대하기에 바쁜 면접관과 대기 시간에 지친 다른 지원자들에게 불쾌감을 줄 수 있다.

또한 회사에서 시간관념은 절대적인 것이므로 반드시 자기소개 시간을 지켜야 한다. 말하기는 1분에 200자 원고지 2장 분량의 글을 읽는 만큼의 속도가 가장 적당하다. 이를 A4 용지에 10point 글자 크기로 작성하면 반 장 분량이 된다.

(2) 간단하지만 신선한 문구로 자기소개를 시작하자.

요즈음 많은 지원자가 이 방법을 사용하고 있기 때문에 웬만한 소재의 문구가 아니면 면접관의 관심을 받을 수 없다. 이러한 문구는 시대적으로 유행하는 광고 카피를 패러디하는 경우와 격언 등을 인용하는 경우, 그리고 지원한 회사의 CI나 경영이념, 인재상 등을 사용하는 경우 등이 있다. 지원자는 이러한 여러 문구 중에 자신의 첫인상을 북돋아 줄 수 있는 것을 선택해서 말해야 한다. 자신의 이름을 문구 속에 적절하게 넣어서 말한다면 좀 더 효과적인 자기소개가 될 것이다.

(3) 무엇을 먼저 말할 것인지 고민하자.

면접관이 많이 던지는 질문 중 하나가 지원동기이다. 그래서 성장기를 바로 건너뛰고, 지원한 회사에 들어오기 위해 대학에서 어떻게 준비했는지를 설명하는 자기소개가 대세이다.

(4) 면접관의 호기심을 자극해 관심을 불러일으킬 수 있게 말하라.

면접관에게 질문을 많이 받는 지원자의 합격률이 반드시 높은 것은 아니지만, 질문을 전혀 안 받는 것보다는 좋은 평가를 기대할 수 있다.

지원한 분야와 관련된 수상 경력이나 프로젝트 등을 말하는 것도 좋다. 이는 지원자의 업무 능력과 직접 연결되는 것이므로 효과적인 자기 홍보가 될 수 있다. 일부 지원자들은 자신만의 특별한 경험을 이야기하는데, 이때는 그 경험이 보편적으로 사람들의 공감대를 얻을 수 있는 것인지 다시 생각해봐야 한다.

(5) 마지막 고개를 넘기가 가장 힘들다.

첫 단추도 중요하지만, 마지막 단추도 중요하다. 하지만 왠지 격식을 따지는 인사말은 지나가는 인사말 같고, 다르게 하자니 예의에 어긋나는 것 같은 기분이 든다. 이때는 처음에 했던 자신만의 문구를 다시 한 번 말하는 것도 좋은 방법이다. 자연스러운 끝맺음이 될 수 있도록 적절한 연습이 필요하다.

2. 1분 자기소개 시 주의사항

(1) 자기소개서와 자기소개가 똑같다면 감점일까?

아무리 자기소개서를 외워서 말한다 해도 자기소개가 자기소개서와 완전히 똑같을 수는 없다. 자기소개서의 분량이 더 많고 회사마다 요구하는 필수 항목들이 있기 때문에 굳이 고민할 필요는 없다. 오히려 자기소개서의 내용을 잘 정리한 자기소개가 더 좋은 결과를 만들 수 있다. 하지만 자기소개서와 상반된 내용을 말하는 것은 적절하지 않다. 지원자의 신뢰성이 떨어진다는 것은 곧 불합격을 의미하기 때문이다.

(2) 말하는 자세를 바르게 익혀라.

지원자가 자기소개를 하는 동안 면접관은 지원자의 동작 하나하나를 관찰한다. 그렇기 때문에 바른 자세가 중요하다는 것은 우리가 익히 알고 있다. 하지만 문제는 무의식적으로 나오는 습관 때문에 자세가 흐트러져 나쁜 인상을 줄 수 있다는 것이다. 이러한 습관을 고칠 수 있는 가장 좋은 방법은 캠코더 등으로 자신의 모습을 담는 것이다. 거울을 사용할 경우에는 시선이 자꾸 자기 눈과 마주치기 때문에 집중하기 힘들다. 하지만 촬영된 동영상은 제삼자의 입장에서 자신을 볼 수 있기 때문에 많은 도움이 된다.

(3) 정확한 발음과 억양으로 자신 있게 말하라.

지원자의 모양새가 아무리 뛰어나도, 목소리가 작고 발음이 부정확하면 큰 감점을 받는다. 이러한 모습은 지원자의 좋은 점에까지 악영향을 끼칠 수 있다. 직장을 흔히 사회생활의 시작이라고 말하는 시대적 정서에서 사람들과 의사소통을 하는 데 문제가 있다고 판단되는 지원자는 부적절한 인재로 평가될 수밖에 없다.

3. 대화법

전문가들이 말하는 대화법의 핵심은 '상대방을 배려하면서 이야기하라.'는 것이다. 대화는 나와 다른 사람의 소통이다. 내용에 대한 공감이나 이해가 없다면 대화는 더 진전되지 않는다.

『카네기 인간관계론』이라는 베스트셀러의 작가인 철학자 카네기가 말하는 최상의 대화법은 자신의 경험을 토대로 이야기하는 것이다. 즉, 살아오면서 직접 겪은 경험이 상대방의 관심을 끌 수 있는 가장 좋은 이야깃거리인 것이다. 특히, 어떤 일을 이루기 위해 노력하는 과정에서 겪은 실패나 희망에 대해 진솔하게 얘기한다면 상대방은 어느새 당신의 편에 서서 그 이야기에 동조할 것이다.

독일의 사업가이자, 동기부여 트레이너인 위르겐 힐러의 연설법 중 가장 유명한 것은 '시즐(Sizzle)'을 잡는 것이다. 시즐이란, 새우튀김이나 돈가스가 기름에서 지글지글 튀겨질 때 나는 소리이다. 즉, 자신의 말을 듣고 시즐처럼 반응하는 상대방의 감정에 적절하게 대응하라는 것이다.

말을 시작한 지 10 ~ 15초 안에 상대방의 '시즐'을 알아차려야 한다. 자신의 이야기에 대한 상대방의 첫 반응에 따라 말하기 전략도 달라져야 한다. 첫 이야기의 반응이 미지근하다면 가능한 한 그 이야기를 빨리 마무리하고 새로운 이야깃거리를 생각해내야 한다. 길지 않은 면접 시간 내에 몇 번 오지 않는 대답의 기회를 살리기 위해서 보다 전략적이고 냉철해야 하는 것이다.

4. 차림새

(1) 구두

면접에 어떤 옷을 입어야 할지를 며칠 동안 고민하면서 정작 구두는 면접 보는 날 현관을 나서면서 즉흥적으로 신고 가는 지원자들이 많다. 특히, 남자 지원자들이 이러한 실수를 많이 한다. 구두를 보면 그 사람의 됨됨이를 알 수 있다고 한다. 면접관 역시 이러한 것을 놓치지 않기 때문에 지원자는 자신의 구두에 더욱 신경을 써야 한다. 스타일의 마무리는 발끝에서 이루어지는 것이다. 아무리 멋진 옷을 입고 있어도 구두가 어울리지 않는다면 전체 스타일이 흐트러지기 때문이다.

정장용 구두는 디자인이 깔끔하고, 에나멜 가공처리를 하여 광택이 도는 페이턴트 가죽 소재 제품이 무난하다. 검정 계열 구두는 회색과 감색 정장에, 브라운 계열의 구두는 베이지나 갈색 정장에 어울린다. 참고로 구두는 오전에 사는 것보다 발이 충분히 부은 상태인 저녁에 사는 것이 좋다. 마지막으로 당연한 일이지만 반드시 면접을 보는 전날 구두 뒤축이 닳지는 않았는지 확인하고 구두에 광을 내 둔다.

(2) 양말

양말은 정장과 구두의 색상을 비교해서 골라야 한다. 특히 검정이나 감색의 진한 색상의 바지에 흰 양말을 신는 것은 시대에 뒤처지는 일이다. 일반적으로 양말의 색깔은 바지의 색깔과 같아야 한다. 또한 양말의 길이도 신경 써야 한다. 남성의 경우에 의자에 바르게 앉거나 다리를 꼬아서 앉을 때 다리털이 보여서는 안 된다. 반드시 긴 정장 양말을 신어야 한다.

(3) 정장

지원자는 평소에 정장을 입을 기회가 많지 않기 때문에 면접을 볼 때 본인 스스로도 옷을 어색하게 느끼는 경우가 많다. 옷을 불편하게 느끼기 때문에 자세마저 불안정한 지원자도 볼 수 있다. 그러므로 면접 전에 정장을 입고 생활해 보는 것도 나쁘지는 않다.

일반적으로 면접을 볼 때는 상대방에게 신뢰감을 줄 수 있는 남색 계열의 옷이나 어떤 계절이든 무난하고 깔끔해 보이는 회색 계열의 정장을 많이 입는다. 정장은 유행에 따라서 재킷의 디자인이나 버튼의 개수가 바뀌기 때문에 특히 남성 지원자의 경우, 너무 오래된 옷을 입어서 아버지 옷을 빌려 입고 나온 듯한 인상을 주어서는 안 된다.

(4) 헤어스타일과 메이크업

헤어스타일에 자신이 없다면 미용실에 다녀오는 것도 좋은 방법이다. 지나치게 화려한 메이크업이 아니라면 보다 준비된 지원자처럼 보일 수 있다.

5. 첫인상

취업을 위해 성형수술을 받는 사람들에 대한 이야기는 더 이상 뉴스거리가 되지 않는다. 그만큼 많은 사람이 좁은 취업문을 뚫기 위해 이미지 향상에 신경을 쓰고 있다. 이는 면접관에게 좋은 첫인상을 주기 위한 것으로, 지원서에 올리는 증명사진을 이미지 프로그램을 통해 수정하는 이른바 '사이버 성형'이 유행하는 것과 같은 맥락이다. 실제로 외모가 채용 과정에서 영향을 끼치는가에 대한 설문조사에서도 60% 이상의 인사담당자들이 그렇다고 답변했다.

하지만 외모와 첫인상을 절대적인 관계로 이해하는 것은 잘못된 판단이다. 외모가 첫인상에서 많은 부분을 차지하지만, 외모 외에 다른 결점이 발견된다면 그로 인해 장점들이 가려질 수도 있다. 이러한 현상은 아래에서 다시 논하겠다.

첫인상은 말 그대로 한 번밖에 기회가 주어지지 않으며 몇 초 안에 결정된다. 첫인상을 결정짓는 요소 중 시각적인 요소가 80% 이상을 차지한다. 첫눈에 들어오는 생김새나 복장, 표정 등에 의해서 결정되는 것이다. 면접을 시작할 때 자기소개를 시키는 것도 지원자별로 첫인상을 평가하기 위해서이다. 첫인상이 중요한 이유는 만약 첫인상이 부정적으로 인지될 경우, 지원자의 다른 좋은 면까지 거부당하기 때문이다. 이러한 현상을 심리학에서는 초두효과(Primacy Effect)라고 한다. 그래서 한 번 형성된 첫인상은 여간해서 바꾸기 힘들다. 이는 첫인상이 나중에 들어오는 정보까지 영향을 주기 때문이다. 첫인상의 정보가 나중에 들어오는 정보 처리의 지침이 되는 것을 심리학에서는 맥락효과(Context Effect)라고 한다. 따라서 평소에 첫인상을 좋게 만들기 위한 노력을 꾸준히 해야만 하는 것이다.

좋은 첫인상이 반드시 외모에만 집중되는 것은 아니다. 오히려 깔끔한 옷차림과 부드러운 표정 그리고 말과 행동 등에 의해 전반적인 이미지가 만들어진다. 누구나 이러한 것 중에 한두 가지 단점을 가지고 있다. 요즈음은 이미지 컨설팅을 통해서 자신의 단점들을 보완하는 지원자도 있다. 특히, 표정이 밝지 않은 지원자는 평소 웃는 연습을 의식적으로 하여 면접을 받는 동안 계속해서 여유 있는 표정을 짓는 것이 중요하다. 성공한 사람들은 인상이 좋다는 것을 명심하자.

02   면접의 유형 및 실전 대책

1. 면접의 유형

과거 천편일률적인 일대일 면접과 달리 면접에는 다양한 유형이 도입되어 현재는 "면접은 이렇게 보는 것이다."라고 말할 수 있는 정해진 유형이 없어졌다. 따라서 면접별로 어느 정도 유형을 파악하면 사전에 대비가 가능하다. 면접의 기본인 단독 면접부터, 다대일 면접, 집단 면접의 유형과 그 대책에 대해 알아보자.

(1) 단독 면접

단독 면접이란 응시자와 면접관이 1대1로 마주하는 형식을 말한다. 면접 위원 한 사람과 응시자 한 사람이 마주 앉아 자유로운 화제를 가지고 질의응답을 되풀이하는 방식이다. 이 방식은 면접의 가장 기본적인 방법으로 소요시간은 10 ~ 20분 정도가 일반적이다.

① 장점

필기시험 등으로 판단할 수 없는 성품이나 능력을 알아내는 데 가장 적합하다고 평가받아 온 면접방식으로 응시자 한 사람 한 사람에 대해 여러 면에서 비교적 폭넓게 파악할 수 있다. 응시자의 입장에서는 한 사람의 면접관만을 대하는 것이므로 상대방에게 집중할 수 있으며, 긴장감도 다른 면접방식에 비해서는 적은 편이다.

② 단점

면접관의 주관이 강하게 작용해 객관성을 저해할 소지가 있으며, 면접 평가표를 활용한다 하더라도 일면적인 평가에 그칠 가능성을 배제할 수 없다. 또한 시간이 많이 소요되는 것도 단점이다.

단독 면접에 대비하기 위해서는 평소 1대1로 논리 정연하게 대화를 나눌 수 있는 능력을 기르는 것이 중요하다. 그리고 면접장에서는 면접관을 선배나 선생님 혹은 아버지를 대하는 기분으로 면접에 임하는 것이 부담도 훨씬 적고 실력을 발휘할 수 있는 방법이 될 것이다.

(2) 다대일 면접

다대일 면접은 일반적으로 가장 많이 사용되는 면접방법으로 보통 2~5명의 면접관이 1명의 응시자에게 질문하는 형태의 면접방법이다. 면접관이 여러 명이므로 다각도에서 질문을 하여 응시자에 대한 정보를 많이 알아낼 수 있다는 점 때문에 선호하는 면접방법이다.

하지만 응시자의 입장에서는 질문도 면접관에 따라 각양각색이고 동료 응시자가 없으므로 숨 돌릴 틈도 없게 느껴진다. 또한 관찰하는 눈도 많아서 조그만 실수라도 지나치는 법이 없기 때문에 정신적 압박과 긴장감이 높은 면접방법이다. 따라서 응시자는 긴장을 풀고 한 시험관이 묻더라도 면접관 전원을 향해 대답한다는 느낌으로 또박또박 대답하는 자세가 필요하다.

① 장점

면접관이 집중적인 질문과 다양한 관찰을 통해 응시자가 과연 조직에 필요한 인물인가를 완벽히 검증할 수 있다.

② 단점

면접 시간이 보통 10~30분 정도로 좀 긴 편이고 응시자에게 지나친 긴장감을 조성하는 면접방법이다.

질문을 들을 때 시선은 면접 위원을 향하고 다른 데로 돌리지 말아야 하며, 대답할 때에도 고개를 숙이거나 입속에서 우물거리는 소극적인 태도는 피하도록 한다. 면접 위원과 대등하다는 마음가짐으로 편안한 태도를 유지하면 대답도 자연스러운 상태에서 좀 더 충실히 할 수 있고, 이에 따라 면접 위원이 받는 인상도 달라진다.

(3) 집단 면접

집단 면접은 다수의 면접관이 여러 명의 응시자를 한꺼번에 평가하는 방식으로 짧은 시간에 능률적으로 면접을 진행할 수 있다. 각 응시자에 대한 질문내용, 질문횟수, 시간배분이 똑같지는 않으며, 모두에게 같은 질문이 주어지기도 하고, 각각 다른 질문을 받기도 한다.

또한 어떤 응시자가 한 대답에 대한 의견을 묻는 등 그때그때의 분위기나 면접관의 의향에 따라 변수가 많다. 집단 면접은 응시자의 입장에서는 개별 면접에 비해 긴장감은 다소 덜한 반면에 다른 응시자들과의 비교가 확실하게 나타나므로 응시자는 몸가짐이나 표현력·논리성 등이 결여되지 않도록 자신의 생각이나 의견을 솔직하게 발표하여 집단 속에 묻히거나 밀려나지 않도록 주의해야 한다.

① 장점

집단 면접의 장점은 면접관이 응시자 한 사람에 대한 관찰시간이 상대적으로 길고, 비교 평가가 가능하기 때문에 결과적으로 평가의 객관성과 신뢰성을 높일 수 있다는 점이며, 응시자는 동료들과 함께 면접을 받기 때문에 긴장감이 다소 덜하다는 것을 들 수 있다. 또한 동료가 답변하는 것을 들으며, 자신의 답변 방식이나 자세를 조정할 수 있다는 것도 큰 이점이다.

② 단점

응답하는 순서에 따라 응시자마다 유리하고 불리한 점이 있고, 면접 위원의 입장에서는 각각의 개인적인 문제를 깊게 다루기가 곤란하다는 것이 단점이다.

집단 면접 준비 Point

너무 자기 과시를 하지 않는 것이 좋다. 대답은 자신이 말하고 싶은 내용을 간단명료하게 말해야 한다. 내용이 없는 발언을 한다거나 대답을 질질 끄는 태도는 좋지 않다. 또 말하는 중에 내용이 주제에서 벗어나거나 자기중심적으로만 말하는 것도 피해야 한다. 집단 면접에 대비하기 위해서는 평소에 설득력을 지닌 자신의 논리력을 계발하는 데 힘써야 하며, 다른 사람 앞에서 자신의 의견을 조리 있게 개진할 수 있는 발표력을 갖추는 데에도 많은 노력을 기울여야 한다.

• 실력에는 큰 차이가 없다는 것을 기억하라.
• 동료 응시자들과 서로 협조하라.
• 답변하지 않을 때의 자세가 중요하다.
• 개성 표현은 좋지만 튀는 것은 위험하다.

(4) 집단 토론식 면접

집단 토론식 면접은 집단 면접과 형태는 유사하지만 질의응답이 아니라 응시자들끼리의 토론이 중심이 되는 면접방법으로 최근 들어 급증세를 보이고 있다. 이는 공통의 주제에 대해 다양한 견해들이 개진되고 결론을 도출하는 과정, 즉 토론을 통해 응시자의 다양한 면에 대한 평가가 가능하다는 집단 토론식 면접의 장점이 널리 확산된 데 따른 것으로 보인다. 사실 집단 토론식 면접을 활용하면 주제와 관련된 지식 정도와 이해력, 판단력, 설득력, 협동성은 물론 리더십, 조직 적응력, 적극성과 대인관계 능력 등을 쉽게 파악할 수 있다.

토론식 면접에서는 자신의 의견을 명확히 제시하면서도 상대방의 의견을 경청하는 토론의 기본자세가 필수적이며, 지나친 경쟁심이나 자기 과시욕은 접어두는 것이 좋다. 또한 집단 토론의 목적이 결론을 도출해 나가는 과정에 있다는 것을 감안하여 무리하게 자신의 주장을 관철시키기보다 오히려 토론의 질을 높이는 데 기여하는 것이 좋은 인상을 줄 수 있다는 점을 알아야 한다. 취업 희망자들은 토론식 면접이 급속도로 확산되는 추세임을 감안해 특히 철저한 준비를 해야 한다. 평소에 신문의 사설이나 매스컴 등의 토론 프로그램을 주의 깊게 보면서 논리 전개방식을 비롯한 토론 과정을 익히도록 하고, 친구들과 함께 간단한 주제를 놓고 토론을 진행해 볼 필요가 있다. 또한 사회·시사문제에 대해 자기 나름대로의 관점을 정립해두는 것도 꼭 필요하다.

(5) PT 면접

PT 면접, 즉 프레젠테이션 면접은 최근 들어 집단 토론 면접과 더불어 그 활용도가 점차 커지고 있다. PT 면접은 기업마다 특성이 다르고 인재상이 다른 만큼 인성 면접만으로는 알 수 없는 지원자의 문제해결 능력, 전문성, 창의성, 기본 실무능력, 논리성 등을 관찰하는 데 중점을 두는 면접으로, 지원자 간의 변별력이 높아 대부분의 기업에서 적용하고 있으며, 확산되는 추세이다.

면접 시간은 기업별로 차이가 있지만, 전문지식, 시사성 관련 주제를 제시한 다음, 보통 20 ~ 50분 정도 준비하여 5분가량 발표할 시간을 준다. 면접관과 지원자의 단순한 질의응답식이 아닌, 주제에 대해 일정 시간 동안 지원자의 발언과 발표하는 모습 등을 관찰하게 된다. 정확한 답이나 지식보다는 논리적 사고와 의사표현력이 더 중시되기 때문에 자신의 생각을 어떻게 설명하느냐가 매우 중요하다.

PT 면접에서 같은 주제라도 직무별로 평가요소가 달리 나타난다. 예를 들어, 영업직은 설득력과 의사소통 능력에 중점을 둘 수 있겠고, 관리직은 신뢰성과 창의성 등을 더 중요하게 평가한다.

PT 면접 준비 Point

- 면접관의 관심과 주의를 집중시키고, 발표 태도에 유의한다.
- 모의 면접이나 거울 면접으로 미리 점검한다.
- PT 내용은 세 가지 정도로 정리해서 말한다.
- PT 내용에는 자신의 생각이 담겨 있어야 한다.
- PT 중간에 자문자답 방식을 활용한다.
- 평소 지원하는 업계의 동향이나 직무에 대한 전문지식을 쌓아둔다.
- 부적절한 용어 사용이나 무리한 주장 등은 하지 않는다.

(6) 합숙 면접

합숙 면접은 대체로 1박 2일이나 2박 3일 동안 해당 기업의 연수원이나 수련원 등에서 이루어지는 면접으로, 평가 항목으로는 PT 면접, 토론 면접, 인성 면접 등을 기본으로 새벽등산, 레크리에이션, 게임 등 다양한 형태로 진행된다. 경쟁자들과 함께 생활하고 협동해야 하는 만큼 스트레스도 많이 받는 경우가 허다하다.

모든 지원자를 하루 동안 평가하게 되므로 지원자 1명을 평가하는 데 걸리는 시간은 짧게는 5분에서 길게는 1시간 이상 정도인데, 이 시간으로는 지원자를 제대로 평가하기에는 한계가 있다. 합숙 면접은 24시간 이상을 지원자와 면접관이 함께 생활하면서 다양한 프로그램을 통해 지원자의 역량을 폭넓게 평가할 수 있기 때문에 기업에서는 합숙 면접을 선호한다. 대체로 은행, 증권 등 금융권에서 합숙 면접을 통해 지원자의 의도되고 꾸며진 모습 외에 창의력, 의사소통 능력, 협동심, 책임감, 리더십 등 다양한 모습을 평가하였지만, 최근에는 기업에서도 많이 실시되고 있다.

합숙 면접에서 좋은 점수를 얻기 위해서는 무엇보다 팀워크를 중시하는 모습을 보여야 한다. 합숙 면접은 일반 면접과는 달리 개인보다는 그룹별로 과제가 주어지고 해결해야 하므로 조원 또는 동료와 얼마나 잘 어울리느냐가 중요한 평가기준이 된다. 장시간에 걸쳐 평가하기 때문에 힘든 부분도 있지만, 지원자들이 지쳐 있거나 당황하고 있는 사이에도 면접관들은 지원자들의 조직 적응력, 적극성, 사회성, 친화력 등을 꼼꼼하게 체크하기 때문에 잠시도 긴장을 늦춰서는 안 된다.

2. 면접의 실전 대책

(1) 면접 대비사항

① 지원 회사에 대한 사전지식을 충분히 준비한다.

필기시험에서 합격 또는 서류전형에서의 합격통지가 온 후 면접시험 날짜가 정해지는 것이 보통이다. 이때 수험자는 면접시험을 대비해 사전에 자기가 지원한 계열사 또는 부서에 대해 폭넓은 지식을 준비할 필요가 있다.

② 충분한 수면을 취한다.

충분한 수면으로 안정감을 유지하고 첫 출발의 상쾌한 마음가짐을 갖는다.

③ 얼굴을 생기 있게 한다.

첫인상은 면접에 있어서 가장 결정적인 당락요인이다. 면접관에게 좋은 인상을 줄 수 있도록 화장하는 것도 필요하다. 면접관들이 가장 좋아하는 인상은 얼굴에 생기가 있고 눈동자가 살아 있는 사람, 즉 기가 살아 있는 사람이다.

④ 아침에 인터넷 뉴스를 읽고 간다.

그날의 뉴스가 질문 대상에 오를 수가 있다. 특히 경제면, 정치면, 문화면 등을 유의해서 볼 필요가 있다.

(2) 면접 시 옷차림

면접에서 옷차림은 간결하고 단정한 느낌을 주는 것이 가장 중요하다. 색상과 디자인 면에서 지나치게 화려한 색상이나, 노출이 심한 디자인은 자칫 면접관의 눈살을 찌푸리게 할 수 있다. 단정한 차림을 유지하면서 자신만의 독특한 멋을 연출하는 것, 지원하는 회사의 분위기를 파악했다는 센스를 보여주는 것 또한 코디네이션의 포인트이다.

(3) 면접 요령

① 첫인상을 중요시한다.

상대에게 인상을 좋게 주지 않으면 어떠한 얘기를 해도 이쪽의 기분이 충분히 전달되지 않을 수 있다. 예를 들어, '저 친구는 표정이 없고 무엇을 생각하고 있는지 전혀 알 길이 없다.'처럼 생각되면 최악의 상태이다. 우선 청결한 복장, 바른 자세로 침착하게 들어가야 한다. 건강하고 신선한 이미지를 주어야 하기 때문이다.

② 좋은 표정을 짓는다.

얘기를 할 때의 표정은 중요한 사항의 하나다. 거울 앞에서 웃는 연습을 해본다. 웃는 얼굴은 상대를 편안하게 하고, 특히 면접 등 긴박한 분위기에서는 천금의 값이 있다 할 것이다. 그렇다고 하여 항상 웃고만 있어서는 안 된다. 자기의 할 얘기를 진정으로 전하고 싶을 때는 진지한 얼굴로 상대의 눈을 바라보며 얘기한다. 면접을 볼 때 눈을 감고 있으면 마이너스 이미지를 주게 된다.

③ 결론부터 이야기한다.

자기의 의사나 생각을 상대에게 정확하게 전달하기 위해서 먼저 무엇을 말하고자 하는가를 명확히 결정해 두어야 한다. 대답을 할 경우에는 결론을 먼저 이야기하고 나서 그에 따른 설명과 이유를 덧붙이면 논지(論旨)가 명확해지고 이야기가 깔끔하게 정리된다.

한 가지 사실을 이야기하거나 설명하는 데는 3분이면 충분하다. 복잡한 이야기라도 어느 정도의 길이로 요약해서 이야기하면 상대도 이해하기 쉽고 자기도 정리할 수 있다. 긴 이야기는 오히려 상대를 불쾌하게 할 수가 있다.

④ 질문의 요지를 파악한다.

면접 때의 이야기는 간결성만으로는 부족하다. 상대의 질문이나 이야기에 대해 적절하고 필요한 대답을 하지 않으면 대화는 끊어지고 자기의 생각도 제대로 표현하지 못하여 면접자로 하여금 수험생의 인품이나 사고방식 등을 명확히 파악할 수 없게 한다. 무엇을 묻고 있는지, 무슨 이야기를 하고 있는지 그 요점을 정확히 알아내야 한다.

> **면접에서 고득점을 받을 수 있는 성공요령**
>
> 1. 자기 자신을 겸허하게 판단하라.
> 2. 지원한 회사에 대해 100% 이해하라.
> 3. 실전과 같은 연습으로 감각을 익히라.
> 4. 단답형 답변보다는 구체적으로 이야기를 풀어나가라.
> 5. 거짓말을 하지 말라.
> 6. 면접하는 동안 대화의 흐름을 유지하라.
> 7. 친밀감과 신뢰를 구축하라.
> 8. 상대방의 말을 성실하게 들으라.
> 9. 근로조건에 대한 이야기를 풀어나갈 준비를 하라.
> 10. 끝까지 긴장을 풀지 말라.

1. PT · 인성 면접

(1) 면접위원 : 3명

(2) 면접시간 : 약 40분

(3) 면접형태 : 多대 一형태의 면접

(4) 면접유형 : PT 면접은 직무와 관련된 이슈나 주제를 가지고 실무능력을 측정하는 방식으로써 전공과 관련된 문제지, 연습장, 펜이 주어지고, 약 30분 동안 준비를 한 후, 3명의 면접관 앞에서 약 5~7분간 PT발표를 실시한다. 발표를 마친 후, 인성 면접을 실시하는데 효성의 4가지 핵심가치(최고, 혁신, 책임, 신뢰)의 관점에서 지원자의 인성과 실제 업무역량 등을 자기소개서를 바탕으로 평가한다. 질문에 대해 답변을 하면 그 답변에 대해 다시 질문을 하는, 꼬리에 꼬리를 무는 형식으로 진행된다.

PT 면접 기출 주제

- 글자를 거꾸로 출력하는 알고리즘 코드를 작성하고 설명하시오.
- 초고층 시공의 특성에 대해 설명해 보시오.
- 효성의 영업인으로서 해외시장을 개척하는 방법에 대해 설명해 보시오.
- 효성중공업의 초고압변압기의 특징과 장점에 대해 설명해 보시오.
- Wire Rod에 응력이 가해져 당겨졌을 때 발생하는 전단응력에 대해 말해 보시오.
- 경쟁사의 저가 제품 판매 전략에 어떻게 대응하겠는가?
- 효성의 포케톤의 특성과 장점에 대해 설명해 보시오.
- 신흥국 이슈 관련 내용
- 효성 관련 비즈니스케이스 분석 및 계획
- 열역학의 생성 엔탈피를 통해 반응 속도를 빠르게 하는 방법
- 화학 반응식을 통한 분자식을 추론하시오.
- 환율 및 국제정세와 관련된 내용
- 열정산을 세워 덕트(Duct)의 열 손실을 구하시오.
- LC 회로에 대해 설명해 보시오.
- 특수상황에서 영업사원의 태도
- 관심을 갖고 공부한 전공분야에 대해 설명해 보시오.

인성 면접 기출 주제

- 효성웨이의 핵심가치 4가지를 말하고 그 중 한 가지와 관련된 경험을 말해 보시오.
- 효성그룹에서 하고 싶은 업무는 무엇인가?
- 꾸준히 발전하기 위해 노력하고 있는 것은 무엇인가?
- 요즘 관심있게 보고 있는 이슈는 무엇인가?
- 부득이하게 원칙을 어겼던 경험을 말해 보시오.
- 왜 효성인가?
- 전국 주유소의 개수는 몇 개인가?
- 효성 강선연구소의 주요 업무에 대해 알고 있는가?
- 공백기가 있는데 이 시기에는 무엇을 했는가?
- 상사업무가 생각하는 것과는 달리 힘든데 정말 괜찮은가?
- 자기소개서에 봉사활동 기록이 없는데 따로 해온 것이 있는가?
- 회사 제품에 대해서 아는 것이 있는가?
- 최근 건설 경기에 대해서 어떻게 생각하는가?
- 건설업에 지원한 이유는?
- 동아리 활동에서 가장 기억에 남는 경험은 무엇인가?
- 다른 회사와 동시에 합격한다면 어떻게 하겠는가?
- 회사에서 하고 싶은 일이 있는데 해당 직무의 상사와 사이가 좋지 않다면 어떻게 하겠는가?
- 군생활에서 가장 기억에 남는 경험은 무엇이 있는가?
- 효성웨이의 핵심가치에 대해 이야기해 보시오.
- 해당 수상경력은 우리 직무와 연관이 없어 보이는데 이를 어떻게 활용할 것인가?
- 영업 직무에서 가장 필수적인 요소가 무엇이라고 생각하며 그 이유는 무엇인가?
- 해외경험에 대한 질문
- 해외영업에서 가장 중요한 자질은 무엇인가?
- 전공을 공부하면서 배운 것은 무엇인가?
- 아르바이트를 한 경험이 있는가?
- 효성 중공업에 지원한 이유가 무엇인가?
- 영업은 끈기가 필요한 직무인데 이와 관련된 경험을 사례를 들어 말해 보시오.
- 2B와 B2C의 차이는 무엇인가?
- 전기 관련 전공이 아닌데, 이로 인한 핸디캡에 대해 어떻게 생각하는가?
- 인생에서 가장 힘들었던 경험은 무엇인가?
- 해외 근무는 가능한가?
- 지방 근무는 가능한가?
- 혼자 사는 것은 가능한가?
- 효성에 대해 아는 대로 말해 보시오.
- 졸업 후 지금까지 취직하지 않은 이유는 무엇인가?
- 희망하지 않는 분야에 배정된다면 어떻게 할 것인가?
- 컴퓨터 활용 능력 / OA 활용 수준은 어느 정도인가?
- [경력] 이직 / 퇴직사유는 무엇인가?

2. 토론 면접

(1) 면접위원 : 2명

(2) 면접시간 : 약 40분

(3) 면접형태 : 多대 多형태의 면접

(4) 면접유형 : 기존의 블라인드 형태의 면접에서 벗어나 2015년 하반기부터 비즈니스 케이스 면접 유형으로 실시하고 있다. 공동의 목표를 달성하기 위해 제안하는 방식을 찾는 토론이 진행되며, 5명의 지원자가 주어진 문제에 대해 각각 다른 추가 자료를 배부 받고 이 자료를 바탕으로 서로 상의하여 결론을 도출해나간다. 이때 평가의 주된 목적은, 구체적인 업무 상황을 제시했을 때 이를 해결할 수 있는 전문 지식과 실력을 갖추고 있는지를 보기 위한 것이다.

토론 면접 기출 주제
- 버스 입석 금지에 관한 토론
- 중공업, 도로 등 북한으로의 인프라 확장에 관한 토론
- 전자결제 시스템의 편의성과 보안성에 관한 토론
- 전 세계 기후 환경문제에 대한 토론
- 노틸러스효성의 주력 사업인 ATM 산업이 핀테크와 현금 사용의 저하로 인해 사양길을 걷고 있다. 이 문제의 해결방안에 관한 토론
- 가상의 한 기업에 관한 사례와 그 기업의 발전 방향성에 관한 토론
- 현재 경제 상황을 통해 새로운 비즈니스 모델에 관한 토론
- 빅데이터의 발전이 자동차 산업에 끼칠 영향에 대한 다양한 관점을 토론
- 가상의 화학제품 생산에 대한 정보를 통해 시장 규모 예측 토론

현재 나의 실력을 객관적으로 파악해 보자!

모바일 OMR
답안채점 / 성적분석 서비스

도서에 수록된 모의고사에 대한 객관적인 결과(정답률, 순위)를
종합적으로 분석하여 제공합니다.

OMR 입력

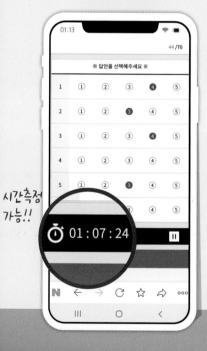

시간측정
가능!!

성적분석

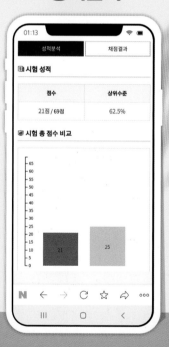

채점결과

※OMR 답안채점 / 성적분석 서비스는 등록 후 30일간 사용가능합니다.

참여방법

 → LOG IN → → →

도서 내 모의고사
우측 상단에 위치한
QR코드 찍기

로그인
하기

'시작하기'
클릭

'응시하기'
클릭

나의 답안을
모바일 OMR
카드에 입력

'성적분석&채점결과'
클릭

 현재 내 실력
확인하기

SD에듀

대기업 인적성검사 시리즈

신뢰와 책임의 마음으로 수험생 여러분에게 다가갑니다.

대기업 인적성 "기본서" 시리즈

대기업 취업 기초부터 합격까지! 취업의 문을 여는

Master Key!

SD에듀

2024 최신판

효성그룹

인적성검사

편저 | SDC(Sidae Data Center)

정답 및 해설

합격의 별을 따자

5개년 기출복원문제
대표출제유형 완전 분석
모의고사 3회

SDC

SDC는 SD에듀 데이터 센터의 약자로
약 30만 개의 NCS · 적성 문제 데이터를
바탕으로 최신출제경향을 반영하여
문제를 출제합니다.

SD에듀
(주)시대고시기획

PART 1

5개년 기출복원문제

01 지각정확력

01	02	03	04	05					
②	④	④	③	①					

01

정답 ②

ODQ	OSB	OQT	OVN	OHH	OMA	OUW	OMJ	OUT	OLA	OTE	OVN
OTJ	OYU	OMP	OWU	OOU	OPW	OKR	OSE	OMK	OSS	OUG	OBL
OVN	OUW	OWU	OPW	OUT	OSE	OHH	OMP	ODQ	OVN	OMK	OKR
OYU	OTJ	OSB	OTE	OHL	OQT	OOU	OBL	OSS	OLA	OMA	OMJ

02

정답 ④

신효	심호	신호	심호	실호	신호	신효	산호	선효	신호
신호	진호	심호	짐호	신효	실효	심호	실후	선휴	신후
신후	실효	진후	신호	실호	식후	심후	신후	신호	식후

03

정답 ④

ぎ	ぎ	き	し	ち	し	ぢ	じ	き	ぢ	ぎ	じ
ち	し	ぢ	き	じ	し	ぎ	し	じ	し	き	し
し	じ	き	ぎ	じ	ぢ	ぎ	き	じ	き	ぢ	ぎ
ぎ	き	じ	し	ち	ぎ	き	ぢ	ぎ	ぢ	し	き

04

정답 ③

060	750	831	647	032	064	879	148	931	567	131	669
996	320	328	530	520	318	118	735	750	760	330	350
600	998	991	918	736	558	065	062	063	331	332	745
831	410	669	772	886	887	990	798	514	981	662	641

05

정답 ①

변화	포탄	고향	원산	목포	가방	반증	무상	무념	문학	방학	밥상
벽지	벽화	사랑	순화	소이	딸기	사망	변혁	변절	수학	교정	기업
니트	종류	평화	출구	예광	변심	반항	소화	파기	무형	역사	문화
탄산	맥주	고난	탈출	예방	사또	화랑	담배	낙지	선박	출항	장갑

02   언어유추력

01	02	03	04						
⑤	①	③	②						

01

정답 ⑤

제시문은 반의 관계이다.
'수평'의 반의어는 '수직'이며, '기립'의 반의어는 '착석'이다.

02

정답 ①

'가을'에는 '사과'가 제철이고, '여름'에는 '수박'이 제철이다.

03

정답 ③

제시문은 인과 관계이다.
'충격'이 있으면 '혼절'을 하게 되고, '감사'한 일이 있으면 '사례'를 하게 된다.

04

정답 ②

제시문은 주술 관계이다.
'꽃'은 '만개하다'라는 서술어가 적절하고, '수증기'는 '자욱하다'라는 서술어가 적절하다.

01	02	03	04	05					
①	①	③	②	②					

01

정답 ①

C와 D의 위치는 서로 비교할 수 없으므로 높은 위치에 있는 순서대로 나열하면 'A - C - D - B - E' 또는 'A - D - C - B - E'가 된다. 이때, 어느 경우라도 A가 가장 높은 위치에 있음을 알 수 있다.

02

정답 ①

높은 위치에 있는 순서대로 나열하면 'A - C - D - B - E' 또는 'A - D - C - B - E'가 되므로 E가 가장 낮은 위치에 있음을 알 수 있다.

03

정답 ③

C와 D의 위치를 서로 비교할 수 없으므로 현재 2등이 누구인지 알 수 없다.

04

정답 ②

내일 강수 확률은 40%이다. 우산을 챙기려면 기온이 영상이어야 하므로 우산을 챙길 확률은 $0.4 \times 0.2 = 0.08$, 즉 8%이다.

05

정답 ②

내일 눈이 올 확률은 $0.4 \times 0.8 = 0.32$, 즉 32%이다. 눈이 오면 도서관에 가므로 도서관에 갈 확률은 32%이다.

04 공간지각력

01									
③									

01

정답 ③

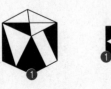 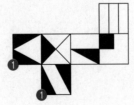

05 판단력

01	02	03	04	05					
②	③	②	①	①					

01

정답 ②

마지막 문단에서 '의리의 문제는 사람과 때에 따라 같지 않습니다.'라고 하였으므로 신하들이 임금에 대해 의리를 실천하는 방식이 누구에게나 동일하다는 것은 제시문의 내용과 일치하지 않는다.

오답분석

ㄱ. 부자관계는 천륜이어서 자식이 어버이를 봉양하는 데 한계가 없고, 이때는 은혜가 항상 의리에 우선하므로 관계를 떠날 수 없다고 하였으므로 적절하다.

ㄴ. 군신관계는 의리로 합쳐진 것이라 한계가 있는데 이 경우에는 때때로 의리가 은혜보다 앞서기도 한다고 하였으므로 적절하다.

02

정답 ③

제시문은 멸균에 대해 언급하며, 멸균 방법을 물리적·화학적으로 구분하여 다양한 멸균 방법에 대해 설명하고 있다. 따라서 글의 주제로 ③이 가장 적절하다.

03

정답 ②

아파트는 모든 것이 다 같은 높이의 평면 위에 있다. 따라서 아파트에서는 모든 것이 평면적이다.

04

정답 ①

제시문은 최대수요입지론에 의해 업체가 입지를 선택하는 방법을 설명하는 글이다. 최초로 입지를 선택하는 업체와 그다음으로 입지를 선택하는 업체가 입지를 선정하는 기준과 변인이 생기는 경우 두 업체의 입지를 선정하는 기준에 대해 서술한다. 따라서 (나) 최대수요입지론에서 입지를 선정할 때 고려하는 요인 - (가) 최초로 입지를 선정하는 업체의 입지 선정법 - (다) 다음으로 입지를 선정하는 업체의 입지 선정법 - (라) 다른 변인이 생기는 경우 두 경쟁자의 입지 선정법 순으로 연결되어야 한다.

05

정답 ①

사카린은 설탕보다 당도가 약 500배 정도 높고, 아스파탐의 당도는 설탕보다 약 200배 이상 높다. 따라서 사카린과 아스파탐 모두 설탕보다 당도가 높고, 사카린은 아스파탐보다 당도가 높다.

오답분석

② 사카린은 화학 물질의 산화 반응을 연구하던 중에, 아스파탐은 위궤양 치료제를 개발하던 중에 우연히 발견되었다.

③ 사카린은 무해성이 입증되어 미국 FDA의 인증을 받았고, 현재도 설탕의 대체재로 사용되고 있다.

④ 2009년 미국의 설탕, 옥수수 시럽, 기타 천연당의 1인당 연평균 소비량인 140파운드는 중국보다 9배 많은 수치이므로, 2009년 중국의 소비량은 20파운드 미만이었을 것이다.

01	02	03	04	05	06				
④	②	②	②	②	④				

01
정답 ④

농도가 15%인 소금물의 양을 xg이라고 가정하고, 소금의 양에 대한 방정식을 세우면 다음과 같다.

$$\frac{10}{100} \times 200 + \frac{15}{100} \times x = \frac{13}{100} \times (200 + x)$$

→ $20 + 0.15x = 26 + 0.13x$

→ $0.02x = 6$

∴ $x = 300$

따라서 농도가 15%인 소금물은 300g이 필요하다.

02
정답 ②

• 전체 경우의 수 : 6!
• A와 B가 나란히 서 있는 경우의 수 : 5!×2(∵ A와 B의 위치를 바꾸는 경우)

따라서 A와 B가 나란히 서 있을 확률은 $\frac{5! \times 2}{6!} = \frac{1}{3}$이다.

03
정답 ②

• 정상가격에 판매한 경우
  – A상품 : $(60 \div 2) \times 35,000 = 1,050,000$원
  – B상품 : $(60 \div 3) \times 55,000 = 1,100,000$원
  따라서 A, B상품을 정상가격에 판매하였을 때의 판매금액은 $1,050,000 + 1,100,000 = 2,150,000$원이다.
• 할인가격에 판매한 경우
  A, B상품 모두 5개에 80,000원에 판매한다고 하였으므로 $120 \div 5 \times 80,000 = 1,920,000$원이다.
따라서 정상가격과 할인가격 판매금액의 차이는 $2,150,000 - 1,920,000 = 230,000$원이다.

04
정답 ②

열차가 터널을 완전히 통과하려면 터널의 길이뿐만 아니라 열차의 길이까지 더해야 하므로 가야 하는 거리는 $10 + 2 = 12$km이다.

따라서 3km/h로 터널을 통과하려면 걸리는 시간은 $\frac{12}{3} = 4$시간이다.

05
정답 ②

일의 양을 1이라고 하면 A, B가 하루에 할 수 있는 일의 양은 각각 $\frac{1}{4}$, $\frac{1}{6}$이다. B가 혼자 일한 기간을 x일이라고 하자.

$$\frac{1}{4} \times 2 + \frac{1}{6} \times x = 1$$

∴ $x = 3$

따라서 B는 3일 동안 일해야 한다.

06

정답 ④

아버지, 은서, 지은이의 나이를 각각 x세, $\frac{1}{2}x$세, $\frac{1}{7}x$세라고 하면 다음과 같다.

$\frac{1}{2}x - \frac{1}{7}x = 15 \rightarrow 7x - 2x = 210$

$\therefore x = 42$

따라서 아버지는 42세이다.

07	수추리력

01	02	03	04						
④	③	①	③						

01

정답 ④

$+0.2$, $+0.25$, $+0.3$, $+0.35$, …을 하는 수열이다.

따라서 ( )=1.8+0.4=2.2이다.

02

정답 ③

(앞의 항)×(−2)=(다음 항)인 수열이다.

따라서 ( )=128×(−2)=−256이다.

03

정답 ①

앞의 항에 −2, +4, −8, +16, −32, …을 하는 수열이다.

따라서 ( )=43−128=−85이다.

04

정답 ③

홀수 항은 ×5를 하고, 짝수 항은 +7을 하는 수열이다.

따라서 ( )=50×5=250이다.

01 지각정확력

01	02	03	04	05					
⑤	⑤	①	②	④					

01 　　　　　　　　　　　　　　　　　정답 ⑤

∉	⊉	∅	∋	∈	∉	⊉	∈	∉	∋	∈	∉
∈	∅	∉	⊉	∋	∅	∉	∋	∈	∉	⊉	∉
∉	∋	∈	∅	∈	∋	∅	⊉	∉	∅	∈	⊉
∋	∉	⊉	∉	∉	∋	∈	∅	⊉	∅	∉	∋

02 　　　　　　　　　　　　　　　　　정답 ⑤

8-3*	2!34	6#1;	63^*	2@1'	5^72	6)2!	4$51	6%1:	62!&	8*(2	3#8^
0_41	5~1"	1=^?	1$>1	4$^8	!4@^	3;*4	2,%2	8-3*	2$1(	114/	2%/!
2!34	4$51	1=^?	8*(2	5^72	8-3*	1$>1	2%/!	8+3;	0_41	62!&	8-3*
5~1"	63^*	4$^8	6%1:	6#1;	2,%2	3#8^	3;*4	8-3*	2@1'	!4@^	6)2!

03 　　　　　　　　　　　　　　　　　정답 ①

04 　　　　　　　　　　　　　　　　　정답 ②

tall	term	tote	team	time	this	turn	tiny	ties	tape	thin	then
talk	thus	tame	taco	tile	toss	term	temp	test	thew	take	time
then	tune	thin	ties	tail	tuna	thor	tune	term	time	toss	tame
tiny	ties	test	task	thew	talk	taco	temp	than	tote	tail	type

05

DRQ	DQN	DEB	DDR	DRG	DBW	DBD	DBR	DBH	DXQ	DRZ	DRB
DBH	DNR	DRR	DBX	DRA	DBR	DBW	DGD	DNR	DBD	DRA	DQN
DDR	DRQ	DRA	DXQ	DGD	DEB	DBD	DRB	DRG	DDR	DBX	DEB
DRB	DBX	DQN	DBY	DRG	DQN	DNR	DRQ	DXQ	DEB	DBR	DRE

02 언어유추력

01	02	03	04	05					
③	③	②	①	④					

01

정답 ③

'바퀴'는 '자동차'가 이동하는 데 쓰이고, '다리'는 '사람'이 이동하기 위한 신체의 일부분이다.

02

정답 ③

제시문은 직업과 직장의 관계이다.
'의사'는 '병원'에서 일하고, '교사'는 '학교'에서 일한다.

03

정답 ②

'이정표'는 '고속도로'에서 방향과 위치를 알려주고, '등대'는 '바다'에서 그 역할을 한다.

04

정답 ①

제시문은 용도 관계이다.
'냄비'는 '조리'가 목적이고, '연필'은 '필기'가 목적이다.

05

정답 ④

제시문은 반의 관계이다.
'사실'의 반의어는 '허구'이며, '유명'의 반의어는 '무명'이다.

03　언어추리력

01	02	03	04	05					
①	①	②	①	①					

01

정답 ①

네 번째, 다섯 번째 조건을 통해서 '낮잠 자기를 좋아하는 사람은 독서를 좋아한다.'는 사실을 알 수 있다.

02

정답 ①

두 번째, 세 번째 조건을 통해서 '영화 관람을 좋아하지 않는 사람은 독서를 좋아하고, 조깅은 좋아하지 않는다.'는 것을 알 수 있다.

03

정답 ②

첫 번째 조건과 네 번째 조건의 대우를 통해 '등산을 좋아하는 사람은 스케이팅을 좋아하지 않고, 스케이팅을 좋아하지 않는 사람은 낮잠 자기를 좋아하지 않는다.'는 것을 알 수 있다.

04

정답 ①

제시된 조건을 정리하면 스페인어를 잘하면 영어를 잘하고, 영어를 잘하면 중국어를 못하므로 참이다.

05

정답 ①

일본어를 잘하면 스페인어를 잘하고, 스페인어를 잘하면 영어를 잘하며, 영어를 잘하면 중국어를 못한다고 했으므로 참이다.

04　공간지각력

01									
③									

01

정답 ③

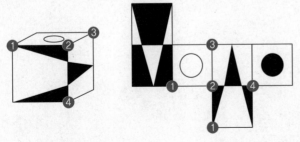

05 판단력

01	02	03	04	05					
②	③	②	④	①					

01

정답 ②

제시문은 휘발유세 상승으로 인해 발생하는 장점들을 열거함으로써 휘발유세 인상을 정당화하고 있다.

02

정답 ③

제시문에서 설명하는 '시점의 해방'은 인물이나 사건의 변화에 따른 시점의 변화를 의미하는 것인데 에베레스트산을 항공 촬영한 것은 시점의 변화라 보기 어렵다.

03

정답 ②

제시문은 사회의 변화 속도를 따라가지 못하는 언어의 변화 속도에 대해 문제를 제기하며 구체적 예시와 함께 이를 시정할 것을 촉구하는 글이다. 따라서 (나) 사회의 변화 속도를 따라가지 못하고 있는 언어의 실정 – (라) 성별을 구분하는 문법적 요소가 없는 우리말 – (가) 성별을 구분하여 사용하는 단어들의 예시 – (다) 언어의 남녀 차별에 대한 시정노력 촉구의 순서로 연결되어야 한다.

04

정답 ④

제시문은 국제 사회에서의 개인의 위상과 국력의 관계를 통하여 국력의 중요성을 말하고 있다.

05

정답 ①

제시문의 마지막 문단에 따르면 레드 와인의 탄닌 성분이 위벽에 부담을 줄 수 있으므로 스파클링 와인이나 화이트 와인을 먼저 마신 후 레드 와인을 마시는 것이 좋다. 따라서 레드 와인의 효능으로 위벽 보호는 적절하지 않다.

오답분석
② 마지막 문단에 따르면 레드 와인은 위액의 분비를 촉진하여 식욕을 촉진시킨다.
③ 세 번째 문단에 따르면 레드 와인에 함유된 항산화 성분이 노화 방지에 도움을 준다.
④ 네 번째 문단에 따르면 레드 와인에 함유된 레버라트롤 성분을 통해 기억력이 향상될 수 있다.

01	02	03	04	05	06	07			
④	①	①	②	③	①	②			

01

정답 ④

A와 B가 서로 반대 방향으로 돌면, 둘이 만났을 때 A가 걸은 거리와 B가 걸은 거리의 합이 운동장의 둘레와 같다.
따라서 운동장의 둘레는 $100 \times 12 + 80 \times 12 = 2,160$m이다.

02

정답 ①

A소금물과 B소금물의 소금의 양을 구하면 각각 $300 \times 0.09 = 27$g, $250 \times 0.112 = 28$g이다. 이에 따라 C소금물의 농도는
$\frac{27+28}{300+250} \times 100 = \frac{55}{550} \times 100 = 10\%$이다.

소금물을 덜어내도 농도는 변하지 않으므로 20% 덜어낸 C소금물의 양은 $550 \times 0.8 = 440$g이고, 소금의 양은 44g이다.

따라서 소금을 10g 더 추가했을 때의 소금물의 농도는 $\frac{44+10}{440+10} \times 100 = \frac{54}{450} \times 100 = 12\%$이다.

03

정답 ①

형의 나이를 x세, 동생의 나이를 y세라고 하자(단, $x > y$).
$x + y = 22 \cdots \bigcirc$
$xy = 117 \cdots \bigcirc\bigcirc$
$\bigcirc$, $\bigcirc\bigcirc$을 연립하면 $x = 13$, $y = 9$이므로 동생의 나이는 9세이다.

04

정답 ②

갑과 을이 한 시간 동안 만들 수 있는 곰 인형의 수는 각각 $\frac{100}{4} = 25$개, $\frac{25}{10} = 2.5$개이다.

함께 곰 인형 132개를 만드는 데 걸린 시간을 x시간이라고 하자.
$(25+2.5) \times 0.8 \times x = 132 \rightarrow 27.5x = 165$
$\therefore x = 6$

05

정답 ③

지하철의 이동거리를 $x$km라 하자.
이상이 생겼을 때 지하철의 속력은 $60 \times 0.4 = 24$km/h이다.
평소보다 45분 늦게 도착하였으므로 이동거리를 구하면 다음과 같다.
$\frac{x}{24} - \frac{x}{60} = \frac{45}{60} \rightarrow 5x - 2x = 90 \rightarrow 3x = 90$
$\therefore x = 30$

06

정답 ①

1시간 동안 준희와 민기가 할 수 있는 일의 양은 각각 $\dfrac{1}{14}$, $\dfrac{1}{35}$ 이다.

동시에 일을 한 시간을 x시간이라고 하면 식은 다음과 같다.

$\left(\dfrac{1}{14}+\dfrac{1}{35}\right)\times x=1 \rightarrow \dfrac{1}{10}x=1$

$\therefore\ x=10$

07

정답 ②

• 8명 중 팀장 2명을 뽑는 경우의 수 : $_8C_2$
• 남자 4명 중 팀장 2명을 뽑는 경우의 수 : $_4C_2$

따라서 팀장 2명이 모두 남자로만 구성될 확률은 $\dfrac{_4C_2}{_8C_2}=\dfrac{6}{28}=\dfrac{3}{14}$ 이다.

07 수추리력

01	02	03	04						
④	④	③	③						

01

정답 ④

앞의 항에 3^0, 3^1, 3^2, 3^3, 3^4, 3^5, …을 더하는 수열이다.
따라서 (　)$=106+243=349$이다.

02

정답 ④

앞의 항에 2^1, 2^2, 2^3, 2^4, 2^5, 2^6, …을 더하는 수열이다.
따라서 (　)$=65+64=129$이다.

03

정답 ③

앞의 항에 1, 3, 5, 7, 9, 11, …을 더하는 수열이다.
따라서 (　)$=36+11=47$이다.

04

정답 ③

홀수 항은 -3을, 짝수 항은 $+1$을 하는 수열이다.
따라서 (　)$=5-3=2$이다.

01 지각정확력

01	02	03	04	05					
④	②	⑤	①	④					

01 정답 ④

姿	炙	姉	再	載	恣	栽	指	祉	資	州	珠
宙	炷	趙	恣	操	兆	俎	朝	存	諍	裝	匠
掌	恣	棧	進	唇	袗	諮	只	廚	恣	種	從
悰	仲	徵	集	什	雜	戰	殿	顫	琠	咨	茨

02 정답 ②

tag	taG	tAg	Teg	tag	Teg	tAg	tag	Teg	Taq	tag	taG
Taq	Teg	tag	Taq	taG	tag	Tag	taG	Taq	taG	Teg	tAg
tAg	Tag	taG	tag	tAg	Teg	Taq	taG	tAg	Tag	tag	Taq
tag	Teg	Teg	Taq	tag	Teg	tAg	tag	Teg	Teg	taG	tag

03 정답 ⑤

₣	₮	฿	£	£	฿	¢	₣	₮	¢	₮	₣
¢	₦	£	¢	฿	₣	₦	₮	₣	£	₦	฿
₮	₣	₣	¢	₦	₦	£	฿	฿	¢	₣	¢
£	₦	฿	₦	£	£	¢	₦	£	£	฿	₮

04 정답 ①

단기	주기	세기	만기	적기	한기	구기	조기	곡기	사기	장기	재기
상기	수기	말기	패기	자기	무기	기기	객기	초기	반기	간기	호기
한기	간기	곡기	초기	수기	장기	단기	반기	재기	만기	구기	말기
자기	세기	패기	사기	상기	호기	객기	무기	주기	기기	적기	조기

05

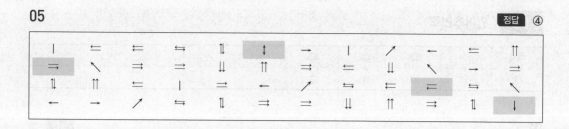

02   언어유추력

01	02	03	04	05					
④	④	①	⑤	②					

01

정답 ④

'데스크탑'에 휴대성을 갖춘 것이 '노트북'이고, '집'에 휴대성을 갖춘 것은 '캠핑카'이다.

02

정답 ④

제시문은 재료와 결과물의 관계이다.
'떡'을 만드는 재료는 '쌀'이며, '빵'을 만드는 재료는 '밀가루'이다.

03

정답 ①

제시문은 반의 관계이다.
'비옥'은 '척박'의 반의어이고, '감쇄'는 '증가'의 반의어이다.

오답분석
④ 상쇄 : 서로 반대되는 것이 영향을 주어 효과가 없어지는 일

04

정답 ⑤

'비'가 오면 '우산'을 쓰고, '추위'가 오면 '외투'를 입는다.

05

정답 ②

제시문은 유의 관계이다.
'유사'는 '근사'와 유사한 의미를 가지며, '미래'는 '장래'와 유사한 의미를 가진다.

01	02	03	04	05					
③	①	①	①	③					

01
정답 ③

제시된 조건에 따르면 네 사람이 벤치에 앉는 경우는 '갑 – 을 – 병 – 정'과 '갑 – 을 – 정 – 병'으로 두 가지 경우가 있다.
따라서 제시된 조건만으로는 좌우 양방향으로 누군가와 이웃해 있다고 할 수 없다.

02
정답 ①

01번 해설에 따르면 두 경우 모두 갑과 을의 자리는 변하지 않는다.

03
정답 ①

두 번째 조건에 의해 A와 D는 1층과 6층에 배정될 수밖에 없다. 이때, A는 B보다 아래층에 있으므로 A는 1층이다.

04
정답 ①

A는 1층, D는 6층이고 C가 4층이라면, B는 C보다 아래층이고 D는 E와 인접할 수 없으므로 5층에 입주할 수 있는 것은 F뿐이다.

05
정답 ③

A가 1층, F가 5층, D가 6층이고 B는 C보다 아래층이다. 따라서 C는 3층일 수도, 4층일 수도 있다.

01									
①									

01
정답 ①

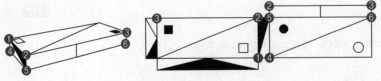

05 판단력

01	02	03	04	05					
④	④	③	④	①					

01

첫 번째 문단은 임신 중 고지방식 섭취로 인한 자식의 생식기에 종양 발생 가능성에 대한 연구결과를 이야기하고 있고, 두 번째 문단은 사지 절단 수술로 인해 심장병으로 사망할 가능성에 대한 조사 결과를 이야기하고 있다. 따라서 제시문의 주제로 '의외의 질병 원인과 질병 사이의 상관관계'가 가장 적절하다.

02

제시문에서는 현대 사회의 소비 패턴이 '보이지 않는 손' 아래의 합리적 소비에서 벗어나 과시 소비가 중심이 되었으며, 그 이면에는 소비를 통해 자신의 물질적 부를 표현함으로써 신분을 과시하려는 욕구가 있다고 설명하고 있다.

03

'예술가가 무엇인가를 선택하는 정신적인 행위와 작업이 예술의 본질'이라는 내용과 마르셀 뒤샹, 잭슨 폴록 작품에 대한 설명을 통해 퐁피두 미술관이 전통적인 예술작품을 선호할 것이라고 추론하기는 어렵다.

오답분석

① · ④ 마르셀 뒤샹과 잭슨 폴록의 작품 성격을 통해 추론할 수 있다.
② 마르셀 뒤샹과 잭슨 폴록이 서로 작품을 표현한 방식이 다르듯이 그 밖에 다른 작가들의 다양한 표현 방식의 작품이 있을 것으로 추론함으로써 퐁피두 미술관을 찾는 사람들의 목적이 다양할 것이라고 추론할 수 있다.

04

제시문에서는 '전통'의 의미를 '상당히 이질적인 것이 교차하여 겯고 튼 끝에 이루어진 것', '어느 것이나 우리화시켜 받아들인 것'으로 규정하고, '전통의 혼미란 곧 주체 의식의 혼미란 뜻에 지나지 않는다.'라는 주장을 펴고 있다. 따라서 빈칸에는 '끊어지고 바뀌고 붙고 녹는 것을 계속하면서 그것을 일관하는 것이 전통이란 것이다.'가 들어가는 것이 적절하다.

05

제시문에서는 영리병원 도입으로 중장기적 고용 창출 효과가 있을 것이라고 주장하고 있다.

01	02	03	04	05	06	07			
①	④	④	④	③	④	①			

01

정답 ①

추가해야 할 소금의 양을 xg이라 하자.

$\frac{12}{100} \times 100 + x = \frac{20}{100} \times (100 + x) \rightarrow 1,200 + 100x = 2,000 + 20x \rightarrow 80x = 800$

$\therefore x = 10$

02

정답 ④

정가를 x원이라고 하자.

$0.85x = 6,000 \times 1.19$

$\therefore x = \frac{7,140}{0.85} = 8,400$

따라서 정가는 원가의 $\frac{8,400 - 6,000}{6,000} \times 100 = 40\%$의 이익을 붙인 금액이다.

03

정답 ④

C는 A가 이기든 B가 이기든 한 게임을 할 때마다 사탕 2개를 받기 때문에 C가 30개의 사탕을 가지고 있다는 것은 게임이 총 15번 이루어졌다는 것이다. A와 B가 게임을 할 때마다 A가 B보다 한 번 더 이기면, 그때마다 A는 B보다 사탕이 4개씩 더 많아지게 되므로 A가 사탕이 12개 더 많다면 A가 3번 더 이긴 것이 된다.

따라서 A가 x번 이겼다면, $x + (x-3) = 15$이므로 x는 9이다.

04

정답 ④

• 팀장 한 명을 뽑는 경우의 수 : $_{10}C_1 = 10$

• 회계 담당 2명을 뽑는 경우의 수 : $_9C_2 = \frac{9 \times 8}{2!} = 36$

따라서 $10 \times 36 = 360$가지이다.

05

정답 ③

5명을 한 팀으로 조직했을 때, 만들어지는 팀의 수를 x개라 하자.

$5 \times x + 2 = 6 \times (x - 2)$

$\therefore x = 14$

따라서 14팀이 만들어진다.

06

정답 ④

진경이가 이동한 시간을 x초, 준희가 이동한 시간을 $(x-180)$초라고 하자.

$3x+2(x-180)=900 \rightarrow 5x=1,260$

$\therefore x=252$

따라서 진경이가 출발한 지 4분 12초만에 준희를 만난다.

07

정답 ①

시행마다 2개의 공을 꺼내거나 1개의 흰 공을 다시 집어넣으므로 상자 속에 있는 흰 공의 개수는 2개씩 줄어들거나 그대로 남아 있다.

따라서 상자 속에 흰 공의 개수는 짝수라고 했기 때문에, 마지막에 남은 공이 흰 공이 될 수가 없다.

07	수추리력

01	02	03	04						
④	③	②	④						

01

정답 ④

항을 네 개씩 묶고 나열된 수를 각각 A, B, C, D라고 하면

$\underline{A \ B \ C \ D} \rightarrow A^B = C^D$

따라서 $3^{(\ )}=9^3=3^6$이므로 ( )=6이다.

02

정답 ③

홀수 항은 $+2$를 하고, 짝수 항은 2^2, 4^2, 6^2, 8^2, 10^2, …을 하는 수열이다.

따라서 ( )$=10^2=100$이다.

03

정답 ②

$\times 2$와 -2가 번갈아 가면서 적용되는 수열이다.

따라서 ( )$=88-2=86$이다.

04

정답 ④

홀수 항은 $\times 3-1$인 수열이고, 짝수 항은 $\frac{5}{6}$씩 더하는 수열이다.

따라서 ( )$=\left(-\frac{5}{2}\right)\times 3-1=-\frac{17}{2}$이다.

01 지각정확력

01	02	03	04	05					
②	②	②	④	②					

01
정답 ②

됩	큅	겁	닪	큅	퉌	팁	됩	뷉	겁	퉌	큅
겁	닪	팁	뷉	탑	겁	툽	닙	큅	퉌	닪	닙
퉌	퉌	닙	겁	퉌	됩	닙	탑	팁	뷉	닙	툽
탑	큅	팁	닪	뷉	퉌	팁	겁	닪	닪	툽	됩

02
정답 ②

film	face	film	fast	farm	fall	fail	face	fast	fall	face	farm
fast	fail	fall	face	film	fast	farm	fella	film	film	fall	fail
face	film	farm	fella	fail	face	fast	farm	fella	fail	fast	film
fail	fall	fella	farm	face	film	fall	fella	face	fella	farm	farm

03
정답 ②

iv	viii	i	II	xii	ii	x	XI	I	vi	VIII	XII
X	XII	vii	XII	IX	VII	iii	v	VI	III	vii	ix
vi	vii	XI	iii	IV	i	v	X	xii	V	XII	VIII
XII	viii	VII	VI	ii	III	XII	II	IX	iv	I	iii

04
정답 ④

ㅓ	ㅚ	ㅝ	ㅞ	ㅢ	ㅟ	ㅢ	ㅗ	ㅒ	ㅓ	ㅜ	ㅐ
ㅒ	ㅑ	ㅖ	ㅓ	ㅕ	ㅜ	ㅏ	ㅛ	ㅖ	ㅠ	ㅑ	ㅝ
ㅑ	ㅛ	ㅐ	ㅠ	ㅐ	ㅝ	ㅢ	ㅖ	ㅕ	ㅚ	ㅛ	ㅒ
ㅜ	ㅕ	ㅒ	ㅚ	ㅖ	ㅞ	ㅗ	ㅐ	ㅐ	ㅠ	ㅗ	ㅕ

05

정답 ②

☞	↑	▶	♤	♪	▼	＊	♥	※	☎	♣	🖅
◇	▲	◁	→	#	■	♪	↔	◑	↓	♨	♣
◆	△	□	☎	◉	♧	※	&	◀	※	}	▽
▷	※	★	◈	◐	♡	•	♠	※	←	🖅	★

02　언어유추력

01	02	03	04	05						
⑤	③	⑤	②	②						

01

정답 ⑤

제시문은 유의 관계이다.
제시된 보기는 모두 친한 친구 사이를 나타내는 사자성어이지만 '지기지우'의 뜻과 가장 가까운 것은 '지음'이다.
• 지기지우(知己之友) : 자기의 속마음을 참되게 알아주는 친구
• 지음(知音) : 나를 알아주는 벗이라는 뜻으로, 마음이 서로 통하는 친한 벗을 비유적으로 이르는 말. 거문고의 명인 백아가 자기의 소리를 잘 이해해 준 벗 종자기가 죽자 자신의 거문고 소리를 아는 자가 없다고 하여 거문고 줄을 끊었다는 데서 유래한다.

오답분석
① 금란지교(金蘭之交) : 단단하기가 황금과 같고 아름답기가 난초 향기와 같은 사귐을 이르는 말
② 수어지교(水魚之交) : 물이 없으면 살 수 없는 물고기와 물의 관계라는 뜻으로, 아주 친밀하여 떨어질 수 없는 사이를 비유적으로 이르는 말
③ 막역지우(莫逆之友) : 서로 거스름이 없는 친구라는 뜻으로, 허물이 없이 아주 친한 친구를 이르는 말
④ 문경지교(刎頸之交) : 서로를 위해서라면 목이 잘린다 해도 후회하지 않을 정도의 사이라는 뜻으로 생사를 같이할 수 있는 아주 가까운 사이, 또는 그런 친구를 이르는 말

02

정답 ③

제시문은 반의 관계이다.
'능동'의 반의어는 '수동'이고, '자유'의 반의어는 '속박'이다.

03

정답 ⑤

제시문은 반의 관계이다.
'응분'은 '어떤 정도나 분수에 맞음'을 의미하며, '분수에 넘침'을 의미하는 '과분'과 반의 관계이다. '겸양하다'는 '겸손한 태도로 양보하거나 사양하다.'라는 의미로, '잘난 체하다.'라는 의미의 '젠체하다'와 반의 관계이다.

04

정답 ②

제시문은 짝을 이루는 관계이다.
'몽룡'의 짝은 '춘향'이고, '피터팬'의 짝은 '웬디'이다.

05

정답 ②

제시문은 상하 관계이다.
'힙합'은 '음악'의 하위어이며, '소서'는 '절기'의 하위어이다.

03   언어추리력

01	02	03	04	05					
①	②	③	③	①					

01

정답 ①

철수의 누나가 영희이므로, 영희는 남동생이 있다.

02

정답 ②

철수와 영희는 남매이고 영희는 맏딸이며, 철수는 막내가 아니므로 영희의 동생은 최소 2명이다.

03

정답 ③

셋째가 수요일에 당번을 서는 것은 확실하지만, 화요일과 수요일에 설지 수요일과 목요일에 설지는 알 수 없다. 따라서 셋째가 첫째와 당번 서는 날이 겹칠지 둘째와 당번 서는 날이 겹칠지는 제시된 조건만으로 정확히 알 수 없다.

04

정답 ③

셋째가 화요일과 수요일에 당번을 설지, 수요일과 목요일에 당번을 설지 정확히 알 수 없다. 따라서 첫째가 이틀 내내 혼자 당번을 서는지는 제시된 조건만으로 정확히 알 수 없다.

05

정답 ①

셋째가 화요일과 수요일에 당번을 서면 화요일에 첫째와 같이 서게 되고, 수요일과 목요일에 당번을 서면 목요일에 둘째와 같이 서게 된다. 따라서 모든 경우에서 셋째는 이틀 중 하루는 형들과 같이 당번을 선다.

04 공간지각력

01	02								
①	②								

01

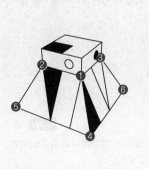 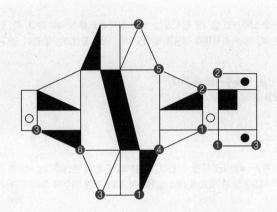

02

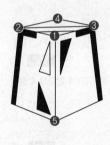 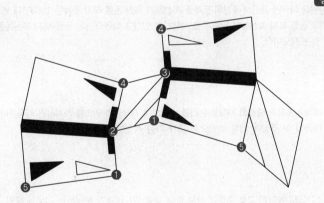

01

정답 ③

취기재의 탐지 역치를 낮추려면 냄새를 탐지할 수 있는 최저 농도를 낮춰야 한다. 즉, 냄새를 탐지할 수 있는 후각 수용기를 많이 가지고 있어야 하는데, 이는 취기재의 이름을 알아맞히는 능력 향상과는 관련이 없다.

[오답분석]

①·④ 마지막 문단을 통해 추론할 수 있다.
② 다섯 번째 문단을 통해 추론할 수 있다.

02

정답 ③

제시문의 내용은 크게 두 부분으로 나눌 수 있다. 처음부터 두 번째 문단까지는 맥주의 주원료에 대해서, 그 이후부터 글의 마지막 부분까지는 맥주의 제조공정 중 발효에 대해 설명하며 이에 따른 맥주의 종류에 대해 설명하고 있다.

03

정답 ④

네 번째 문단에 따르면 공장식 축산의 문제를 개선하기 위한 동물 복지 운동은 1960년대 영국을 중심으로 시작되었으며, 한국에서도 올해부터 '동물 복지 축산농장 인증제'를 시행하고 있다고 하였다. 즉, 동물 복지 축산농장 인증제는 영국이 아닌 한국에서 올해 시행하고 있는 제도이다.

04

정답 ②

제시문은 저작권 소유자 중심의 저작권 논리를 비판하며 저작권의 의의를 가지려면 저작물이 사회적으로 공유되어야 한다고 주장하고 있다. 따라서 이 주장에 대한 비판으로 ②가 가장 적절하다.

05

정답 ③

(가)는 청소년들의 높아진 교육 수준과 정보 습득 능력, 만 18세가 부담하는 의무와 책임, 다른 OECD 국가들의 사례 등을 들어 선거 연령을 만 18세 청소년들에게 부여해야 함을, (나)는 입시 중심 교육제도와 국가마다 다를 수 있는 상황과 기준을 들어 선거권을 갖는 연령을 낮추는 것을 반대하고 있다. 따라서 공통적인 질문으로 ③이 가장 적절하다.

01	02	03	04	05	06	07			
①	③	②	②	②	④	④			

01

정답 ①

작년의 남학생, 여학생 수를 각각 x명, $600-x$명이라고 하자.
올해 학생 수는 $600 \times (1+0.04) = x+36+(600-x) \times (1-0.05)$이므로 x는 360명이 되어 작년 여학생 수는 $600-360=240$명이다.
따라서 올해 여학생 수는 $240 \times (1-0.05) = 228$명이다.

02

정답 ③

엘리베이터에는 68kg 사람, 2kg 물건, 70kg J택배원, 12kg 손수레 카트가 들어있으므로 엘리베이터의 적재용량에 따라 가지고 탈 수 있는 택배 무게는 $455-(68+2+70+12)=455-152=303$kg이다.

따라서 가지고 탈 수 있는 4kg 택배의 최대 개수는 $\frac{303}{4}=75.75$이므로 75박스이다.

03

정답 ②

3, 5, 6의 최소공배수는 30이다.
• A자동차의 트랙 회전수 : $30 \div 3 = 10$회
• B자동차의 트랙 회전수 : $30 \div 5 = 6$회
• C자동차의 트랙 회전수 : $30 \div 6 = 5$회
따라서 A, B, C자동차의 트랙 회전수의 합은 $10+6+5=21$회이다.

04

정답 ②

• 35 → 1가지
• 40, 41, 42, 43, 45 → 5가지
• 50, 51, 52, 53, 54 → 5가지
따라서 만들 수 있는 35 이상의 자연수의 개수는 $1+5+5=11$가지이다.

05

정답 ②

한 달에 이용하는 횟수를 x번이라고 하자.
• A이용권을 사용할 때 쓰는 돈 : $(50,000+1,000x)$원
• B이용권을 사용할 때 쓰는 돈 : $(20,000+5,000x)$원
두 식을 정리하면 $50,000+1,000x < 20,000+5,000x \rightarrow 4,000x > 30,000$이므로 $x > 7.5$이다.
따라서 한 달에 최소 8번을 이용해야 A이용권을 사용하는 것이 이득이다.

06

정답 ④

- A회사와 계약할 확률 : $\dfrac{1}{4} \times \dfrac{2}{3} \times \dfrac{1}{2} = \dfrac{1}{12}$

- B회사와 계약할 확률 : $\dfrac{3}{4} \times \dfrac{1}{3} \times \dfrac{1}{2} = \dfrac{1}{8}$

- C회사와 계약할 확률 : $\dfrac{3}{4} \times \dfrac{2}{3} \times \dfrac{1}{2} = \dfrac{1}{4}$

따라서 A, B, C회사 중 한 회사하고만 계약할 확률은 $\dfrac{1}{12} + \dfrac{1}{8} + \dfrac{1}{4} = \dfrac{2+3+6}{24} = \dfrac{11}{24}$ 이다.

07

정답 ④

미주가 집에서 출발해서 동생을 만나기 전까지 이동한 시간을 x 시간이라고 하자.

미주가 이동한 거리는 $8x\,\mathrm{km}$ 이고, 동생이 미주가 출발한 후 12분 뒤에 지갑을 들고 이동했으므로 이동한 거리는 $20\left(x - \dfrac{1}{5}\right)\mathrm{km}$ 이다.

$$8x = 20\left(x - \dfrac{1}{5}\right) \ \rightarrow \ 12x = 4$$

$$\therefore \ x = \dfrac{1}{3}$$

따라서 미주와 동생은 $\dfrac{1}{3}$ 시간=20분 후에 만나게 된다.

07   수추리력

01	02	03	04						
④	②	④	④						

01

정답 ④

홀수 항은 ×2+1이고, 짝수 항은 11^2, 22^2, 33^2, …인 수열이다.
따라서 ( )=33^2=1,089이다.

02

정답 ②

앞의 항에 3^0, 3^1, 3^2, 3^3, 3^4, …을 더하는 수열이다.
따라서 ( )=$9+3^3$=36이다.

03

정답 ④

나열된 수를 각각 A, B, C라고 하면

$\underline{A\ B\ C} \rightarrow A^2 + B^2 = C$

따라서 (　)$= \sqrt{74-5^2} = \sqrt{49} = 7$이다.

04

정답 ④

항을 네 개씩 묶고 나열된 수를 각각 A, B, C, D라고 하면

$\underline{A\ B\ C\ D} \rightarrow A+B+C+D=10$

따라서 $1.5+3.5+3+($　$)=10$이므로 (　)$=10-1.5-3.5-3=10-8=2$이다.

01 지각정확력

01	02	03	04	05	06				
②	②	③	⑤	⑤	①				

01 정답 ②

02 정답 ②

03 정답 ③

努	务	努	奴	奴	助	協	另	劦	怒	劦	努
劦	協	怒	怒	劦	努	劦	怒	务	協	务	另
怒	奴	另	助	奴	务	另	奴	努	怒	奴	協
另	努	協	另	务	助	協	另	助	奴	努	怒

04 정답 ⑤

자각	촉각	매각	소각	기각	내각	후각	감각	둔각	망각	각각	엇각
기각	내각	청각	조각	갑각	해각	종각	자각	주각	간각	매각	시각
망각	지각	갑각	엇각	주각	촉각	매각	청각	부각	내각	조각	기각
대각	후각	촉각	자각	후각	망각	조각	내각	기각	촉각	청각	감각

05

IX	iv	VIII	IX	II	XI	V	VII	iv	VIII	ii	**III**
VIII	XI	V	V	**X**	VII	VIII	**viii**	II	XI	VII	ii
V	xii	**i**	VII	VIII	IX	IX	iv	ii	xii	iv	VIII
ii	VIII	iv	XI	iv	II	ii	XI	VII	V	IX	xii

06

土士	土毛	土類	土葬	土爐	土着	土漿	土手	土漿	土類	土爐	土毛
土手	土道	土偶	土兵	土風	土類	土士	土塘	土偶	土着	土道	土兵
土漿	土爐	土着	**土亭**	土塘	土手	土道	**土墳**	土價	土葬	**土地**	土偶
土價	土毛	土類	土塘	土葬	**土砂**	土漿	土爐	土兵	土士	土偶	土道

---

02 언어유추력

01	02	03	04	05					
③	②	④	②	③					

01

제시문은 반의 관계이다.
'송신'의 반의어는 '수신'이고, '불황'의 반의어는 '호황'이다.

[오답분석]
① 호재 : 좋은 재료, (경제) 증권 거래에서 시세 상승의 요인이 되는 조건

02

제시문은 유의 관계이다.
'후회'의 유의어는 '회한'이고, '억지'의 유의어는 '떼'이다.
• 후회 : 이전의 잘못을 깨치고 뉘우침
• 회한 : 뉘우치고 한탄함
• 떼 : 부당한 요구나 청을 들어 달라고 고집하는 것
• 억지 : 잘 안될 일을 무리하게 기어이 해내려는 고집

03

제시문은 상하 관계이다.
'이란'은 '중동'의 하위어이고, '목성'은 '태양계'의 하위어이다.

04

제시문은 유의 관계이다.
'암상'의 유의어는 '시기심'이고, '답습'의 유의어는 '흉내'이다.
• 암상 : 남을 시기하고 샘을 잘 내는 마음이나 행동
• 답습 : 예로부터 해 오던 방식이나 수법을 좇아 그대로 행함

05

제시문은 유의 관계이다.
'제한하다'의 유의어는 '통제하다'이고, '만족하다'의 유의어는 '탐탁하다'이다.

03	언어추리력								
01	02	03	04						
①	②	①	②						

01

제시된 조건을 통해 결승점에 들어온 순서대로 정리하면 '병 – 을 – 정 – 갑'이다.

02

결승점에 가장 늦게 들어온 사람은 갑이다.

03

B는 A보다 위층에 살고 있고, C와 D가 이웃한 층에 살고 있으려면 3 ~ 5층 중에 두 층을 차지해야 하므로 E는 1층에 산다.

04

B가 4층에 살면 C와 D가 이웃한 층에 살 수 없다. 따라서 B는 4층에 살 수 없다.

01	02								
①	④								

01 정답 ①

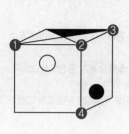
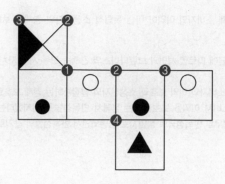

02 정답 ④

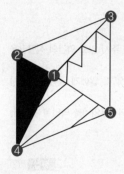
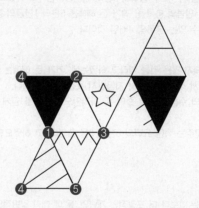

01	02	03	04	05					
④	①	③	③	④					

01
정답 ④

브랜다이스는 독점 규제를 통해 소비자의 이익이 아닌 독립적 소생산자의 경제를 보호함으로써 시민 자치를 지키고자 하였다.

오답분석

① 첫 번째 문단과 두 번째 문단에 따르면 셔먼과 브랜다이스의 견해는 모두 시민 자치를 중시하는 공화주의 전통에 기반을 두고 있음을 알 수 있다.
② 반독점법의 목적을 셔먼은 소비자의 이익 보호와 소생산자의 탈집중화된 경제 보호로, 아놀드는 소비자 복지 증진으로 보았다. 따라서 셔먼과 아놀드는 소비자 이익을 보호한다는 점에서 반독점법을 지지했다는 것을 알 수 있다.
③ 1930년대 후반 아놀드가 법무부 반독점국의 책임자로 임명되면서 반독점법의 근거로 소비자 복지를 주장하는 아놀드의 견해가 널리 받아들여졌다.

02
정답 ①

근이 든 해에는 대부 이하 벼슬하는 사람들은 모두 봉록의 5분의 1을 감봉한다고 하였고, 궤가 든 해에는 5분의 4를 감봉한다고 하였다. 따라서 근이 든 해에는 5분의 4만큼의 봉록을, 궤가 든 해에는 5분의 1만큼의 봉록을 받게 되므로 근이 들었을 때 받을 수 있는 봉록은 궤가 들었을 때 받을 수 있는 봉록의 4배일 것이다.

오답분석

ㄴ. 다섯 가지 곡식 모두 제대로 수확되지 않은 것을 기라고 하였는데 '기가 든 해에는 아예 봉록을 주지 않고 약간의 식량만을 지급할 뿐이다.'라고 하였다. 따라서 식량까지 전혀 지급받지 못한 것은 아니다.
ㄷ. 군주가 행차할 때 수레를 끄는 말의 수를 반으로 줄여 두 마리만으로 수레를 끌게 한다.'고 하였고, 말에게 곡식을 먹이지 않는다고 하였다.
ㄹ. '곡식이 제대로 수확되지 않으면 군주는 먹던 요리의 5분의 3을 줄였다.'고 하였으므로 평상시의 5분의 2를 먹었을 것이다.

03
정답 ③

제시문의 소재는 '회전문'이며 (나)에서는 그보다 더 포괄적인 개념인 '문'에 대한 일반적인 내용을 서술하고 있으므로 (나)가 가장 앞에 위치해야 함을 알 수 있다. '그 대표적인 예가 회전문이다.'라고 언급하고 있는 부분을 통해서도 이를 유추해볼 수 있다. 또한 (나)의 후반부에는 '회전문의 구조와 기능'이라는 부분이 언급되어 있다. 따라서 이 문구를 통해 (나) 다음에 위치할 문단은 '구조와 기능'을 구체화시킨 (가)가 됨을 알 수 있으며, 그 뒤에는 이를 구체적인 사례를 들며 비판한 (라)가 위치하는 것이 가장 적절하다. 마지막으로는 이를 종합하여 회전문을 가장 미개한 형태의 문으로 규정한 (다)가 들어가야 자연스럽다.

04
정답 ③

제시문의 내용을 토대로 빈칸을 추론해본다면, 남을 속이는 사기꾼과는 반대의 뉘앙스를 지닌 어구가 들어가야 함을 알 수 있다. 이는 빈칸의 뒤 문장에서 '기생 식물이 양분을 빨아먹기 위해서는 건강한 나무가 있어야 하는 것과 같다.'라는 비유로도 나타나고 있는데, 이를 종합하면 빈칸에는 '건강한 나무'의 이미지를 지니는 어구가 들어가야 한다. 따라서 이와 가장 유사한 의미를 지니는 것은 ③이다.

05
정답 ④

제시문에서는 인지부조화의 개념과 과정을 설명한 후, 이러한 인지부조화를 감소시키는 행동에 자기방어적인 행동을 유발하는 비합리적인 면이 있음을 지적하며, 이러한 행동이 부정적 결과를 초래할 수 있다고 밝히고 있다.

01	02	03	04	05	06	07			
②	②	③	①	①	④	④			

01

정답 ②

철수와 영희가 처음 만날 때까지 걸린 시간을 x분이라고 하자.

x분 동안 철수와 영희의 이동거리는 각각 $70x$m, $30x$m이므로

$70x + 30x = 1,000$

∴ $x = 10$

따라서 두 사람이 처음 만날 때까지 걸린 시간은 10분이다.

02

정답 ②

배의 속력을 $x$km라고 하면, 강물을 거슬러 올라갈 때의 속력은 $(x-3)$km이다.

따라서 $(x-3) \times 1 = 9$이므로, 배의 속력은 시속 12km이다.

강물을 따라 내려올 때의 속력은 시속 $12+3=15$km이고, 걸린 시간을 y분이라고 하면

$15 \times y = 9 \rightarrow y = \frac{9}{15}$시간, 즉 36분이 걸린다.

03

정답 ③

4%의 소금물의 양을 xg이라고 하자. 10%의 소금물의 양은 $(600-x)$g이다.

$\frac{4}{100}x + \frac{10}{100}(600-x) = \frac{8}{100} \times 600$

$\rightarrow 4x + 10(600-x) = 4,800 \rightarrow 6x = 1,200$

∴ $x = 200$

따라서 처음 컵에 들어있던 4%의 소금물의 양은 200g이다.

04

정답 ①

물건의 정가를 x원이라고 하자.

$0.8x - 3,000 = 0.5x \rightarrow 0.3x = 3,000$

∴ $x = 10,000$

따라서 물건의 정가는 10,000원이다.

05

정답 ①

진희를 포함한 친구들이 임의로 야구장에 입장하는 방법의 수는 7!이다. 첫 번째와 마지막에 들어가는 두 명의 남자친구를 뽑는 경우의 수는 $_4C_2$이고, 첫 번째와 마지막에 들어가는 순서를 서로 바꾸어 입장할 수 있으므로 입장하는 방법의 수는 $_4C_2 \times 2 = 4 \times 3$이다. 또한 남은 남자친구 2명, 진희, 여자친구 2명이 입장하는 방법의 수는 5!이다.

따라서 첫 번째와 마지막에 남자친구가 입장할 확률은 $\frac{4 \times 3 \times 5!}{7!} = \frac{2}{7}$이다.

06

정답 ④

초대장을 만드는 일의 양을 1이라고 가정하자.

혼자서 만들 때 걸리는 기간은 A대리는 6일, B사원은 12일이므로 각각 하루에 끝낼 수 있는 일의 양은 $\frac{1}{6}$, $\frac{1}{12}$ 이다. 두 사람이 함께 일할 경우 하루에 끝내는 양은 $\frac{1}{6} + \frac{1}{12} = \frac{3}{12} = \frac{1}{4}$ 이다.

따라서 A대리와 B사원이 함께 초대장을 만들 경우 하루에 할 수 있는 일의 양은 $\frac{1}{4}$ 이므로 완료하는 데 걸리는 시간은 4일이다.

07

정답 ④

(A의 톱니 수)×(A의 회전 수)=(B의 톱니 수)×(B의 회전 수)

A의 톱니 수를 x 라 하면 B의 톱니 수는 $(x-20)$이므로

$x \times 6 = (x-20) \times 10 \rightarrow 6x = 10x - 200 \rightarrow 4x = 200$

$\therefore x = 50$

따라서 A의 톱니 수는 50개이다.

07	수추리력								

01	02	03	04						
②	③	②	②						

01

정답 ②

(앞의 항)×2-2=(뒤의 항)인 수열이다.

따라서 (　)=98×2-2=194이다.

02

정답 ③

(1항)-(3항)=(2항), (2항)-(4항)=(3항), (3항)-(5항)=(4항) …이 반복되는 수열이다.

따라서 11-(　)=-15 → (　)=26이다.

03

정답 ②

분자는 +5이고, 분모는 ×3+1인 수열이다.

따라서 (　)=$\frac{6+5}{10 \times 3 + 1} = \frac{11}{31}$ 이다.

04

정답 ②

×1, ×2, ×3, …인 수열이다.

따라서 (　)=$\frac{4}{3} \times 2 = \frac{8}{3}$ 이다.

PART 2

출제유형분석

출제유형분석 01 **실전예제**

01
정답 ④

당과	통쾌	탕과	통궤	당과	통궤	통쾌	통과	투과	당과	동과	당과
동과	통궤	당과	통과	탕과	투과	통궤	통쾌	통과	동과	통궤	동과
당과	통과	동과	탕과	통쾌	통과	투과	통쾌	투과	통과	탕과	당과
탕과	통과	동과	통궤	동과	통과	탕과	통쾌	통과	투과	통과	통궤

02
정답 ①

천지	천시	천세	천자	천채	친지	친채	전재	잔재	전세
천세	천재	전재	전세	천자	친재	잔재	전세	천재	잔재
친지	천민	전세	친지	천재	천자	친지	천세	잔재	천채

03
정답 ④

問	門	間	門	問	聞	們	門	聞	聞	聞	間
門	間	聞	聞	們	間	聞	間	們	問	門	們
聞	門	們	間	聞	問	門	問	門	間	問	聞
們	聞	間	問	門	間	們	門	聞	門	聞	門

04
정답 ④

종	잽	잘	짐	줌	장	재	잼	잡	정	잿	징
쨍	재	점	재	졸	중	잦	찡	젤	전	제	쟁
재	잦	작	잼	잘	줌	쨍	졸	전	즈	재	정
잿	중	잽	종	젤	재	점	짐	장	제	잡	찡

05
정답 ④

и	й	н	в	ё	е	й	н	ё	н	н	в
й	н	й	в	н	й	в	й	и	в	й	н
н	в	и	й	ё	и	е	н	й	и	н	й
в	й	н	й	н	в	й	ё	в	н	в	и

06
정답 ①

2788	2884	1784	2731	2794	2785	3784	2734	7784	1478	2484	8596
9853	4817	2784	5682	8475	2317	2733	3287	2584	4784	2744	2781
2789	2984	2465	6578	2684	2774	2284	4825	2783	2384	9784	6784
6273	2787	5784	2732	2786	8784	2184	2764	5972	3698	2754	3764

07
정답 ③

⑲	⑧	⑰	⑯	⑲	⑧	⑧	⑧	⑰	⑱	⑱	⑯
⑰	⑱	⑱	⑩	⑱	⑲	⑰	⑰	⑱	⑲	⑱	⑱
⑯	⑩	⑲	⑰	⑯	⑱	⑩	⑲	⑯	⑧	⑯	⑲
⑱	⑰	⑧	⑱	⑩	⑩	⑯	⑩	⑧	⑰	⑱	⑱

08
정답 ②

재음	처음	체응	처응	재흠	저음	점음	정음	처읍	저응
자음	무음	처읍	처음	자흥	처음	모음	장음	제읍	저읍
재움	차음	처음	자읍	처응	체응	자음	차음	자음	처을

01

貞	旼	油	後	少	燃	口	雅	消	河	秧	鉉
效	金	考	趙	劉	可	吟	小	盆	飛	政	拾
實	場	帽	定	味	想	馬	地	陣	消	虛	鎭
磁	順	鞍	教	微	候	秘	翰	銀	汝	輯	知

02

413	943	483	521	253	653	923	653	569	467	532	952
472	753	958	551	956	538	416	567	955	282	568	954
483	571	462	933	457	353	442	482	668	533	382	682
986	959	853	492	957	558	955	453	913	531	963	421

03

ㅁㅂ	ㄷㄹ	ㅍㅂ	ㅊㅊ	ㅎㄱ	ㅍㅂ	ㅎㄱ	ㅊㅊ	ㅊㅊ	ㅌㅋ	ㄱㅂ	ㄷㄹ
ㅂㅂ	ㄱㅂ	ㄹㅎ	ㄷㄹ	ㅂㅂ	ㅍㅂ	ㄹㅎ	ㄷㄹ	ㄱㅂ	ㅍㅂ	ㅎㅅ	ㅎㄱ
ㅌㅋ	ㅎㄱ	ㅍㅂ	ㄱㅂ	ㄷㄹ	ㅌㅋ	ㅊㅊ	ㄱㅂ	ㅎㄱ	ㅌㅋ	ㅊㅊ	ㅌㅋ
ㅊㅊ	ㄱㅂ	ㅂㅂ	ㅎㄱ	ㅌㅋ	ㅍㅂ	ㄱㅂ	ㄱㅍ	ㅌㅋ	ㅎㄱ	ㅂㅂ	ㅍㅂ
ㄹㅎ	ㅌㅈ	ㅍㅂ	ㄹㅎ	ㅊㅊ	ㄱㅂ	ㄷㄹ	ㄹㅎ	ㅂㅂ	ㄷㄹ	ㅌㅋ	ㅎㄱ
ㅍㅂ	ㄹㅎ	ㅌㅋ	ㅊㅊ	ㄹㅎ	ㅂㅂ	ㄹㅎ	ㄱㅂ	ㅎㄱ	ㄹㅎ	ㅂㅂ	ㅍㅂ

04

㉣	㉽	㉧	㉣	㉢	㉽	㉤	㉣	㉾	㉢	㉤	㉦
㉢	㉤	㉾	㉽	㉤	㉦	㉣	㉤	㉧	㉽	㉽	㉷	㉧
㉽	㉧	㉦	㉾	㉧	㉢	㉢	㉤	㉦	㉦	㉧	㉢
㉤	㉣	㉢	㉢	㉤	㉧	㉦	㉦	㉤	㉦	㉾	㉢
㉭	㉦	㉽	㉧	㉽	㉤	㉾	㉢	㉧	㉣	㉣	㉧

05

★	□	●	▼	★	□	◇	▼	◎	□	□	★
●	◇	☆	○	△	○	●	★	◇	△	◇	○
△	◎	◇	★	◎	▼	△	●	○	◆	●	◎
▲	○	◎	●	□	▽	◇	▼	□	▼	△	★

06

넋	산	들	해	별	담	양	길	밥	김	농	낙
쥐	닭	만	답	곶	깃	님	**값**	금	날	발	정
굿	국	둑	**돗**	덕	납	곰	늪	경	손	논	**흙**
굴	북	짱	당	귤	풀	감	밤	낮	새	갓	강

07

b	e	b	w	t	n	u	h	m	p	**g**	r
r	k	t	i	z	v	s	z	e	o	q	f
d	o	p	s	h	m	**c**	w	x	f	j	v
n	q	i	x	j	l	l	k	m	**y**	z	u

08

경제	**경감**	경찰	경기	경사	**경영**	경주	경차	경관	경비	경쾌	경상
경품	경탄	경종	경수	경통	경례	**경미**	경고	경리	경마	**경매**	경락
경비	경품	경차	경리	경찰	경종	경수	경마	경기	**경영**	경례	경쾌
경통	경사	경락	경탄	경고	**경매**	**경감**	경제	경상	**경미**	경주	경관

출제유형분석 01	실전예제

01

제시문은 상하 관계이다.
'고래'는 '포유류'에 포함되며, '기타'는 '악기'에 포함된다.

02

제시문은 유의 관계이다.
'통지'의 유의어는 '통보'이고, '명령'의 유의어는 '지시'이다.

03

제시문은 반의 관계이다.
'독점'의 반의어는 '공유'이고, '창조'의 반의어는 '모방'이다.

04

제시문은 비포함의 관계이다.
'전자시계'에는 '시침'이 없고, '원'에는 '꼭짓점'이 없다.

05

제시문은 상하 관계이다.
'재즈'는 '음악'의 하위어이며, '간장'은 '조미료'의 하위어이다.

06

제시문은 유의 관계이다.
'도착하다'의 유의어는 '당도하다'이고, '활동하다'의 유의어는 '행동하다'이다.
• 당도하다 : 어떤 곳에 다다르다.

오답분석
• 허전하다 : 주위에 아무것도 없어서 공허한 느낌이 있다.
• 참가하다 : 모임이나 단체 또는 일에 관계하여 들어가다.

07

정답 ③

제시문은 계절과 날씨의 관계이다.
'눈'은 '겨울'에 내리고, '장마'는 '여름'에 온다.

08

정답 ③

제시문은 상하 관계이다.
'장롱'은 '가구'의 하위어이고, '개구리'는 '파충류'의 하위어이다.

09

정답 ②

제시문은 유의 관계이다.
'설명하다'의 유의어는 '해설하다'이고, '분류하다'의 유의어는 '구별하다'이다.

[오답분석]

• 설비하다 : 필요한 것을 베풀어서 갖추다.
• 평론하다 : 사물의 가치, 우열, 선악 따위를 평가하여 논하다.
• 분간하다 : 사물이나 사람의 옳고 그름, 좋고 나쁨 따위와 그 정체를 구별하거나 가려서 알다.
• 조명하다 : 광선으로 밝게 비추다.

10

정답 ③

제시문은 원인과 결과의 관계이다.
'목욕'을 하면 '청결'해지고, '운동'을 하면 '건강'해진다.

출제유형분석 01 실전예제

01

주어진 조건에 따라 득표수가 높은 순서대로 나열하면 'B−C−A−D' 순이다. 따라서 득표수가 가장 높은 후보가 위원장이 된다면, 17표인 A후보보다 5표를 더 받아 총 22표를 받은 B후보가 위원장이 된다.

02

득표수가 높은 순서대로 나열하면 'B−C−A−D' 순이다. 따라서 두 번째로 높은 후보가 부위원장이 된다면, C후보가 부위원장이 된다.

03

70명의 30%인 21표 이상인 22표를 받은 B후보의 경우 위원장이 될 수 있다.

04

'영어를 좋아하는 사람 → 수학을 좋아하지 않는 사람 → 과학을 좋아하는 사람'이므로 영어를 좋아하는 사람은 과학을 좋아하지만, 영어를 좋아하지 않는 사람이 과학을 좋아하는지 아닌지는 알 수 없다.

05

'영어를 좋아하는 사람 → 수학을 좋아하지 않는 사람 → 과학을 좋아하는 사람'이므로 '영어를 좋아하는 사람 → 과학을 좋아하는 사람'이 성립하며, 그 대우인 '과학을 좋아하지 않는 사람 → 영어를 좋아하지 않는 사람'은 참이다.

06

어떤 명제가 참이면 그 대우는 참이지만, 이와 역은 참인지 거짓인지 알 수 없다. 따라서 '수학을 좋아하는 사람 → 영어를 좋아하지 않는 사람'은 참이지만, 그 이인 '수학을 좋아하지 않는 사람 → 영어를 좋아하는 사람'인지는 알 수 없다.

07

제시문에 따라 입사 순서는 '윤부장 − 이과장 − 박대리 − 김대리' 순이므로 거짓이다.

08

정답 ②

이과장은 박대리보다 3년 빨리, 윤부장은 이과장보다 5년 빨리, 박대리는 김대리보다 1년 빨리 입사했으므로 윤부장은 김대리보다 9년 빨리 입사했다.

09

정답 ①

준영이가 5일 동안 K마트에서 근무하고 40만 원을 받을 수 있는 경우는 다음과 같다.
3일간 6시간씩 근무(10만 원×3일=30만 원)+2일간 6시간 미만씩 근무(5만 원×2일=10만 원)
따라서 준영이는 5일 중 이틀 동안 6시간 미만으로 근무했다.

10

정답 ③

준영이가 마트에서 근무한 5일 가운데 이틀 동안은 6시간 미만으로 근무했지만 정확한 근무 시간은 제시문만으로 알 수 없다.

11

정답 ①

C의 차는 모두 흰색이고, 모든 흰색 차가 주차장에 있다고 하였으므로 참이다.

12

정답 ③

제시문에 따르면 소유한 차 중 흰색 차만 모두 주차장에 있다. B는 여러 대의 차를 소유하고 있지만 빨간색 차를 제외한 나머지 차의 색은 알 수 없으므로 B의 차 중 한 대 이상이 주차장에 있는지는 주어진 조건만으로 알 수 없다.

13

정답 ③

A는 흰색 차를 소유하고 있다고 하였으므로 흰색 차 이외에 다른 차가 있을 것으로 짐작할 수 있다. 그러나 제시문만으로 A가 가진 차의 수와 그 색깔들을 파악할 수는 없다.

출제유형분석 01 | 실전예제

01

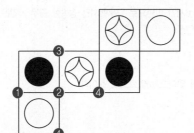

02

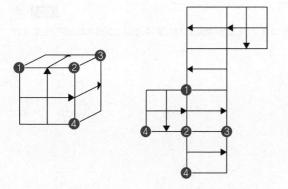

03

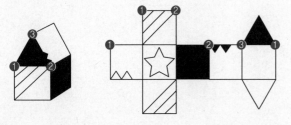

04

정답 ③

05
정답 ③

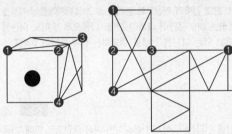

06
정답 ④

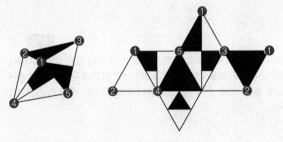

PART 2

출제유형분석 01 　실전예제

01

정답 ④

제시문은 현대 건축가 르 꼬르뷔지에의 업적에 대해 설명하고 있다. 먼저, 현대 건축의 거장으로 불리는 르 꼬르뷔지에를 소개하는 (라) 문단이 나오고, 르 꼬르뷔지에가 만든 도미노 이론의 정의를 설명하는 (가) 문단이 나와야 한다. 다음으로 도미노 이론을 설명하는 (다) 문단이 나오고 마지막으로 도미노 이론의 연구와 적용되고 있는 다양한 건물을 설명하는 (나) 문단이 이어지는 것이 적절하다.

02

정답 ④

제시문은 가격을 결정하는 요인과 이를 통해 일반적으로 할 수 있는 예상을 언급한다. 하지만 현실적인 여러 요인으로 인해 '거품 현상'이 나타나기도 하며 '거품 현상'이란 구체적으로 무엇인지를 설명하는 글이다. 따라서 (가) 수요와 공급에 의해 결정되는 가격 – (마) 상품의 가격에 대한 일반적인 예상 – (다) 현실적인 가격 결정 요인 – (나) 이로 인해 예상치 못하게 나타나는 '거품 현상' – (라) '거품 현상'에 대한 구체적인 설명 순서로 연결되어야 한다.

03

정답 ②

제시문은 A병원 내과 교수팀이 난치성 결핵균에 대한 치료성적이 세계 최고 수준으로 인정받았으며, 이로 인해 많은 결핵 환자들에게 큰 희망을 주었다는 내용의 글이다. 따라서 (다) 난치성 결핵균에 대한 치료성적이 우리나라가 세계 최고 수준임 – (나) A병원 내과 교수팀이 난치성 결핵의 치료 성공률을 세계 최고 수준으로 높임 – (라) 현재 치료 성공률이 80%에 이름 – (가) 이는 난치성 결핵환자들에게 큰 희망이 될 것임의 순서로 연결되어야 한다.

04

정답 ②

제시문은 무협 소설에서 나타나는 '협(俠)'의 정의와 특징에 대하여 설명하고 있다. 따라서 (라) 무협 소설에서 나타나는 협의 개념 – (다) 협으로 인정받기 위한 조건 중 하나인 신의 – (가) 협으로 인정받기 위한 추가적인 조건 – (나) 앞선 사례를 통해 나타나는 협의 원칙과 정의의 순서로 연결되어야 한다.

05

정답 ④

제시문은 일본의 라멘과 한국 라면의 차이점을 서술하는 글이다. 따라서 (가) 일본 라멘과 한국 라면의 차이점 – (라) 한국 라면에 대한 설명 – (나) 일본 라멘에 대한 설명 – (다) 한국 라면의 독자성 순으로 나열하는 것이 적절하다.

01

④의 내용은 제시문 전체를 통해서 확인할 수 있다. 나머지는 본문의 내용에 어긋난다.

02

민간 부문에서 역량 모델의 도입에 대한 논의가 먼저 이루어진 것으로 짐작할 수는 있지만, 이것이 민간 부문에서 더욱 효과적으로 작용한다는 것을 의미한다고 보기는 어렵다.

03

제시문에 따르면 수면 패턴은 휴일과 평일 모두 일정하게 지키는 것이 성장하는 아이들의 수면 리듬을 유지하는 데 좋다. 따라서 휴일에 늦잠을 자게 하는 것은 적절하지 않다.

04

오답분석

② 아프리카, 중동, 호주, 중국을 말하고 있다.
③ 지구 온난화, 과도한 경작, 무분별한 벌목으로 인한 삼림 파괴 등에 의해 일어날 수 있다고 말하고 있다.
④ 사막화란 건조 지대에서 일어나는 토지 황폐화 현상이라고 말하고 있다.

05

제시문에서 언급되지 않은 내용이다.

오답분석

② 두 번째 문단에 나와 있다.
③ 첫 번째 문단에서 '위기(爲己)란 자아가 성숙하는 것을 추구하며'라고 하였다.
④ 첫 번째 문단에서 '공자는 공부하는 사람의 관심이 어디에 있느냐를 가지고 학자를 두 부류로 구분했다.'라고 하였다.

01
정답 ④

상투는 관례나 결혼 후 머리카락을 틀어 높이 세우는 성인 남자의 대표적인 머리모양으로, 전통사회에서는 나이가 어리더라도 장가를 들면 상투를 틀고 존대를 받았다. 따라서 '상투를 틀었다.'라는 문장에는 '성인이 되었다.', 혹은 '장가를 들었다.'라는 의미가 내포되어 있다는 것을 유추할 수 있다.

02
정답 ③

제시문의 마지막 문장에서 '언어 변화의 여러 면을 이해할 수 있다.'라고 언급했으므로 맨 앞에 나오는 문장으로 일반적인 상위 진술인 '접촉의 형식도 언어 변화에 영향을 미치는 요소로 지적되고 있다.'가 가장 적절함을 알 수 있다.

03
정답 ①

뉴스는 감사원이 국세청의 감사를 제대로 하지 않고 있다는 내용이다. 질문에 대한 출연자의 답으로 미루어 보았을 때, ①이 가장 적절하다.

04
정답 ④

스토리슈머는 소비자의 구매 요인이 기능에서 감성 중심으로 이동함에 따라 이야기를 소재로 하는 마케팅의 중요성이 늘어난 것을 반영한다. 따라서 현재 소비자들의 구매 요인을 파악한 마케팅 방안이라는 것을 추론할 수 있다.

05
정답 ④

제시문은 언택트 마케팅에 관한 것으로, 언택트 마케팅이란 사람 사이의 접촉(Contact)을 배제한 비대면 마케팅 방법이다. 반면, ④의 경우는 인플루언서 마케팅 방법으로 파워블로거나 1인 방송 진행자, 수많은 팔로워를 가진 SNS 사용자를 통해 제품이나 서비스를 홍보하는 마케팅 수단이다.

01

정답 ④

제시문의 중심 내용은 '과학적 용어'이다. 필자는 '모래언덕'의 높이, '바람'의 세기, '저온'의 온도를 사례로 들어 과학자들은 모호한 것은 싫어하지만 '대화를 통해 그 상황에 적절한 합의를 도출'하는 것으로 문제화하지 않는다고 한다. 따라서 제시문은 과학적 용어가 엄밀하고 보편적인 정의에 의해 객관성이 보장된다는 ④의 주장에 대한 비판적 논거이다.

02

정답 ①

제시문에서 정보화 사회의 문제점으로 다루고 있는 것은 '정보 격차'로, 지식과 정보에 접근할 수 없는 사람들이 소득을 얻는 데 불리할 수밖에 없다고 주장한다. 때문에 정보가 상품화됨에 따라 정보를 둘러싼 불평등은 더욱 심화될 것이라고 전망하고 있다. 따라서 인터넷이나 컴퓨터 유지비 측면에서의 격차 발생은 제시문의 주장을 강화시키는 것으로, 이 문제에 대한 반대 입장이 될 수 없다.

03

정답 ①

제시문에서는 인간의 생각과 말은 깊은 관계를 가지고 있으며, 생각이 말보다 범위가 넓고 큰 것은 맞지만 그것을 말로 표현하지 않으면 그 생각이 다른 사람에게 전달되지 않는다고 주장한다. 즉, 생각은 말을 통해서만 다른 사람에게 전달될 수 있다는 것이다. 따라서 이러한 주장에 대한 반박으로 ①이 가장 적절하다.

04

정답 ④

마지막 문단에 따르면 '라이헨바흐는 자연이 일양적일 수도 있고 그렇지 않을 수도 있음을 전제'하며, '자연이 일양적인지 그렇지 않은지 알 수 없는 상황에서는 귀납을 사용하는 것이 옳은 선택'이라고 한다. 그러나 ④와 같이 귀납이 현실적으로 옳은 추론 방법임을 밝히기 위해 자연의 일양성이 선험적 지식임을 증명하고 있는 것은 아니다.

[오답분석]
① 라이헨바흐는 '어떤 방법도 체계적으로 미래 예측에 계속해서 성공할 수 없다는 논리적 판단을 통해 귀납은 최소한 다른 방법보다 나쁘지 않은 추론'이라고 확언한다. 하지만 이것은 귀납의 논리적 허점을 현실적 차원에서 해소하려는 것이며, 논리적 허점을 완전히 극복한 것은 아니라는 점에서 비판의 여지가 있다.
② 라이헨바흐는 '귀납의 정당화 문제로부터 과학의 방법인 귀납을 옹호하기 위해 현실적 구제책을 제시'한다. 이것은 귀납이 과학의 방법으로 사용될 수 있음을 지지하려는 것이다.
③ 라이헨바흐는 '자연이 일양적일 경우 우리의 경험에 따라 귀납이 점성술이나 예언등의 다른 방법보다 성공적인 방법'이라고 판단하며, '자연이 일양적이지 않다면 어떤 방법도 체계적으로 미래 예측에 계속해서 성공할 수 없다는 논리적 판단을 통해 귀납은 최소한 다른 방법보다 나쁘지 않은 추론이라고 확언'한다. 따라서 라이헨바흐가 귀납과 다른 방법을 비교하기 위해 경험적 판단과 논리적 판단을 활용했음을 알 수 있다.

01
정답 ④

제시문은 딸기에 들어있는 비타민 C와 항산화 물질, 식물성 섬유질, 철분 등을 언급하며 딸기의 다양한 효능을 설명하고 있다.

02
정답 ②

제시문은 세습 무당 집안 출신의 남자들이 조선 후기의 사회적 분위기에 힘입어 돈을 벌기 위해 소리판을 벌이기 시작하였고, 자신의 명성과 소득을 위해 대중이 좋아할 만한 소리를 발굴하고 개발하였다는 내용을 핵심으로 하고 있다.

03
정답 ②

제시문은 제4차 산업혁명으로 인한 노동 수요 감소로 인해 나타날 수 있는 문제점으로 대공황에 대한 위험을 설명하면서도, 긍정적인 시각으로 노동 수요 감소를 통해 인간적인 삶의 향유가 이루어질 수 있다고 말한다. 따라서 제4차 산업혁명의 밝은 미래와 어두운 미래를 나타내는 ②가 글의 제목으로 가장 적절하다.

04
정답 ④

제시문의 필자는 시장 메커니즘의 부정적인 면을 강조하면서 인간과 자연이 어떠한 보호도 받지 못한 채 시장 메커니즘에 좌우된다면 사회가 견뎌낼 수 없을 것이라고 주장한다. 따라서 필자의 주장으로 시장 메커니즘에 대한 적절한 제도적 보호 장치를 마련해야 한다는 내용의 ④가 가장 적절하다.

출제유형분석 01 실전예제

01

정답 ③

회사에서 거래처까지의 거리를 $x$km라고 하자.

• 거래처까지 가는 데 걸린 시간 : $\dfrac{x}{80}$

• 거래처에서 돌아오는 데 걸리는 시간 : $\dfrac{x}{120}$

$\dfrac{x}{80}+\dfrac{x}{120} \leq 1 \rightarrow \dfrac{5x}{240} \leq 1 \rightarrow 5x \leq 240 \rightarrow x \leq 48$

따라서 거래처는 회사에서 최대 48km 떨어진 곳에 위치할 수 있다.

02

정답 ③

(평균속력)$=\dfrac{\text{(전체 이동거리)}}{\text{(전체 이동시간)}}$이다.

전체 이동거리는 $10+4+7=21$km이고, 전체 이동시간은 $1+0.5+1.5=3$시간이다.

따라서 평균속력은 $21 \div 3 = 7$km/h이다.

03

정답 ②

서울에서 부산까지 무정차로 갈 때 걸리는 총 시간을 x시간이라고 하면 다음과 같다.

$x=\dfrac{400}{120}=\dfrac{10}{3} \rightarrow$ 3시간 20분

9시에 출발해 13시 10분에 도착했으므로 걸린 시간은 4시간 10분이다. 즉, 무정차일 때 시간과 비교하면 50분이 더 걸렸고, 각 역마다 정차한 시간은 10분이므로 정차한 역은 $50 \div 10 = 5$개다.

01

처음 퍼낸 소금물의 양을 xg이라고 하자.
소금 20g과 물 80g을 섞은 소금물의 농도를 구하면 다음과 같다.

$$\frac{(600-x) \times \frac{8}{100} + 20}{600-x+80+20} \times 100 = 10$$

$$\to \{(600-x) \times 0.08 + 20\} \times 100 = 10 \times (600-x+80+20)$$

$$\to (600-x) \times 8 + 2{,}000 = 7{,}000 - 10x$$

$$\to 6{,}800 - 8x = 7{,}000 - 10x$$

$$\to 2x = 200$$

$$\therefore x = 100$$

따라서 처음 퍼낸 소금물의 양은 100g이다.

02

11% 소금물의 양은 $(100-x)+x+y=300 \to y=200$

$$\frac{20}{100}(100-x)+x+\frac{11}{100} \times 200 = \frac{26}{100} \times 300$$

$$\to 2{,}000 - 20x + 100x + 2{,}200 = 7{,}800$$

$$\therefore x = 45$$

따라서 $x+y=245$이다.

03

농도가 10%, 6% 설탕물의 양을 각각 xg, yg이라고 하자.
$x+y=300 \cdots \bigcirc$

$$\frac{10 \times \frac{x}{100} + 6 \times \frac{y}{100} + 20}{300 + 20} \times 100 = 12 \cdots \bigcirc$$

$\bigcirc$과 $\bigcirc$을 연립하면 $x=10$, $y=290$이다.
따라서 농도 6% 설탕물의 양은 290g이다.

01

전체 일의 양을 1이라고 하고, A, B, C가 하루에 할 수 있는 일의 양을 각각 $\frac{1}{a}$, $\frac{1}{b}$, $\frac{1}{c}$라고 하자.

$\frac{1}{a}+\frac{1}{b}=\frac{1}{12}$ … ㉠

$\frac{1}{b}+\frac{1}{c}=\frac{1}{6}$ … ㉡

$\frac{1}{c}+\frac{1}{a}=\frac{1}{18}$ … ㉢

㉠, ㉡, ㉢을 모두 더한 다음 2로 나누면 3명이 하루 동안 할 수 있는 일의 양을 구할 수 있다.

$\frac{1}{a}+\frac{1}{b}+\frac{1}{c}=\frac{1}{2}\left(\frac{1}{12}+\frac{1}{6}+\frac{1}{18}\right)=\frac{1}{2}\left(\frac{3+6+2}{36}\right)=\frac{11}{72}$

따라서 72일 동안 3명이 끝낼 수 있는 일의 양은 $\frac{11}{72}\times72=11$이므로 기존에 했던 일의 11배를 할 수 있다.

02

물통의 부피는 $5\times4\times12=240\text{cm}^3$이고, 부피 1L는 $1,000\text{cm}^3$이므로 240mL가 된다.
5mL/s의 속도로 물이 빠져나가게 되므로 물이 완전히 다 빠지기까지 $240\div5=48$초가 걸린다.
다시 물을 채워 넣을 때는 구멍이 난 채로 물을 부으므로 $15-5=10\text{mL/s}$의 속도로 채워지는 셈이 되며, 240mL를 채울 때까지 24초가 걸린다.
따라서 물이 다시 가득 차게 될 때까지 $48+24=72$초가 걸린다.

03

25와 35의 최소공배수는 175이다.
따라서 두 톱니가 다시 만나기 위해서는 A가 $175\div25=7$바퀴 회전해야 한다.

01

청소년의 영화표 가격은 $12,000\times0.7=8,400$원이다.
청소년, 성인을 각각 x명, $9-x$명이라고 하면 다음과 같다.
$12,000\times(9-x)+8,400\times x=90,000 \rightarrow 3,600x=18,000$
$\therefore x=5$
따라서 청소년은 5명이다.

02

이 문구점에서 연필, 지우개, 공책의 가격을 각각 x원, y원, z원이라고 하면 다음과 같다.

$2x+y=z \cdots \unicode{x24B6} \rightarrow x=\dfrac{z-y}{2} \cdots \unicode{x24B7}, \ y+z=5x \cdots \unicode{x24B8}$

$\unicode{x24B6}$을 $\unicode{x24B8}$에 대입하여 정리하면

$2x+2y=5x \rightarrow x=\dfrac{2}{3}y$

$\unicode{x24B7}$을 $\unicode{x24B8}$에 대입하여 정리하면

$2y+2z=5z-5y \rightarrow z=\dfrac{7}{3}y$

$\therefore \ 10x+4z=\dfrac{20}{3}y+\dfrac{28}{3}y=16y$

따라서 연필 10자루의 가격과 공책 4권의 가격을 더하면 지우개 16개의 가격과 같다.

03

원가를 x원이라고 하면, 정가는 $(x+3,000)$원이다.
정가에 20%를 할인하여 5개 팔았을 때 순이익과 조각 케이크 1개당 정가에서 2,000원씩 할인하여 4를 팔았을 때의 매출액은 같다.
$5\{0.8\times(x+3,000)-x\}=4(x+3,000-2,000)$
$\rightarrow 5(-0.2x+2,400)=4x+4,000$
$\rightarrow 5x=8,000$
$\therefore \ x=1,600$
따라서 정가는 $1,600+3,000=4,600$원이다.

출제유형분석 05 | 실전예제

01

ㄱ, ㄴ, ㄷ, ㄹ 순으로 칠한다면 가장 면적이 넓은 ㄱ에 4가지를 칠할 수 있고, ㄴ은 ㄱ과 달라야 하므로 3가지, ㄷ은 ㄱ, ㄴ과 달라야 하므로 2가지, ㄹ은 ㄱ, ㄷ과 달라야 하므로 2가지를 칠할 수 있다.
따라서 색칠하는 전체 경우의 수는 $4\times3\times2\times2=48$가지이다.

02

맨 앞의 할아버지와 맨 뒤의 할머니를 제외한 5명이 일렬로 서는 경우의 수를 구하면 된다.
$\therefore \ 5!=5\times4\times3\times2\times1=120$가지

03

작년의 임원진 3명은 연임하지 못하므로 올해 임원 선출이 가능한 인원은 $17-3=14$명이다.
14명 중에서 회장, 부회장, 총무를 각 1명씩 뽑을 수 있는 방법은 다음과 같다.
$_{14}P_3=14\times13\times12=2,184$
따라서 올해 임원을 선출할 수 있는 경우의 수는 2,184가지이다.

01

동전을 한 번 던져 게임이 끝나려면 B가 A에게 1원을 줘야 하므로 동전의 뒷면이 나와야 한다. 따라서 동전을 한 번 던져 게임이 끝날 확률은 $\frac{1}{2}$이다.

동전을 두 번 던져 게임이 끝날 경우는 모두 동전의 앞면이 나오는 경우이다. 따라서 동전을 두 번 던져 게임이 끝날 확률은 $\frac{1}{2} \times \frac{1}{2} = \frac{1}{4}$이다.

동전을 세 번 던져 게임이 끝날 경우는 첫 번째에 앞면이 나오고, 두 번째, 세 번째에 뒷면이 나오는 경우이다. 따라서 동전을 세 번 던져 게임이 끝날 확률은 $\frac{1}{2} \times \frac{1}{2} \times \frac{1}{2} = \frac{1}{8}$이다.

따라서 확률은 $\frac{1}{2} + \frac{1}{4} + \frac{1}{8} = \frac{7}{8}$이다.

02

관객 50명 중 A 또는 B영화를 관람한 인원은 $50-15=35$명이다. 또한 B영화만 관람한 관객은 A 또는 B영화를 관람한 인원에서 A영화를 본 관객을 제외하면 되므로 $35-28=7$명임을 알 수 있다.

따라서 관객 50명 중 한 명을 택할 경우 그 관객이 B영화만 관람한 관객일 확률은 $\frac{7}{50}$이다.

03

두 수의 곱이 홀수가 되려면 (홀수)×(홀수)여야 하므로 1에서 10까지 적힌 숫자카드를 임의로 두 장을 동시에 뽑았을 때, 두 장 모두 홀수일 확률을 구해야 한다.

따라서 열 장 중 홀수 카드 두 개를 뽑을 확률은 $\dfrac{_5C_2}{_{10}C_2} = \dfrac{\frac{5 \times 4}{2 \times 1}}{\frac{10 \times 9}{2 \times 1}} = \dfrac{5 \times 4}{10 \times 9} = \dfrac{2}{9}$이다.

출제유형분석 01 | 실전예제

01

나열된 수를 각각 A, B, C라고 하면
$\underline{A\ B\ C} \rightarrow (A \times B) + 1 = C$
따라서 (　)$= 5 \times 6 + 1 = 31$이다.

02

나열된 수를 각각 A, B, C라고 하면
$\underline{A\ B\ C} \rightarrow A^2 - \sqrt{B} = C$
따라서 (　)$= 8^2 - \sqrt{81} = 55$이다.

03

앞의 항에 $\times \dfrac{2}{3}$인 수열이다.

따라서 (　)$= \dfrac{13}{18} \times \dfrac{2}{3} = \dfrac{13}{27}$이다.

04

앞의 항에 $+10$, $+20$, $+30$, $+40$, $+50$, $+60$, $+70$, …을 하는 수열이다.
따라서 (　)$= 190 + 70 = 260$이다.

05

앞의 항에 2×3^n을 더해 다음 항을 구하는 수열이다(n은 앞의 항의 순서이다). 즉, 더해지는 값이 $+6$, $+18$, $+54$, $+162$, …인 수열이다.
따라서 (　)$= -76 - 6 = -82$이다.

06

홀수 항은 10을 더한 후 2로 나누는 수열, 짝수 항은 -10씩 곱하는 수열이다.
따라서 (　)$= \left(\dfrac{7}{4} + 10 \right) \div 2 = \dfrac{47}{8}$이다.

07

정답 ②

(앞의 항)×3−2=(뒤의 항)의 규칙이 적용되는 수열이다.
따라서 ( )=34×3−2=100이다.

08

정답 ④

$a_1=1$, $a_2=2$, $a_{n+2}=a_n+a_{n+1}$(단, n은 1보다 큰 자연수)인 수열이다.
따라서 ( )=8+13=21이다.

09

정답 ③

홀수 항은 ÷2, 짝수 항은 ÷4를 하는 수열이다.
따라서 ( )=20÷4=5가 된다.

10

정답 ①

홀수 항은 $\times\frac{1}{2}$, 짝수 항은 −3.7, −4.2, −4.7, …을 하는 수열이다.

따라서 ( )=$1\times\frac{1}{2}=\frac{1}{2}$이다.

11

정답 ②

앞의 항에 0.1, 0.15, 0.2, 0.25, …씩 더하는 수열이다.
따라서 ( )=1.1+0.3=1.4이다.

PART 2

CHAPTER 07 수추리력 • **57**

침묵은 다른 방식으로 펼친 주장이다.

- 체 게바라 -

PART 3

최종점검 모의고사

01 지각정확력

01	02	03	04	05	06	07	08	09	10	11	12	13	14	15	16	17	18	19	20
③	⑤	⑤	②	③	②	④	②	④	②	②	⑤	⑤	③	②	①	④	①	④	④
21	22	23	24	25	26	27	28	29	30										
②	⑤	③	⑤	④	④	⑤	④	③	②										

01 정답 ③

탕	컹	펑	켱	탕	컹	형	팽	탱	켱
팽	탱	헝	탱	텅	펄	캥	행	헝	떵
켱	헝	펑	펑	행	뎅	팽	펑	펑	헝
펄	탕	켱	텅	펑	켱	탕	펑	컹	펄

02 정답 ⑤

J	K	I	H	T	F	E	I	F	K	T	J
T	F	I	E	K	T	K	H	E	J	I	K
I	T	F	J	E	F	I	T	H	I	E	T
K	J	E	T	F	H	J	K	T	H	F	H

03 정답 ⑤

즉	줏	즐	즒	즊	즒	즙	즡	줏	즉	즓	즒
즙	줓	즞	즇	즒	즒	즐	즌	즞	즡	즒	줓
즉	즒	즘	즞	즉	좀	즒	즒	즒	좀	잡	접
즉	즐	츶	죽	좀	즒	죽	젓	츳	특	쯧	즉

04

정답 ②

圖	四	圓	口	國	日	日	匚	圃	區	匚	四
日	匚	國	圓	口	四	圓	圖	圓	四	圓	日
國	圓	圖	日	日	匚	圃	圖	四	圓	圖	四
四	圓	口	國	日	日	匚	圖	圃	區	四	匚

05

정답 ③

610	587	331	356	408	631	602	90	635	301	201	101
220	730	196	589	600	589	306	102	37	580	669	89
58	796	589	633	580	710	635	663	578	598	895	598
310	566	899	588	769	586	486	789	987	169	323	115

06

정답 ②

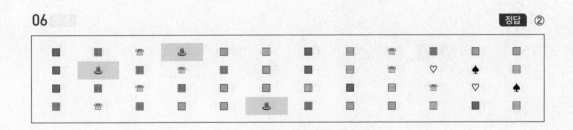

07

정답 ④

XQ	XG	XL	XD	XE	XV	XI	XO	XG	XX	X0	X7
XO	X0	X8	XD	XQ	XV	XE	XD	XX	XG	XL	XD
XL	XE	XD	XG	XO	XA	Xo	XQ	XC	XC	XD	XK
XK	XG	XQ	XD	Xo	XO	XG	XK	XL	XA	XT	X5

08

정답 ②

신내	실래	실네	신네	실내	실나	신내	실레	신래	살내
신네	실나	신너	신레	실네	싯내	실나	신라	실내	설네
실나	실너	신나	실네	싯나	신래	실라	실내	신라	실내

09

정답 ④

66	06	68	60	96	76	64	66	66	56	66	66
66	96	06	67	65	62	36	16	06	96	69	86
96	86	67	69	68	56	26	67	64	68	06	60
06	56	96	66	86	68	06	60	66	46	65	26

10

정답 ②

閘	江	匣	家	歌	柯	茄	感	敢	坎	却	覺
件	簡	間	改	記	開	起	杆	呵	俱	求	勾
臼	擧	聞	客	鉀	葛	問	坅	間	訶	竿	澗
間	妓	機	錮	告	磈	賈	坎	岡	舡	間	磵

11

정답 ②

YIA	YHI	YOL	YGG	YKL	YIOL	YGG	YCO	YHI	YIOL	YGG	YHI
YGG	YIOL	YCO	YHI	YHI	YGG	YOL	YIA	YOL	YCO	YIA	YKL
YIOL	YHI	YGG	YKL	YIA	YIOL	YGG	YKL	YHI	YHI	YIOL	YCO
YIA	YKL	YIOL	YHI	YCO	YKL	YIA	YIOL	YGG	YIA	YKL	YGG

12

정답 ⑤

쨍	컁	퓨	껀	짱	멩	걍	먼	녜	쨍	해	예
퓨	얘	뿌	쨍	멸	뚜	냥	압	랼	벨	쓴	빵
짱	멸	녜	뿌	해	쨍	컁	얘	쨍	뚜	벨	뺀
예	쨍	냥	먼	걍	퓨	쓴	껀	취	빵	쟁	썸

13

정답 ⑤

14

8739	5710	1638	7839	7812	1739	3289	1938	4622	6812	8193	9182
7921	1435	2461	5879	1487	6812	4819	8593	8729	8271	8264	4784
8472	6812	1489	4178	8729	1487	4781	4197	6287	6124	2892	7923
6824	3278	1265	1468	4178	7128	3157	3268	3598	8213	2164	4187

15

n	m	j	d	u	n	o	l	b	d	e	s
r	a	l	p	q	x	z	w	i	v	a	b
c	u	v	e	k	j	t	f	h	r	x	m
b	y	g	z	t	n	e	k	d	s	j	p

16

ラ	ザ	ギ	ヤ	コ	チ	ラ	レ	ザ	ギ	ラ	コ
ギ	レ	ラ	チ	レ	ト	ギ	コ	ヤ	ネ	ヘ	ザ
ザ	ナ	コ	ザ	ギ	コ	ヤ	ヘ	ラ	ザ	ギ	ア
ヤ	チ	ヤ	レ	ザ	ラ	ネ	ザ	レ	チ	ヤ	オ

17

498	237	853	362	986	682	382	925	683	942	347	375
794	826	569	510	593	483	779	128	753	908	628	261
569	237	347	593	382	908	483	853	794	986	128	942
362	826	261	683	779	498	375	628	753	261	682	925

18

독재	독도	독감	독주	독배	독일	독사	독니	독창	독단	독채	독진
독자	독학	독점	독대	독고	독거	독초	독무	독서	독백	독탕	독특
독촉	독방	독해	독락	독설	독도	독주	독려	독점	독초	독파	독채
독단	독채	독배	독무	독니	독종	독자	독도	독락	독고	독진	독촉

정답 ④

gold	gene	gate	gell	give	golf	goat	grow	get	gap	gilt	girl
gist	geek	ghost	gite	girth	gene	get	give	gilt	gist	geek	goal
gene	give	gite	gap	geek	grow	gell	girl	goat	goal	girth	gilt
gell	girl	ghost	golf	goal	gold	gate	gap	gite	gold	gap	gist

20

정답 ④

17	26	64	14	82	10	42	19	67	88	28	45
61	71	30	76	93	54	75	29	16	43	83	98
99	47	69	52	62	25	38	66	30	50	21	80
79	55	34	61	90	83	49	23	22	39	11	95

21

정답 ②

◎	☎	⇔	△	♀	♨	¶	▶	Ⓚ	♡	☞	♣
↥	■	◈	※	◆	↗	▲	↘	☖	★	§	∀
▥	Σ	◇	∃	◉	€	▼	▣	‡	▦	♠	♥
☞	♠	↘	◐	¢	⇒	↗	¥	☏	㈜	◑	☆

22

정답 ⑤

圭	奎	規	珪	揆	糾	硅	鵠	逵	叫	葵	窺
赳	槻	竅	均	菌	鈞	龜	昀	谷	穀	曲	哭
梏	斛	昀	叫	均	圭	槻	奎	竅	揆	鈞	逵
菌	硅	規	曲	赳	龜	珪	穀	葵	斛	糾	窺

23

정답 ③

홍	경	묘	청	래	이	재	순	조	사	고	종
방	김	삿	랑	인	시	갓	구	대	위	충	절
보	은	속	리	대	청	한	타	국	금	아	태
짬	탕	짜	단	짠	고	감	래	진	상	왕	전

24 정답 ⑤

d	m	h	c	m	i	c	s	h	l	q	s
r	i	q	s	e	m	h	d	u	h	m	l
m	t	i	k	c	s	p	s	g	s	h	s
r	z	p	i	z	h	u	m	u	r	m	x

25 정답 ④

643	352	637	156	965	135	437	324	275	432	974	235
125	463	374	943	436	324	866	223	525	634	536	453
733	342	215	326	525	256	325	623	743	129	345	743
354	162	743	522	326	437	754	341	275	108	740	262

26 정답 ④

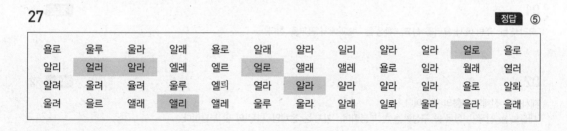

27 정답 ⑤

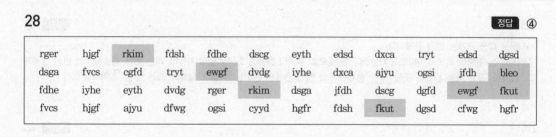

욜로	울루	울라	알래	욜로	알래	얄라	일리	얄라	얼라	얼로	욜로
알리	얼러	알라	엘레	엘르	얼로	앨래	앨레	욜로	일라	월래	열러
알려	올려	율려	울루	엘릐	열라	알라	얄라	얄라	일라	욜로	알롸
울려	을르	앨래	앨리	앨레	울루	울라	알래	일롸	울라	을라	을래

28 정답 ④

rger	hjgf	rkim	fdsh	fdhe	dscg	eyth	edsd	dxca	tryt	edsd	dgsd
dsga	fvcs	cgfd	tryt	ewgf	dvdg	iyhe	dxca	ajyu	ogsi	jfdh	bleo
fdhe	iyhe	eyth	dvdg	rger	rkim	dsga	jfdh	dscg	dgfd	ewgf	fkut
fvcs	hjgf	ajyu	dfwg	ogsi	cyyd	hgfr	fdsh	fkut	dgsd	cfwg	hgfr

29 정답 ③

ㄲ	ㄾ	ㄿ	ㅀ	ㄾ	ㄻ	ㅃ	ㄿ	ㅉ	ㅀ	ㄲ	ㄻ
ㄻ	**ㄺ**	ㄸ	**ㄵ**	ㅃ	ㄸ	ㄿ	ㅉ	**ㅆ**	ㅃ	ㄸ	ㅃ
ㄿ	ㅉ	ㅆ	ㄾ	ㄻ	ㅆ	ㄾ	ㅀ	ㄾ	ㄻ	ㅉ	ㄾ
ㄲ	ㄸ	ㄾ	ㅃ	ㄲ	**ㄳ**	ㅉ	ㄸ	ㄿ	ㅆ	ㅀ	ㄲ

30 정답 ②

㉰	ⓑ	㉣	㉤	Ⓖ	㉡	Ⓐ	Ⓔ	㉮	㉢	ⓖ	Ⓕ
㉯	ⓒ	㉫	Ⓓ	ⓓ	㉰	ⓔ	Ⓒ	㉢	㉤	㉡	Ⓑ
ⓕ	㉶	Ⓑ	ⓖ	㉠	㉲	㉮	ⓕ	Ⓖ	ⓐ	㉤	ⓔ
ⓓ	㉡	Ⓕ	Ⓔ	㉢	㉲	㉡	ⓕ	Ⓒ	㉠	㉭	ⓑ	ⓜ

02 언어유추력

01	02	03	04	05	06	07	08	09	10	11	12	13	14	15	16	17	18	19	20
⑤	②	②	②	②	④	③	④	②	④	②	①	①	④	②	②	②	④	②	⑤

01 정답 ⑤

'요리사'는 '주방'에서 요리를 하고, '학생'은 '학교'에서 공부를 한다.

02 정답 ②

제시문은 전체와 부분의 관계이다.
'대들보'는 전체인 '한옥'을 구성하는 한 부분이며, '가지'는 전체인 '나무'의 한 부분이다.

03 정답 ②

제시문은 대응 관계는 반의 관계이다.
'침착하다'는 '행동이 들뜨지 아니하고 차분하다.'는 뜻으로 '말이나 행동이 조심성 없이 가볍다.'라는 뜻인 '경솔하다'와 반의 관계이다. 따라서 '곱고 가늘다.'라는 뜻을 가진 '섬세하다'와 반의 관계인 단어는 '거칠고 나쁘다.'라는 뜻인 '조악하다'이다.

04 정답 ②

'책'을 읽고 쓰는 글은 '독후감'이고, '일상'을 기록하는 글은 '일기'이다.

05
정답 ②

제시문은 유의 관계이다.
'근심'은 '걱정'의 유의어이며, '안면'은 '얼굴'의 유의어이다.

06
정답 ④

제시문은 동의 관계이다.
'별세'는 '하직'의 동의어이며, '교사'는 '선생'의 동의어이다.

07
정답 ③

제시문은 입력장치와 출력장치의 관계이다.
'마이크'와 대응되는 출력장치는 '스피커'이고, '키보드'와 대응되는 출력장치는 '모니터'이다.

오답분석

②·⑤ 입력장치이다.
④ 이어폰은 출력장치이지만 키보드에 대응되는 출력장치는 아니다.

08
정답 ④

제시문은 동력을 공급하는 관계이다.
'엔진'은 '자동차'에 동력을 공급하고, '배터리'는 '휴대전화'에 동력을 공급한다.

09
정답 ②

제시문은 인과 관계이다.
'청심환'은 '긴장'을 방지하며, '지사제'는 '설사'를 방지한다.

10
정답 ④

제시문은 부도체 관계이다.
'스티로폼'은 '열'이 통하지 않는 열적 부도체이고, '고무'는 '전기'가 통하지 않는 전기적 부도체이다.

11
정답 ②

제시문은 반의 관계이다.
'왜소하다'와 '거대하다', '증진하다'와 '감퇴하다' 모두 반의 관계이다.

12
정답 ①

제시문은 상하 관계이다.
'서적'의 하의어는 '양서'이며, '냉장고'의 상의어는 '가전'이다.

13

정답 ①

제시문은 음식과 재료의 관계이다.
'우유'는 '버터'의 재료이고, '밀가루'는 '만두'의 재료이다.

14

정답 ④

제시문은 상하 관계이다.
'처서'는 '절기'의 하위어이며, '단오'는 '명절'의 하위어이다.
• 처서 : 이십사절기의 하나로 입추와 백로 사이에 들며 양력 8월 23일경이다.
• 절기 : 한 해를 스물넷으로 나눈 계절의 표준이다.

15

정답 ②

제시문은 신체와 보조도구의 관계이다.
'시력'이 나빠지면 '안경'을 사용하고, '청력'이 나빠지면 '보청기'를 사용한다.

16

정답 ②

제시문은 상하 관계이다.
'명절'의 하위어는 '설날'이며, '양식'의 하위어는 '스테이크'이다.

17

정답 ②

제시문은 반의 관계이다.
'근면'의 반의어는 '나태'이며, '부정'의 반의어는 '수긍'이다.

18

정답 ④

제시문은 유의 관계이다.
'이름'은 '존함'과 유사한 의미를 가지며, '인연'은 '연분'과 유사한 의미를 가진다.

19

정답 ②

제시문은 필요 관계이다.
'테니스'를 하기 위해서는 '라켓'이 필요하고, '야구'를 하기 위해서는 '배트'가 필요하다.

20

정답 ⑤

제시문은 주어와 서술어의 관계이다.
'성격'이 '차갑'고, '온도'가 '내려'간다.

01	02	03	04	05	06	07	08	09	10	11	12	13	14	15	16	17	18	19	20
①	①	③	①	③	①	②	①	③	②	①	③	③	①	③	①	①	①	②	①

01

정답 ①

'A가 베트남으로 출장을 감'을 a, 'B가 태국으로 출장을 감'을 b, 'C가 대만으로 출장을 감'을 c, 'D가 싱가포르로 출장을 감'을 d, 'E가 홍콩으로 출장을 감'을 e이라고 할 때, 세 번째 조건 ~d → ~c의 대우인 c → d가 성립하므로 b → c → d가 성립한다. 따라서 'B가 태국으로 출장을 가면 D는 싱가포르로 출장을 간다.'는 참이 된다.

02

정답 ①

주어진 조건에 따르면 a → b → c → d가 성립한다. 즉, A가 베트남으로 출장을 가면 B는 태국으로, C는 대만으로, D는 싱가포르로 각각 출장을 간다. 따라서 'A가 베트남으로 출장을 가면 B, C, D 모두 해외로 출장을 간다.'는 참이 된다.

03

정답 ③

주어진 조건에 따르면 a → b → c → d가 성립한다. 그러나 a → d가 성립한다고 해서 ~a → ~d가 항상 성립하는 것은 아니다. 따라서 'A가 베트남으로 출장을 가지 않으면 D는 싱가포르로 출장을 가지 않는다.'가 참인지 거짓인지는 알 수 없다.

04

정답 ①

주어진 조건에 따라 소리가 큰 순서대로 나열하면 '비행기 – 전화벨 – 일상 대화 – 라디오 음악 – 시계 초침'의 순이 된다. 따라서 '시계 초침 소리가 가장 작다.'는 참이 된다.

05

정답 ③

주어진 조건에 따라 소리의 크기를 구하면 다음 표와 같다.

시계 초침	라디오 음악	일상 대화	전화벨	비행기
20db	40db		70db	120db

일상 대화 소리는 라디오 음악 소리보다 크고, 전화벨 소리보다는 작으므로 40db 초과 ~ 70db 미만임을 알 수 있다. 그러나 정확한 소리의 크기는 알 수 없으므로 일상 대화 소리가 시계 초침 소리의 3배인지는 알 수 없다.

06

정답 ①

우영 – 흥민 – 성용 – 현우 – 영권 순서로 들어왔으므로 참이다.

07

정답 ②

현우는 4번째, 흥민이는 2번째로 들어왔으므로 거짓이다.

08

제시문에 따르면 카푸치노 2잔과 아메리카노 1잔은 이미 선택되었으므로 B가 카페모카를 추가로 마셨다면 D에게 남은 메뉴는 카페라테밖에 없다.

09

제시문에 따르면 카푸치노 2잔과 아메리카노 1잔은 이미 선택되었으므로 D에게 남은 것은 카페라테 2잔과 카페모카 1잔이다. D가 이 중에서 1잔을 마셨을 수도 있지만 2잔이나 3잔을 마셨을 수도 있으므로 주어진 조건으로는 커피를 가장 적게 마신 손님을 확실히 알 수 없다.

10

커피는 6잔이고, 손님은 4명이다. 주어진 조건 안에서도 손님 3명이 각각 1잔씩 마시고 손님 1명이 커피 3잔을 마실 수 있으므로 한 손님이 마실 수 있는 커피의 최대량은 3잔이다.

11

제시문에 따라 시력이 높은 순서대로 나열하면 'A − B − C' 또는 'A − B − D − E'가 되며, C와 D, E의 시력은 서로 비교할 수 없다. 하지만 어느 경우라도 A의 시력이 가장 높은 것을 알 수 있다.

12

C와 D, E의 시력은 서로 비교할 수 없기 때문에 누가 시력이 가장 낮은지 알 수 없다.

13

C는 아이스크림을 A보다 많이 구매하였지만, B보다는 적게 구매하였으므로 3 ~ 4개의 아이스크림을 구매하였을 것이다. 따라서 제시문만으로는 3개인지, 4개인지 정확히 알 수 없다.

14

제시문에 따라 아이스크림을 많이 구매한 순서대로 나열하면 'D − E − B − C − A'의 순이 되므로 가장 많은 아이스크림을 구매한 사람은 D임을 알 수 있다.

15

D가 다섯 중 가장 많은 아이스크림을 구매하였으나, 몇 개의 아이스크림을 구매하였는지는 정확히 알 수 없다. 따라서 E가 아이스크림을 2개 더 구매하였다고 해서 D보다 더 많은 아이스크림을 구매하였는지는 알 수 없다.

16

제시문에 따라 매출액이 많은 순서대로 나열하면 'B − D − C − A' 순으로 A가게의 매출액이 가장 적음을 알 수 있다.

17

정답 ①

B가게의 매출액은 A가게의 매출액 1,500만 원보다 500만 원이 많은 2,000만 원으로, B가게의 매출액이 가장 많음을 알 수 있다.

18

정답 ①

A가게의 매출액은 1,500만 원, B가게의 매출액은 2,000만 원, D가게의 매출액은 1,800만 원임을 알 수 있지만, C가게의 매출액은 1,500만 원과 1,800만 원 사이의 금액이므로 정확한 매출액을 알 수 없다.

19

정답 ②

첫 번째, 두 번째 문장에 의해 A, B, C, D가 각각 입지 않는 색상도 서로 겹치지 않음을 알 수 있다. A가 빨간색을 입지 않고 C가 초록색을 입지 않으므로 B와 D는 노란색이나 파란색을 입지 않아야 하는데, D가 노란색 티셔츠를 입으므로 D는 파란색을 입지 않고, B는 노란색을 입지 않았다. 그러면 티셔츠 중 초록색, 빨간색, 파란색이 남는데, C는 초록색은 입지 않고 빨간색 바지를 입었으므로 파란색 티셔츠를 입고, A는 빨간색을 입지 않으므로 초록색 티셔츠를 입으며, B는 빨간색 티셔츠를 입는다. 또한, C는 초록색을 입지 않으므로 노란색 모자를 쓴다. 그러면 노란색 중 남은 것은 바지인데, B는 노란색을 입지 않으므로 A가 노란색 바지를 입고, 파란색 모자를 쓴다. 다음으로 모자 중에는 빨간색과 초록색, 바지 중에는 파란색과 초록색이 남는데, B가 이미 빨간색 티셔츠를 입고 있으므로 D가 빨간색 모자를 쓰고 B가 초록색 모자를 쓰며, D는 파란색을 입지 않으므로 초록색 바지를, B는 파란색 바지를 입는다. 이를 표로 정리하면 다음과 같다.

구분	A	B	C	D
모자	파란색	초록색	노란색	빨간색
티셔츠	초록색	빨간색	파란색	노란색
바지	노란색	파란색	빨간색	초록색

따라서 A의 티셔츠는 초록색, C의 모자는 노란색이므로 색상은 서로 같지 않다.

20

정답 ①

19번 해설에 따르면 B의 모자와 D의 바지는 모두 초록색이므로 참임을 알 수 있다.

---

04 공간지각력

01	02	03	04	05	06	07	08	09	10	11	12	13	14	15	16	17	18	19	20
①	②	③	③	①	②	④	④	②	④	②	①	①	③	④	②	①	③	②	①

01

정답 ①

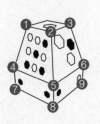
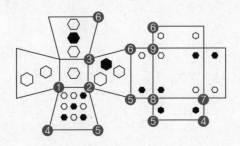

02

정답 ②

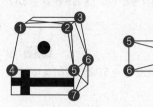 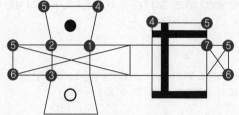

03

정답 ③

 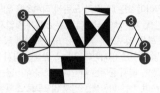

04

정답 ③

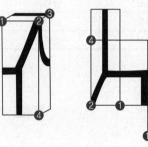

05

정답 ①

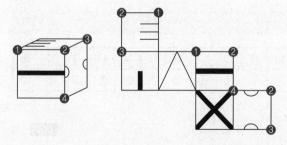

06 정답 ②

07 정답 ④

08 정답 ④

09 정답 ②

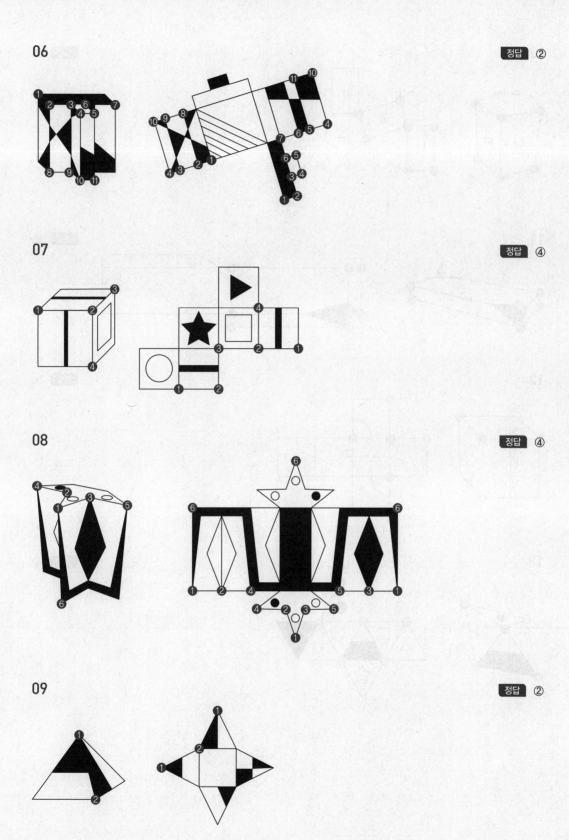

10

정답 ④

11

정답 ②

12

정답 ①

13

정답 ①

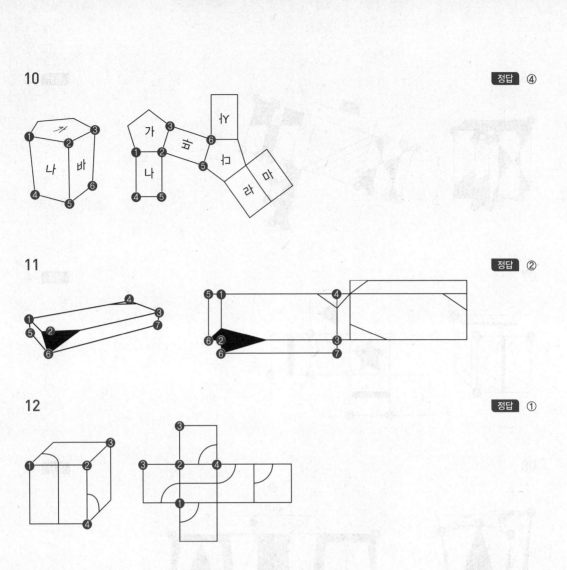

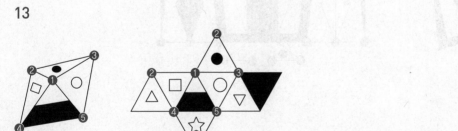

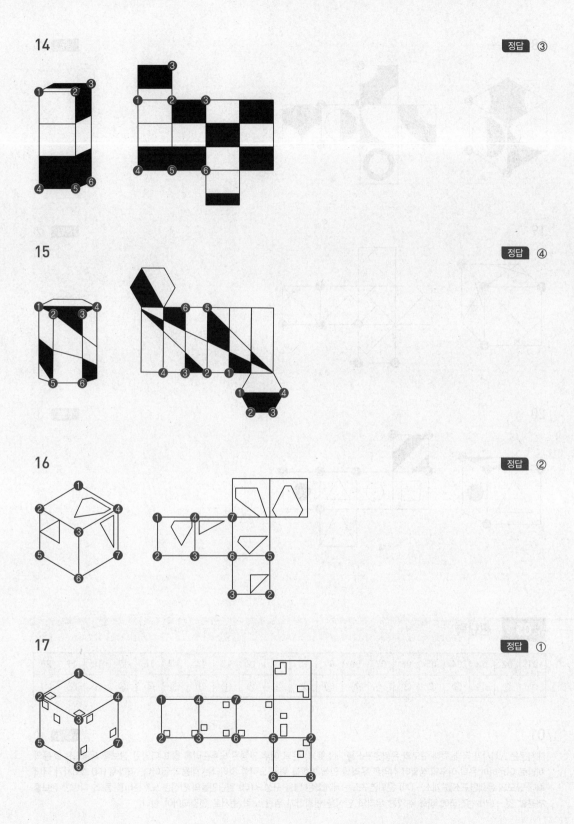

14

정답 ③

15

정답 ④

16

정답 ②

17

정답 ①

18

정답 ③

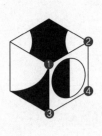

19

정답 ②

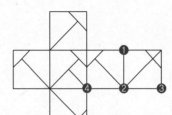

20

정답 ①

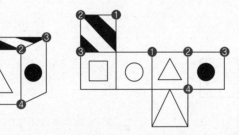

| 05 | 판단력 | | | | | | | | | | | | | | | | | | |

01	02	03	04	05	06	07	08	09	10	11	12	13	14	15	16	17	18	19	20
①	③	②	③	②	③	④	④	②	②	②	②	①	③	③	④	③	③	②	①

01

정답 ①

제시문은 A회사가 국내 최대 규모의 은퇴연구소를 개소했고, 은퇴 이후 안정된 노후준비를 돕고 다양한 정보를 제공하는 소통의 채널로 이용하며 은퇴 이후의 생활이 취약한 우리의 인식 변화를 위해 노력할 것이라는 내용의 글이다. 따라서 (다) A회사가 국내 최대 규모의 은퇴연구소를 개소 – (가) 은퇴연구소는 체계화된 팀을 구성 – (나) 일반인들의 안정된 노후준비를 돕고, 다양한 정보를 제공할 것 – (라) 선진국에 비해 취약한 우리의 인식을 변화하기 위한 노력 순서로 연결되어야 한다.

02

정답 ③

제시문은 성품과 인위를 정의하고 이것에 대한 구체적인 예를 통해 인간의 원래 성품과 선하게 되는 원리를 설명하는 글이다. 따라서 (가) 성품과 인위의 정의 – (다) 성품과 인위의 예 – (라) 성품과 인위의 결과 – (나) 이를 통해 알 수 있는 인간의 성질 순으로 연결되어야 한다.

03

정답 ②

제시문은 교정 시 칫솔질에 대한 중요성과 교정장치 세척방법, 올바른 칫솔질에 대해 설명하는 글이다. 따라서 (나) 교정 시 칫솔질에 대한 중요성을 설명 – (가) 교정 시, 칫솔질 중 교정장치의 세척도 중요하며 그 방법에 대해 설명 – (라) 장치 때문에 잘 닦이지 않는 부위를 닦는 방법 – (다) 마지막으로 칫솔질을 할 때 빠트려서는 안 될 부분을 설명 순으로 연결되어야 한다.

04

정답 ③

제시문은 행동주의 학자들이 생각하는 언어 습득 이론과 그 원인을 설명하고, 이를 비판하는 입장인 촘스키의 언어 습득 이론을 설명하는 글이다. 따라서 (라) 행동주의 학자들의 언어 습득 이론 – (가) 행동주의 학자들이 주장한 언어 습득의 원인 – (다) 행동주의 학자들의 입장에 대한 비판적 관점 – (마) 언어학자 촘스키의 언어 습득 이론 – (나) 촘스키 이론의 의의 순으로 연결되어야 한다.

05

정답 ②

제시문은 판구조론 관점에서 본 아이슬란드의 특수한 지질학적 위치에 대한 글이다. 따라서 (다) 특수한 아이슬란드의 지질학적인 위치 – (나) 기본적 지질학적 상식 – (라) 아이슬란드의 특징 – (가) 아이슬란드는 지리적으로는 한 나라이지만, 지질학적으로는 두 개의 서로 다른 판 위에 놓여 있음 순으로 연결되어야 한다.

06

정답 ③

오답분석

①은 두 번째 문장에서, ②는 마지막 문장, ④는 세 번째와 네 번째 문장에서 각각 확인할 수 있다.

07

정답 ④

오답분석

① 팔은 눈에 띄지 않을 만큼 작다.
② 빌렌도르프 지역에서 발견되었다.
③ 모델에 대해서는 밝혀진 것이 없다.

08

정답 ④

제시문에서는 청소년들의 과도한 불안이 집중을 방해하여 학업 수행에 부정적으로 작용한다고 주장한다. 따라서 이러한 주장에 대한 반박으로는 오히려 불안이 긍정적으로 작용할 수 있다는 내용의 ④가 가장 적절하다.

09

제시문은 '분노'에 대한 것으로, 사람의 경우와 동물의 경우를 나누어 분노가 어떻게 공격과 복수의 행동을 유발하는지에 대해 서술하고 있다.

[오답분석]
① 분노에 대한 공격과 복수 행동만 서술할 뿐 공격을 유발하는 원인에 대한 언급은 없다.
③ 탈리오 법칙에 대한 언급은 했으나, 이에 대한 실제 사례 등 구체적인 서술은 없다.
④ 동물과 인간이 가지는 분노에 대한 감정 차이보다는, '분노했을 때의 행동'에 대한 공통점에 주안점을 두고 서술하였다.

10

첩보 위성은 임무를 위해 낮은 궤도를 비행해야 하므로, 높은 궤도로 비행시키면 수명은 길어질 수 있으나 임무의 수행 자체가 어려워질 수 있다.

11

'단일한 작품 내지 원본이라는 개념이 성립하기 어렵다.'나 '동일 작품의 변이형', '생략 혹은 변경', '즉흥적으로 개작 또는 창작하는 일' 등의 문구를 볼 때 구비문학이 상황에 맞춰 유동적으로 변화한다는 사실을 알 수 있다.

12

예술 사조는 역사적 현실과 이데올로기를 표현하기 위해 등장했으며, 예술가가 특정 사조에 영향을 받을 때 그 시대적 배경을 고려해야 한다고 하였다. 따라서 예술 사조는 역사적 현실과 떨어질 수 없으며, 이를 토대로 역사적 현실과 불가분의 관계임을 추론할 수 있다.

13

제시문은 정체성의 정의와 세계화 시대의 정체성 위기에 대하여 설명하고 있다. 제시문의 끝부분에서 세계화가 전개됨에 따라 정체성의 위기가 발생하고 있다는 내용을 언급하고 있으므로 그 다음에는 정체성 위기의 원인에 대한 내용이 나와야 한다. 따라서 이어질 내용으로 ①이 가장 적절하다.

14

차로 유지기능을 작동했을 때 운전자가 직접 운전을 해야 했던 '레벨 2'와 달리 '레벨 3'은 운전자가 직접 운전하지 않아도 긴급 상황에 대응할 수 있는 자동 차로 유지기능이 탑재되어 있다. 이러한 '레벨 3' 안전기준이 도입된다면, 지정된 영역 내에서 운전자가 직접 운전하지 않고도 주행이 가능해질 것이다. 따라서 빈칸에 들어갈 내용으로 운전자가 운전대에서 손을 떼고도 자율주행이 가능해진다는 ③이 가장 적절하다.

[오답분석]
① 레벨 3 부분자율주행차는 운전자 탑승이 확인된 후에만 작동할 수 있다.
②·④ 제시문에서는 레벨 3 부분자율주행차의 자동 차로 유지기능에 관해 이야기하고 있으며, 자동 속도 조절이나 차량 간 거리 유지기능에 관해서는 제시문을 통해 알 수 없다.

15

정답 ③

㉠은 기업들이 더 많은 이익을 내기 위해 '디자인의 향상'에 몰두하는 것이 바람직하다는 판단이다. 즉, '상품의 사회적 마모를 짧게 해서 소비를 계속 증가시키기 위한' 방안인데, 이것에 대한 반론이 되기 위해서는 ㉠의 주장이 지니고 있는 문제점을 비판하여야 한다. ㉠이 지니고 있는 가장 큰 문제점은 '과연 성능 향상 없는 디자인 변화가 소비를 촉진시킬 수 있는 것인가'가 되어야 한다. 디자인 변화는 분명히 상품의 소비를 촉진시킬 수 있는 효과적 방법 중의 하나이지만 '성능이나 기능, 내구성'의 향상이 전제되지 않았을 때는 효과를 내기 힘들기 때문이다. 따라서 ㉠에 대한 반론으로 ③이 가장 적절하다.

16

정답 ④

김씨에게 탁구를 가르쳐 준 사람에 대한 정보는 말로 표현할 수 있는 서술 정보에 해당하며, 이는 뇌의 내측두엽에 있는 해마에 저장된다.

오답분석
① 김씨는 내측두엽의 해마가 손상된 것일 뿐 감정이나 공포와 관련된 기억이 저장되는 편도체의 손상 여부는 알 수 없다.
② 대뇌피질에 저장된 수술 전의 기존 휴대폰 번호는 말로 표현할 수 있는 서술 정보에 해당한다.
③ 운동 기술은 대뇌의 선조체나 소뇌에 저장되는데, 김씨는 수술 후 탁구 기술을 배우는 데 문제가 없으므로 대뇌의 선조체는 손상되지 않았음을 알 수 있다.

17

정답 ③

제시문의 두 번째 문단에서 알 수 있다.

오답분석
①·② 할랄식품은 엄격하게 생산·유통되기 때문에 일반 소비자들에게도 평이 좋다.
④ 세계 할랄 인증 기준은 200종에 달하고 수출하는 국가마다 별도의 인증을 받아야 한다.

18

정답 ③

제시문에서 몰랐으면 아무 문제되지 않았을 텐데 알아서 문제가 발생하는 경우도 있음을 말하며 노이로제에 대해 설명하고 있다. 따라서 제목으로 ③이 적절하다.

19

정답 ②

첫 문장에서 '내면적인 평화와 명상의 생활을 불가능하게 만든다.'라고 문제점을 지적하고 있는 점에 착안하고, 마지막 문장에서 '물레질의 가치는 경제적 필요 이상의 것'이란 구절을 연결해 보면, 필자가 말하는 간디의 생각은 '경제적 필요를 넘어 정신적·내면적 평화와 명상의 생활을 하는 삶'을 강조하고 있음을 알 수 있다. 따라서 이에 부합하는 대상으로 ②가 가장 적절하다.

20

정답 ①

제시문의 전통적인 경제학에서는 미시 건전성 정책에 집중하는데 이러한 미시 건전성 정책은 가격이 본질적 가치를 초과하여 폭등하는 버블이 존재하지 않는다는 효율적 시장 가설을 바탕으로 한다. 따라서 제시문에 나타난 주장에 대한 비판으로는 이러한 효율적 시장 가설에 대해 반박하는 ①이 가장 적절하다.

01	02	03	04	05	06	07	08	09	10	11	12	13	14	15	16	17	18	19	20
④	②	①	②	④	④	④	②	③	③	④	④	②	③	①	④	④	①	④	②

01
정답 ④

처음 퍼낸 설탕물의 양을 xg이라 하면, 4% 설탕물의 양은 $400-(300-x)+x=100$g이다.

설탕의 양$=\dfrac{\text{농도}}{100}\times(\text{설탕물의 양})$이므로

$$\frac{8}{100}\times(300-x)+\frac{4}{100}\times100=\frac{6}{100}\times400 \rightarrow 2,400-8x+400=2,400 \rightarrow 8x=400$$

$\therefore x=50$

02
정답 ②

A, B의 일급이 같으므로 하루에 포장한 제품의 개수는 A의 작업량인 $310\times5=1,550$개로 서로 같다.

B가 처음 시작하는 1시간 동안 x개의 제품을 포장한다고 하면

$x+2x+4x+8x+16x=1,550 \rightarrow 31x=1,550$

$\therefore x=50$

03
정답 ①

2월 5일에서 8월 15일까지는 총 $24+31+30+31+30+31+15=192$일이다. 이를 7로 나누면 $192\div7=27 \cdots 3$이므로 8월 13일의 이전 날인 8월 12일이 수요일이었다. 따라서 8월 15일은 토요일이었다.

04
정답 ②

두 열차가 같은 시간 동안 이동한 거리의 합은 6km이다.

두 열차가 이동한 시간이 같고, KTX와 새마을호 속력의 비는 $7:5$이므로 KTX와 새마을호가 이동한 거리를 각각 $7x$km, $5x$km이라고 하면 $7x+5x=6$이므로 x는 0.5km이다.

따라서 새마을호가 이동한 거리는 2.5km, KTX가 이동한 거리는 3.5km이다.

05
정답 ④

아버지의 나이를 x세, 형의 나이를 y세라고 하자.

동생의 나이는 $(y-2)$세이므로 $y+(y-2)=40 \rightarrow 2y=42$

$\therefore y=21$

어머니의 나이는 $(x-4)$세이므로 $x+(x-4)=6\times21 \rightarrow 2x=130$

$\therefore x=65$

따라서 아버지의 나이는 65세이다.

06

정답 ④

- 정가 : $600 \times (1+0.2) = 720$원
- 할인 판매가 : $720 \times (1-0.2) = 576$원

따라서 손실액은 원가에서 할인 판매가를 뺀 금액이므로 $600 - 576 = 24$원이다.

07

정답 ④

처음 숫자의 십의 자리 숫자를 x, 일의 자리 숫자를 y라고 하자.

$x + y = 10 \cdots \bigcirc$

$(10y + x) \div 2 = 10x + y - 14 \rightarrow 19x - 8y = 28 \cdots \bigcirc$

$\bigcirc$과 $\bigcirc$을 연립하면 $x = 4$, $y = 6$이다.

따라서 처음 숫자는 $4 \times 10 + 6 = 46$이다.

08

정답 ②

일의 양을 1이라고 가정하면 A는 하루에 $\frac{1}{6}$, B는 하루에 $\frac{1}{8}$만큼 일을 한다.

문제에 따라 B 혼자 일한 기간을 x일이라 하고 방정식을 세우면 다음과 같다.

$\frac{1}{6} + \left(\frac{1}{6} + \frac{1}{8}\right) \times 2 + \frac{1}{8}x = 1 \rightarrow \frac{1}{2} + \frac{1}{4} + \frac{x}{8} = 1 \rightarrow \frac{4+2+x}{8} = 1$

$\therefore x = 2$

따라서 일을 끝내기 위해 B가 혼자 일해야 하는 기간은 2일이다.

09

정답 ③

A바구니에 처음 들어 있던 경품권의 수를 x장, B바구니에 처음 들어 있던 경품권의 수를 y장이라 하면 다음과 같다.

$x + 2 = 2 \times (y - 2) \cdots \bigcirc$

$x - 2 = y + 2 \cdots \bigcirc$

$\bigcirc$, $\bigcirc$을 연립하면 $x = 14$, $y = 10$이다.

따라서 A, B바구니에 들어있던 경품권은 모두 24장이다.

10

정답 ③

관람객의 수를 x명이라고 하자(단, $x < 50$인 자연수).

$5{,}000x \geq 50 \times 5{,}000 \times \left(1 - \frac{25}{100}\right) \rightarrow x \geq 50 \times \frac{75}{100} \rightarrow x \geq \frac{75}{2}$

$\therefore x \geq 37.5$

따라서 38명 이상일 때 50명 이상의 단체관람권을 구입하는 것이 유리하다.

11

정답 ④

진수, 민영, 지율, 보라 네 명의 최고점을 각각 a, b, c, d점이라고 하자.

$a + 2b = 10 \cdots \bigcirc$

$c + 2d = 35 \cdots \bigcirc$

$2a + 4b + 5c = 85 \cdots \bigcirc$

$\bigcirc$과 $\bigcirc$을 연립하면 $2 \times 10 + 5c = 85 \rightarrow 5c = 65 \rightarrow c = 13$이다.

c의 값을 $\bigcirc$에 대입하여 d를 구하면 $13 + 2d = 35 \rightarrow 2d = 22 \rightarrow d = 11$이다.

따라서 보라의 최고점은 11점이다.

12

정답 ④

38과 95의 최대공약수는 19이며, 19cm 간격으로 꼭짓점을 제외하고 가로에는 4그루씩 세로에는 1그루씩 심을 수 있다.
따라서 꼭짓점에도 나무가 심어져 있어야 하므로 총 $(4+1) \times 2 + 4 = 14$그루가 필요하다.

13

정답 ②

섞은 후 소금물의 농도를 x%라고 하자.

$$\frac{10}{100} \times 100 + \frac{25}{100} \times 200 = \frac{x}{100} \times (100 + 200) \rightarrow 1,000 + 5,000 = 300x$$

$\therefore x = 20$

따라서 20%의 소금물이 된다.

14

정답 ③

어떤 물통을 가득 채웠을 때 물의 양을 1이라 하면 A, B관이 1분에 채울 수 있는 물의 양은 각각 $\frac{1}{10}$, $\frac{1}{15}$이다.

B관을 x분 틀어서 물통을 가득 채운다고 하면

$$\frac{1}{10} \times 4 + \frac{1}{15} \times x = 1 \rightarrow \frac{1}{15}x = \frac{3}{5}$$

$\therefore x = 9$

따라서 B관은 9분을 틀어야 한다.

15

정답 ①

• 7권의 소설책 중 3권을 선택하는 경우의 수 : $_7C_3 = \frac{7 \times 6 \times 5}{3 \times 2 \times 1} = 35$가지

• 5권의 시집 중 2권을 선택하는 경우의 수 : $_5C_2 = \frac{5 \times 4}{2 \times 1} = 10$가지

따라서 소설책 3권과 시집 2권을 선택하는 경우의 수는 $35 \times 10 = 350$가지이다.

16

정답 ④

집에서 휴게소까지의 거리를 $x$km라 하자.

$시간 = \frac{거리}{속력}$이므로 $\frac{x}{40} + \frac{128-x}{60} = 3 \rightarrow \frac{3x + 2(128-x)}{120} = 3 \rightarrow 3x + 256 - 2x = 360$

$\therefore x = 104$

따라서 집에서 휴게소까지의 거리는 104km이다.

17

정답 ④

정가를 x원이라 하면 판매가는 $x \times (1 - \frac{1}{10})$, 원가는 $x \times (1 - \frac{2}{10})$이다.

이윤은 (판매가 $-$ 원가)이므로 $x \times (1 - \frac{1}{10}) - x \times (1 - \frac{2}{10}) = x \times \frac{1}{10}$이고,

원가에 대한 이윤의 백분율은 $\frac{(이윤)}{(원가)} \times 100$이므로 $\frac{0.1}{0.8} \times 100 = 12.5$%이다.

18

올라갈 때와 내려올 때 걸린 시간이 같으므로 올라갈 때와 내려올 때 각각 3시간이 걸렸음을 알 수 있다.

올라갈 때와 내려올 때의 이동거리는 각각 $3a$km, $3b$km이고, 내려올 때의 이동거리가 3km 더 기므로

$3a+3=3b$

$\therefore \ b=a+1$

즉, 내려올 때의 속력을 a에 관해 나타내면 $(a+1)$km/h이다.

19

• 밥을 먹고 설거지를 할 확률 : $\dfrac{4}{5} \times \dfrac{3}{7} = \dfrac{12}{35}$

• 밥을 먹지 않고 설거지를 할 확률 : $\dfrac{1}{5} \times \dfrac{2}{7} = \dfrac{2}{35}$

따라서 효민이가 오늘 설거지를 할 확률은 $\dfrac{12}{35} + \dfrac{2}{35} = \dfrac{14}{35}$ 이다.

20

누리가 15km를 간 뒤에, 수연이가 출발했으므로 수연이가 자전거로 40km를 이동했을 때, 누리는 걸어서 $40-15=25$km를 이동했다. 누리의 걸을 때 속력을 $x$km/h라고 하면 수연이가 자전거를 타고 움직인 속력은 $(x+10)$km/h이다.

$\dfrac{40}{x+10} = \dfrac{25}{x} \rightarrow 40x = 25(x+10) \rightarrow 40x - 25x = 250 \rightarrow 15x = 250$

$\therefore \ x = \dfrac{50}{3}$

따라서 두 사람이 함께 운동한 시간은 $\dfrac{25}{\frac{50}{3}} = \dfrac{3}{2}$ 시간, 즉 1시간 30분이다.

---

07   수추리력

01	02	03	04	05	06	07	08	09	10	11	12	13	14	15	16	17	18	19	20
②	③	①	②	③	③	②	④	④	①	④	②	③	④	①	④	③	②	①	①

01

$+1.2$와 $\div 2$를 번갈아 가면서 적용하는 수열이다.

따라서 ( )$=1.1+1.2=2.3$이다.

02

홀수 항은 $\times(-5)$, 짝수 항은 $\div 2$인 수열이다.

따라서 ( )$=44\times 2=88$이다.

03

정답 ①

앞의 항에 -2^1, $+2^2$, -2^3, $+2^4$, -2^5, …인 수열이다.

따라서 ( )=$(-18)+2^6=(-18)+64=46$이다.

04

정답 ②

홀수 항은 $\times 10$, 짝수 항은 $\div 2^0$, $\div 2^1$, $\div 2^2$, …인 수열이다.

따라서 ( )=$256 \div 2^2 = 64$이다.

05

정답 ③

홀수 항은 $+9$, 짝수 항은 $+10$의 규칙을 갖는 수열이다.

따라서 ( )=$-20+9=-11$이다.

06

정답 ③

홀수 항은 $+1$, $+2$, $+3$, …이고, 짝수 항은 $\times 5$, $\times 10$, $\times 15$, …인 수열이다.

따라서 ( )=$12.5 \div 5 = 2.50$이다.

07

정답 ②

분자는 1, 2, 3, 4, …씩 더하고, 분모는 4씩 곱하는 수열이다.

따라서 ( )=$\dfrac{5+1}{3 \times 4} = \dfrac{6}{12}$이다.

08

정답 ④

나열된 수를 각각 A, B, C, D라고 하면

$\underline{A\ B\ C\ D} \to A-B=C-D$

따라서 $25-16=($)-9이므로 ( )=180이다.

09

정답 ④

홀수 항은 -4, 짝수 항은 -7의 규칙을 갖는 수열이다.

따라서 ( )=$23-4=19$이다.

10

정답 ①

앞의 항에 1, 1.1, 2, 2.2, 3, 3.3, …을 더하는 수열이다.

따라서 ( )=$23.6+4.4=28$이다.

11

$\times \frac{1}{2}$, $\times \frac{1}{3}$, $\times \frac{1}{4}$, $\times \frac{1}{5}$, ⋯인 수열이다.

따라서 (   )$=\frac{1}{12} \times \frac{1}{6} = \frac{1}{72}$이다.

12

홀수 항은 +33, 짝수 항은 +42의 규칙을 갖는 수열이다.
따라서 (   )$=129+42=171$이다.

13

앞의 항에 1, 3, 5, 7, 9, 11, ⋯을 더하는 수열이다.
따라서 (   )$=18+7=25$이다.

14

항을 세 개씩 묶고 나열된 수를 각각 A, B, C라고 하면
$\underline{A\ B\ C} \rightarrow B=A^2-C^2$
따라서 (   )$=64-25=39$이다.

15

$\times(-1)$과 $+$(4의 배수)를 번갈아 반복하는 수열이다.
따라서 (   )$=-1\times(-1)=1$이다.

16

앞의 항에 $\times 3$, $+5$가 번갈아 적용되는 수열이다.
따라서 (   )$=29\times 3=87$이다.

17

나열된 숫자를 각각 A, B, C라고 하면
$\underline{A\ B\ C} \rightarrow 2A+B=C$
따라서 (   )$=5\times 2+4=14$이다.

18

정답 ②

분자는 1부터 분모의 수에 이를 때까지 1씩 더해지고, 분모는 1부터 해당 분모의 수만큼 같은 수가 반복되는, 즉 1, 2, 2, 3, 3, 3, …인 수열이다.

따라서 (　)=$\frac{1}{4}$이다.

19

정답 ①

항을 네 개씩 묶고 나열된 수를 각각 A, B, C, D라고 하면

$\underline{A\ B\ C\ D} \rightarrow A+B+C=D$

따라서 (　)=19+36+68=123이다.

20

정답 ①

홀수 항은 −10, −9, −8, −7, …씩 더하고, 짝수 항은 +2씩 더하는 수열이다.

따라서 (　)=3−7=−4이다.

효성그룹 최종점검 모의고사 답안지

지각정확력

문번	1	2	3	4	5
1	①	②	③	④	⑤
2	①	②	③	④	⑤
3	①	②	③	④	⑤
4	①	②	③	④	⑤
5	①	②	③	④	⑤
6	①	②	③	④	⑤
7	①	②	③	④	⑤
8	①	②	③	④	⑤
9	①	②	③	④	⑤
10	①	②	③	④	⑤
11	①	②	③	④	⑤
12	①	②	③	④	⑤
13	①	②	③	④	⑤
14	①	②	③	④	⑤
15	①	②	③	④	⑤
16	①	②	③	④	⑤
17	①	②	③	④	⑤
18	①	②	③	④	⑤
19	①	②	③	④	⑤
20	①	②	③	④	⑤

문번	1	2	3	4	5
21	①	②	③	④	⑤
22	①	②	③	④	⑤
23	①	②	③	④	⑤
24	①	②	③	④	⑤
25	①	②	③	④	⑤
26	①	②	③	④	⑤
27	①	②	③	④	⑤
28	①	②	③	④	⑤
29	①	②	③	④	⑤
30	①	②	③	④	⑤

언어유추력

문번	1	2	3	4	5
1	①	②	③	④	⑤
2	①	②	③	④	⑤
3	①	②	③	④	⑤
4	①	②	③	④	⑤
5	①	②	③	④	⑤
6	①	②	③	④	⑤
7	①	②	③	④	⑤
8	①	②	③	④	⑤
9	①	②	③	④	⑤
10	①	②	③	④	⑤
11	①	②	③	④	⑤
12	①	②	③	④	⑤
13	①	②	③	④	⑤
14	①	②	③	④	⑤
15	①	②	③	④	⑤
16	①	②	③	④	⑤
17	①	②	③	④	⑤
18	①	②	③	④	⑤
19	①	②	③	④	⑤
20	①	②	③	④	⑤

언어추리력

문번	1	2	3
1	①	②	③
2	①	②	③
3	①	②	③
4	①	②	③
5	①	②	③
6	①	②	③
7	①	②	③
8	①	②	③
9	①	②	③
10	①	②	③
11	①	②	③
12	①	②	③
13	①	②	③
14	①	②	③
15	①	②	③
16	①	②	③
17	①	②	③
18	①	②	③
19	①	②	③
20	①	②	③

고사장

성 명

수험번호

⓪	①	②	③	④	⑤	⑥	⑦	⑧	⑨
⓪	①	②	③	④	⑤	⑥	⑦	⑧	⑨
⓪	①	②	③	④	⑤	⑥	⑦	⑧	⑨
⓪	①	②	③	④	⑤	⑥	⑦	⑧	⑨
⓪	①	②	③	④	⑤	⑥	⑦	⑧	⑨
⓪	①	②	③	④	⑤	⑥	⑦	⑧	⑨
⓪	①	②	③	④	⑤	⑥	⑦	⑧	⑨

감독위원 확인

(인)

※ 절취선을 따라 분리하여 실제 시험과 같이 사용하면 더욱 효과적입니다.

효성그룹 최종점검 모의고사 답안지

공간지각력 문번	1	2	3	4	판단력 문번	1	2	3	4	응용계산력 문번	1	2	3	4	수추리력 문번	1	2	3	4	창의력
1	①	②	③	④	1	①	②	③	④	1	①	②	③	④	1	①	②	③	④	
2	①	②	③	④	2	①	②	③	④	2	①	②	③	④	2	①	②	③	④	
3	①	②	③	④	3	①	②	③	④	3	①	②	③	④	3	①	②	③	④	
4	①	②	③	④	4	①	②	③	④	4	①	②	③	④	4	①	②	③	④	
5	①	②	③	④	5	①	②	③	④	5	①	②	③	④	5	①	②	③	④	
6	①	②	③	④	6	①	②	③	④	6	①	②	③	④	6	①	②	③	④	
7	①	②	③	④	7	①	②	③	④	7	①	②	③	④	7	①	②	③	④	
8	①	②	③	④	8	①	②	③	④	8	①	②	③	④	8	①	②	③	④	
9	①	②	③	④	9	①	②	③	④	9	①	②	③	④	9	①	②	③	④	
10	①	②	③	④	10	①	②	③	④	10	①	②	③	④	10	①	②	③	④	
11	①	②	③	④	11	①	②	③	④	11	①	②	③	④	11	①	②	③	④	
12	①	②	③	④	12	①	②	③	④	12	①	②	③	④	12	①	②	③	④	
13	①	②	③	④	13	①	②	③	④	13	①	②	③	④	13	①	②	③	④	
14	①	②	③	④	14	①	②	③	④	14	①	②	③	④	14	①	②	③	④	
15	①	②	③	④	15	①	②	③	④	15	①	②	③	④	15	①	②	③	④	
16	①	②	③	④	16	①	②	③	④	16	①	②	③	④	16	①	②	③	④	
17	①	②	③	④	17	①	②	③	④	17	①	②	③	④	17	①	②	③	④	
18	①	②	③	④	18	①	②	③	④	18	①	②	③	④	18	①	②	③	④	
19	①	②	③	④	19	①	②	③	④	19	①	②	③	④	19	①	②	③	④	
20	①	②	③	④	20	①	②	③	④	20	①	②	③	④	20	①	②	③	④	

효성그룹 최종점검 모의고사 답안지

지각정확력

문번	1	2	3	4	5
1	①	②	③	④	⑤
2	①	②	③	④	⑤
3	①	②	③	④	⑤
4	①	②	③	④	⑤
5	①	②	③	④	⑤
6	①	②	③	④	⑤
7	①	②	③	④	⑤
8	①	②	③	④	⑤
9	①	②	③	④	⑤
10	①	②	③	④	⑤
11	①	②	③	④	⑤
12	①	②	③	④	⑤
13	①	②	③	④	⑤
14	①	②	③	④	⑤
15	①	②	③	④	⑤
16	①	②	③	④	⑤
17	①	②	③	④	⑤
18	①	②	③	④	⑤
19	①	②	③	④	⑤
20	①	②	③	④	⑤

문번	1	2	3	4	5
21	①	②	③	④	⑤
22	①	②	③	④	⑤
23	①	②	③	④	⑤
24	①	②	③	④	⑤
25	①	②	③	④	⑤
26	①	②	③	④	⑤
27	①	②	③	④	⑤
28	①	②	③	④	⑤
29	①	②	③	④	⑤
30	①	②	③	④	⑤

언어유추력

문번	1	2	3	4	5
1	①	②	③	④	⑤
2	①	②	③	④	⑤
3	①	②	③	④	⑤
4	①	②	③	④	⑤
5	①	②	③	④	⑤
6	①	②	③	④	⑤
7	①	②	③	④	⑤
8	①	②	③	④	⑤
9	①	②	③	④	⑤
10	①	②	③	④	⑤
11	①	②	③	④	⑤
12	①	②	③	④	⑤
13	①	②	③	④	⑤
14	①	②	③	④	⑤
15	①	②	③	④	⑤
16	①	②	③	④	⑤
17	①	②	③	④	⑤
18	①	②	③	④	⑤
19	①	②	③	④	⑤
20	①	②	③	④	⑤

언어추리력

문번	1	2	3
1	①	②	③
2	①	②	③
3	①	②	③
4	①	②	③
5	①	②	③
6	①	②	③
7	①	②	③
8	①	②	③
9	①	②	③
10	①	②	③
11	①	②	③
12	①	②	③
13	①	②	③
14	①	②	③
15	①	②	③
16	①	②	③
17	①	②	③
18	①	②	③
19	①	②	③
20	①	②	③

교사장

성 명

수 험 번 호

⓪	①	②	③	④	⑤	⑥	⑦	⑧	⑨
⓪	①	②	③	④	⑤	⑥	⑦	⑧	⑨
⓪	①	②	③	④	⑤	⑥	⑦	⑧	⑨
⓪	①	②	③	④	⑤	⑥	⑦	⑧	⑨
⓪	①	②	③	④	⑤	⑥	⑦	⑧	⑨
⓪	①	②	③	④	⑤	⑥	⑦	⑧	⑨
⓪	①	②	③	④	⑤	⑥	⑦	⑧	⑨

감독위원 확인

(인)

흥성그룹 최종점검 모의고사 답안지

공간지각력					판단력					응용계산력					추리력					창의력
문번	1	2	3	4	문번	1	2	3	4	문번	1	2	3	4	문번	1	2	3	4	
1	①	②	③	④	1	①	②	③	④	1	①	②	③	④	1	①	②	③	④	
2	①	②	③	④	2	①	②	③	④	2	①	②	③	④	2	①	②	③	④	
3	①	②	③	④	3	①	②	③	④	3	①	②	③	④	3	①	②	③	④	
4	①	②	③	④	4	①	②	③	④	4	①	②	③	④	4	①	②	③	④	
5	①	②	③	④	5	①	②	③	④	5	①	②	③	④	5	①	②	③	④	
6	①	②	③	④	6	①	②	③	④	6	①	②	③	④	6	①	②	③	④	
7	①	②	③	④	7	①	②	③	④	7	①	②	③	④	7	①	②	③	④	
8	①	②	③	④	8	①	②	③	④	8	①	②	③	④	8	①	②	③	④	
9	①	②	③	④	9	①	②	③	④	9	①	②	③	④	9	①	②	③	④	
10	①	②	③	④	10	①	②	③	④	10	①	②	③	④	10	①	②	③	④	
11	①	②	③	④	11	①	②	③	④	11	①	②	③	④	11	①	②	③	④	
12	①	②	③	④	12	①	②	③	④	12	①	②	③	④	12	①	②	③	④	
13	①	②	③	④	13	①	②	③	④	13	①	②	③	④	13	①	②	③	④	
14	①	②	③	④	14	①	②	③	④	14	①	②	③	④	14	①	②	③	④	
15	①	②	③	④	15	①	②	③	④	15	①	②	③	④	15	①	②	③	④	
16	①	②	③	④	16	①	②	③	④	16	①	②	③	④	16	①	②	③	④	
17	①	②	③	④	17	①	②	③	④	17	①	②	③	④	17	①	②	③	④	
18	①	②	③	④	18	①	②	③	④	18	①	②	③	④	18	①	②	③	④	
19	①	②	③	④	19	①	②	③	④	19	①	②	③	④	19	①	②	③	④	
20	①	②	③	④	20	①	②	③	④	20	①	②	③	④	20	①	②	③	④	

효성그룹 최종점검 모의고사 답안지

지각정확력

문번	1	2	3	4	5
1	①	②	③	④	⑤
2	①	②	③	④	⑤
3	①	②	③	④	⑤
4	①	②	③	④	⑤
5	①	②	③	④	⑤
6	①	②	③	④	⑤
7	①	②	③	④	⑤
8	①	②	③	④	⑤
9	①	②	③	④	⑤
10	①	②	③	④	⑤
11	①	②	③	④	⑤
12	①	②	③	④	⑤
13	①	②	③	④	⑤
14	①	②	③	④	⑤
15	①	②	③	④	⑤
16	①	②	③	④	⑤
17	①	②	③	④	⑤
18	①	②	③	④	⑤
19	①	②	③	④	⑤
20	①	②	③	④	⑤

문번	1	2	3	4	5
21	①	②	③	④	⑤
22	①	②	③	④	⑤
23	①	②	③	④	⑤
24	①	②	③	④	⑤
25	①	②	③	④	⑤
26	①	②	③	④	⑤
27	①	②	③	④	⑤
28	①	②	③	④	⑤
29	①	②	③	④	⑤
30	①	②	③	④	⑤

언어유추력

문번	1	2	3	4	5
1	①	②	③	④	⑤
2	①	②	③	④	⑤
3	①	②	③	④	⑤
4	①	②	③	④	⑤
5	①	②	③	④	⑤
6	①	②	③	④	⑤
7	①	②	③	④	⑤
8	①	②	③	④	⑤
9	①	②	③	④	⑤
10	①	②	③	④	⑤
11	①	②	③	④	⑤
12	①	②	③	④	⑤
13	①	②	③	④	⑤
14	①	②	③	④	⑤
15	①	②	③	④	⑤
16	①	②	③	④	⑤
17	①	②	③	④	⑤
18	①	②	③	④	⑤
19	①	②	③	④	⑤
20	①	②	③	④	⑤

언어추리력

문번	1	2	3
1	①	②	③
2	①	②	③
3	①	②	③
4	①	②	③
5	①	②	③
6	①	②	③
7	①	②	③
8	①	②	③
9	①	②	③
10	①	②	③
11	①	②	③
12	①	②	③
13	①	②	③
14	①	②	③
15	①	②	③
16	①	②	③
17	①	②	③
18	①	②	③
19	①	②	③
20	①	②	③

고사장

성 명

수 험 번 호

⓪	①	②	③	④	⑤	⑥	⑦	⑧	⑨
⓪	①	②	③	④	⑤	⑥	⑦	⑧	⑨
⓪	①	②	③	④	⑤	⑥	⑦	⑧	⑨
⓪	①	②	③	④	⑤	⑥	⑦	⑧	⑨
⓪	①	②	③	④	⑤	⑥	⑦	⑧	⑨
⓪	①	②	③	④	⑤	⑥	⑦	⑧	⑨
⓪	①	②	③	④	⑤	⑥	⑦	⑧	⑨

감독위원 확인

(인)

흥성그룹 최종점검 모의고사 답안지

공간지각력

문번	1	2	3	4
1	①	②	③	④
2	①	②	③	④
3	①	②	③	④
4	①	②	③	④
5	①	②	③	④
6	①	②	③	④
7	①	②	③	④
8	①	②	③	④
9	①	②	③	④
10	①	②	③	④
11	①	②	③	④
12	①	②	③	④
13	①	②	③	④
14	①	②	③	④
15	①	②	③	④
16	①	②	③	④
17	①	②	③	④
18	①	②	③	④
19	①	②	③	④
20	①	②	③	④

판단력

문번	1	2	3	4
1	①	②	③	④
2	①	②	③	④
3	①	②	③	④
4	①	②	③	④
5	①	②	③	④
6	①	②	③	④
7	①	②	③	④
8	①	②	③	④
9	①	②	③	④
10	①	②	③	④
11	①	②	③	④
12	①	②	③	④
13	①	②	③	④
14	①	②	③	④
15	①	②	③	④
16	①	②	③	④
17	①	②	③	④
18	①	②	③	④
19	①	②	③	④
20	①	②	③	④

응용계산력

문번	1	2	3	4
1	①	②	③	④
2	①	②	③	④
3	①	②	③	④
4	①	②	③	④
5	①	②	③	④
6	①	②	③	④
7	①	②	③	④
8	①	②	③	④
9	①	②	③	④
10	①	②	③	④
11	①	②	③	④
12	①	②	③	④
13	①	②	③	④
14	①	②	③	④
15	①	②	③	④
16	①	②	③	④
17	①	②	③	④
18	①	②	③	④
19	①	②	③	④
20	①	②	③	④

수추리력

문번	1	2	3	4
1	①	②	③	④
2	①	②	③	④
3	①	②	③	④
4	①	②	③	④
5	①	②	③	④
6	①	②	③	④
7	①	②	③	④
8	①	②	③	④
9	①	②	③	④
10	①	②	③	④
11	①	②	③	④
12	①	②	③	④
13	①	②	③	④
14	①	②	③	④
15	①	②	③	④
16	①	②	③	④
17	①	②	③	④
18	①	②	③	④
19	①	②	③	④
20	①	②	③	④

창의력

효성그룹 최종점검 모의고사 답안지

지각정확력

문번	1	2	3	4	5	문번	1	2	3	4	5
1	①	②	③	④	⑤	21	①	②	③	④	⑤
2	①	②	③	④	⑤	22	①	②	③	④	⑤
3	①	②	③	④	⑤	23	①	②	③	④	⑤
4	①	②	③	④	⑤	24	①	②	③	④	⑤
5	①	②	③	④	⑤	25	①	②	③	④	⑤
6	①	②	③	④	⑤	26	①	②	③	④	⑤
7	①	②	③	④	⑤	27	①	②	③	④	⑤
8	①	②	③	④	⑤	28	①	②	③	④	⑤
9	①	②	③	④	⑤	29	①	②	③	④	⑤
10	①	②	③	④	⑤	30	①	②	③	④	⑤
11	①	②	③	④	⑤						
12	①	②	③	④	⑤						
13	①	②	③	④	⑤						
14	①	②	③	④	⑤						
15	①	②	③	④	⑤						
16	①	②	③	④	⑤						
17	①	②	③	④	⑤						
18	①	②	③	④	⑤						
19	①	②	③	④	⑤						
20	①	②	③	④	⑤						

언어유추력

문번	1	2	3	4	5
1	①	②	③	④	⑤
2	①	②	③	④	⑤
3	①	②	③	④	⑤
4	①	②	③	④	⑤
5	①	②	③	④	⑤
6	①	②	③	④	⑤
7	①	②	③	④	⑤
8	①	②	③	④	⑤
9	①	②	③	④	⑤
10	①	②	③	④	⑤
11	①	②	③	④	⑤
12	①	②	③	④	⑤
13	①	②	③	④	⑤
14	①	②	③	④	⑤
15	①	②	③	④	⑤
16	①	②	③	④	⑤
17	①	②	③	④	⑤
18	①	②	③	④	⑤
19	①	②	③	④	⑤
20	①	②	③	④	⑤

언어추리력

문번	1	2	3
1	①	②	③
2	①	②	③
3	①	②	③
4	①	②	③
5	①	②	③
6	①	②	③
7	①	②	③
8	①	②	③
9	①	②	③
10	①	②	③
11	①	②	③
12	①	②	③
13	①	②	③
14	①	②	③
15	①	②	③
16	①	②	③
17	①	②	③
18	①	②	③
19	①	②	③
20	①	②	③

교시장

성 명

수 험 번 호

⓪	①	②	③	④	⑤	⑥	⑦	⑧	⑨
⓪	①	②	③	④	⑤	⑥	⑦	⑧	⑨
⓪	①	②	③	④	⑤	⑥	⑦	⑧	⑨
⓪	①	②	③	④	⑤	⑥	⑦	⑧	⑨
⓪	①	②	③	④	⑤	⑥	⑦	⑧	⑨
⓪	①	②	③	④	⑤	⑥	⑦	⑧	⑨
⓪	①	②	③	④	⑤	⑥	⑦	⑧	⑨

감독위원 확인

(인)

홍성그룹 최종점검 모의고사 답안지

공간지각력

문번	1	2	3	4
1	①	②	③	④
2	①	②	③	④
3	①	②	③	④
4	①	②	③	④
5	①	②	③	④
6	①	②	③	④
7	①	②	③	④
8	①	②	③	④
9	①	②	③	④
10	①	②	③	④
11	①	②	③	④
12	①	②	③	④
13	①	②	③	④
14	①	②	③	④
15	①	②	③	④
16	①	②	③	④
17	①	②	③	④
18	①	②	③	④
19	①	②	③	④
20	①	②	③	④

판단력

문번	1	2	3	4
1	①	②	③	④
2	①	②	③	④
3	①	②	③	④
4	①	②	③	④
5	①	②	③	④
6	①	②	③	④
7	①	②	③	④
8	①	②	③	④
9	①	②	③	④
10	①	②	③	④
11	①	②	③	④
12	①	②	③	④
13	①	②	③	④
14	①	②	③	④
15	①	②	③	④
16	①	②	③	④
17	①	②	③	④
18	①	②	③	④
19	①	②	③	④
20	①	②	③	④

응용계산력

문번	1	2	3	4
1	①	②	③	④
2	①	②	③	④
3	①	②	③	④
4	①	②	③	④
5	①	②	③	④
6	①	②	③	④
7	①	②	③	④
8	①	②	③	④
9	①	②	③	④
10	①	②	③	④
11	①	②	③	④
12	①	②	③	④
13	①	②	③	④
14	①	②	③	④
15	①	②	③	④
16	①	②	③	④
17	①	②	③	④
18	①	②	③	④
19	①	②	③	④
20	①	②	③	④

수추리력

문번	1	2	3	4
1	①	②	③	④
2	①	②	③	④
3	①	②	③	④
4	①	②	③	④
5	①	②	③	④
6	①	②	③	④
7	①	②	③	④
8	①	②	③	④
9	①	②	③	④
10	①	②	③	④
11	①	②	③	④
12	①	②	③	④
13	①	②	③	④
14	①	②	③	④
15	①	②	③	④
16	①	②	③	④
17	①	②	③	④
18	①	②	③	④
19	①	②	③	④
20	①	②	③	④

창의력

2024 최신판 효성그룹 인적성검사
최신기출유형 + 모의고사 3회

개정9판1쇄 발행	2024년 03월 20일 (인쇄 2024년 01월 17일)
초 판 발 행	2015년 09월 25일 (인쇄 2015년 08월 13일)
발 행 인	박영일
책 임 편 집	이해욱
편 저	SDC(Sidae Data Center)
편 집 진 행	이근희 · 한성윤
표지디자인	김도연
편집디자인	김지수 · 곽은슬
발 행 처	(주)시대고시기획
출 판 등 록	제10-1521호
주 소	서울시 마포구 큰우물로 75 [도화동 538 성지 B/D] 9F
전 화	1600-3600
팩 스	02-701-8823
홈 페 이 지	www.sdedu.co.kr

I S B N	979-11-383-6608-3 (13320)
정 가	24,000원

효성그룹

인적성검사

정답 및 해설

SD에듀가 합격을 준비하는 당신에게 제안합니다.

성공의 기회! SD에듀를 잡으십시오.
성공의 Next Step!

결심하셨다면 지금 당장 실행하십시오.
SD에듀와 함께라면 문제없습니다.

기회란 포착되어 활용되기 전에는
기회인지조차 알 수 없는 것이다.
– 마크 트웨인 –